変成譜

中世神仏習合の世界

山本ひろ子

講談社学術文庫

プロローグ——神聖劇場への招待

彼方へ、彼方へ、イザナギが
ペルーンに物語《モノガトーリ》を話して聞かせ
エロースが上帝の膝に腰をおろして
はげあがった神の白髪が
雪の白さを思わせる彼方へ。
　　　　フレーブニコフ「ラドミール」

時は日本中世。魂の救済と飛翔を求め、神と仏に出会うべく、人びとは〝彼方〟をめざして巡礼の旅に出た。受難と苦行の旅、エロスの旅、思念の旅、幻想の旅……。

永遠へと伸びる時間の糸を統御し、〝彼方〟を〝此方《こなた》〟におびきよせるとき、時間は凝縮され、〝彼方〟は空間化されて儀礼の場となる——。

中世の混沌世界から、ここに変身を主題とする四幕のドラマが招聘された。

第一幕の舞台は熊野街道中辺路《なかへじ》。主人公は熊野詣の道者たち。

第二幕の舞台は、奥三河の山里、夜の神楽宿。演者は還暦を過ぎた老人たち。

第三幕の舞台は深い海の底と南方無垢世界。主人公は八歳の龍女と水に棲む異類たち。

第四幕第一場は宮中の高御座《たかみくら》。主人公は即位したばかりの天皇。第二場は伊勢神宮・外宮《げくう》の一殿舎。演者は神宮の可憐な童巫女《わらわみこ》。そのほかに主人公のペルソナとして金色の狐が登場する……。

四つの変成譜をつらぬく運動の光芒は何か。またそれを陰で操っていた存在とは？

四幕のドラマを観劇しながらその謎へと迫ることにしよう。

目次

〔注記〕

本書で引用した漢文資料は、第Ⅰ、Ⅲ章では原文が難解なため原則として書き下したが、第Ⅱ、Ⅳ章では資料の性質上、基本的に原文のままとした。いずれも訓点、句読点、濁点および傍点は適宜、筆者が付した。

また引用した資料（近世以前のもの）の所収は、煩雑さを避け、巻末に一括して掲げた。

なお各章の扉裏に掲げたフレーブニコフの詩文は、亀山郁夫『甦えるフレーブニコフ』（晶文社）による。

変成譜——中世神仏習合の世界

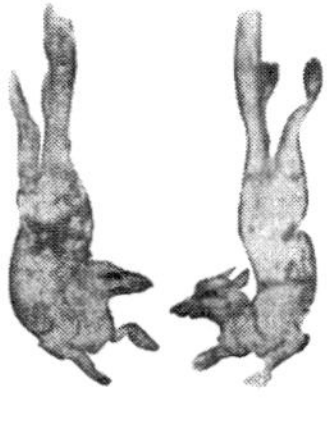

I 苦行と救済

中世熊野詣の宗教世界——浄土としての熊野へ

かくて死にたいするわれわれの態度も変化する。
われわれは、われわれがふたたび生まれかわる日と時刻とを知り、非在の波のなかのただ一時の漂流のごとく死を眺めやる世界の敷居に立っている。

フレーブニコフ「われらが礎」

はじめに

熊野へ参らむと思へども、徒歩《かち》より参れば道遠し、すぐれて山きびし、馬《むま》にて参れば苦行ならず、空より参らむ羽《はね》たべ若王子
（『梁塵秘抄』巻第二）

院政期からとりわけ中世にかけて、熊野山への参詣が「蟻の熊野詣《くまのもうで》」と呼ばれて盛行を極めたことはつとに知られていよう。鳥羽院の二十度、後白河院の三十四度、後鳥羽院の二十八度などはしばしば言及されるところだが、貴賤男女を問わず、あらゆる身分層の人々が、人生の一時期に一度、時には数度にわたり、山や谷、海や川を越えて熊野への難行苦行の旅を重ねたのだった。それほどまでに人々をつき動かし、駆り立てた〝熊野信仰〟とは一体何であったのか――。ともあれ熊野詣とは、古代末期から中世を貫くひとつの文化現象、いな精神史上の巨大な一大運動《ムーブメント》といってもよいだろう。

早く戦前に宮地直一は、熊野三山の成立と組織性の考察の上に熊野詣の史的分析を試みたが、戦後には五来重らが、修験道を中心とする山岳宗教の領野に熊野信仰を位置づける一方

で、説経《せっきょう》や時宗教団、熊野比丘尼《びくに》の活動を重視しつつ、熊野信仰を多彩な担い手の側面から捉え返す研究も盛んとなってきた[1]。また近年では、絵巻や絵図などに描かれた霊場・参詣路の景観や神・人の形象が、信仰上の重要な手掛りを与えるものとして新たに脚光を浴びているが、熊野に関しては『熊野の本地』の絵本や、『一遍上人絵伝』、また遺例の多い那智参詣曼荼羅を読み解くという試みもなされている[2]。

それにしてもあらためて熊野詣の実相とその細部《ディテール》に瞳を凝らすならば、数々の謎が深遠な光芒を放ちながら、依然としてこの今にわたしたちを緊縛し、さらに飽くなき究明の旅へと追い立てるのである。

かつての〈都〉を中心とした日本文化論は、すでに亡滅に帰したということができようが、では〈熊野〉という信仰・文化のコードを、どう読み解き、どう文化史と宗教思想史の領野に組み込むかという問いは、現在的な課題と決して無縁ではない。

たとえば〈熊野〉を解読することは、院政期から中世後期に至る精神過程の大きなうねりと変貌の劇的場面を、〈辺境〉において直視することになろう。さらに言えば、熊野信仰が身に纏《まと》う救済の絶対性と、院政という日本王権の特異なる統治形態との交渉は、〈熊野〉の孕むラディカリズムを物語って余りある。

また三河・信州・遠州の天龍川水系に分布する霜月神楽系統の祭りに目をやると、そこに熊野信仰の影響と熊野修験の足跡とがくっきりと刻まれているのを知るのだ。とりわけ奥三河の大神楽《おおかぐら》・花祭《はなまつり》が、熊野信仰を一大源流とすることはすでに先学によって指摘されてきている。けれどもその内実とメカニズムは決して明らかになっているとはいえないのであって、わたしたちは儀礼や祭文の世界に痕跡を残す熊野信仰を発見し、解読の作業を通してその固有性と伝播のありようを見定める必要がある。そうして初めて、熊野信仰という切り口から大神楽と花祭の世界を照射することが可能となろう。

〈熊野〉をめぐるこれらの魅力的で、かつ気の遠くなるような奥深いテーマの追跡はとうてい一個人には背負い切れない作業であるし、また一日にして成るものでもなく、かつての熊野詣の道者たちのように、ここでも〝難行苦行〟のロゴスの旅を強いられるというわけであるが――。

そこで本稿は、ひとまず論の対象を中世の熊野詣に限定し、そこに展開された宗教世界の意味を探りながら壮大な熊野信仰の一端を浮き彫りにしたいと思う。また論を進めるに当っては、極力先学の業績を祖述することは避けて、熊野詣の研究上これまで正面から論じられることのなかった資料を、新鮮な期待のうちに読みほどきつつ、あたう限り中世熊野詣の原像に迫ってみるつもりである。

1　葬送としての熊野詣

1　「熊野参詣品」にみる道中作法

熊野＝冥土か？

『小《お》笹《ざさ》秘《ひ》要録《ようろく》』とのちに呼ばれた、中世の大峯修験《おおみねしゅげん》の手による資料がある。寛正六年（一四六五）に当山派修験最大の聖地小篠《おざさ》の宿《しゅく》で、乗円が先達の切紙《きりがみ》より相伝書写した三項目からなる口伝書である。その内第二項の「神代巻秘決法祭熊野参詣品第五」[3]（以下「熊野参詣品」と略称）は、文字通り熊野参詣についての宗教義を修験の立場から解き明かしたもので、『彦山修験道秘決灌頂巻』[4]には「道者引導本意事」と題しほぼ同じ内容を伝えることからも、修験の間に流布し、実修された口決《くけつ》であったことが窺えよう。以下このテキストに注釈を加えながら論を進めることにする。それはこの「熊野参詣品」が中世の熊野詣を見極める上で有力な手掛りを提供していると思うからだ。

さて、「熊野参詣品」は五条に分けてその本義を語っているが、紙幅とテーマの関係上、第一条から第四条までを解読してみたい[5]。では第一条から始めよう。

(A)初メニ参詣ノ本意ヲ明ラカニストハ、是レ葬送ノ作法ナリ。故ニ死門ニ向フ粧ナリ。
(B)権現ハ本覚ノ都ヨリ迷ヒ出デテ後、六道流転ノ凡夫ト成ル。故ニ大悲ノ方便ヲ垂レ給フ。和光同塵タルハ、本覚ノ都ニ還ラシムル方便ナリ。
(C)故ニ繜《ムシ》［帔］ヲ垂ラシテ頭巾ト為ス。皆是レ本覚ノ都ニ帰リテ後、永ク娑婆世界ノ古郷ノ門戸ヲ閉《トツ》ル義ナリ。故ニ灌頂ノ時ノ覆面ノ義ナリ。

(A)熊野参詣の本義は「葬送の作法」である。それゆえ参詣は死門に向かう行粧を表わしている。
(B)熊野権現は「本覚の都」から迷い出て、「六道輪廻の凡夫」となった。だから「大悲の方便」を垂れるのであり、「和光同塵」は、参詣者を「本覚の都」へ還帰させる方便なのである。
(C)よって（参詣者が）「帔《むし》」を垂らして頭《と》巾《きん》とするのは、「本覚の都」に帰った後、永遠に「娑婆世界の門戸」を閉じることを意味している。灌頂の際に「覆面」するのも同じ義である。

まず(A)熊野詣の本意は、「葬送の作法」であると語り起こし、続いて(B)本覚思想にもとづいて参詣と熊野権現の利生の関係を説き、最後に(C)熊野参詣における衣体《えたい》の象徴性を述べている。これらの記事には、中世における信仰実践としての熊野詣の秘密がこめられているにちがいない。何よりも、(A)の「熊野詣とは死門への旅であり、道の作法とは葬送の作法である」というテーゼが肝要だろう。では〝葬送の旅〟としての熊野詣とは現実にどのようなものであったのか。本稿はいきなり、問題の核心に入ることを余儀なくされる。

ここで想起されるのは、天台宗の学僧で吉田神道（卜部《うらべ》家）の出身である慈遍《じへん》が、元弘三年（一三三三）に起稿した『天地神祇審鎮要記』である。同書は山王神道と天台教理の関係について三段構成で弁証したものだが、その中で慈遍は、〈冥《みよう》〉〈顕《けん》〉という中世を貫くもっともラディカルな対概念でもって世界を捕捉しようと試みる。そして熊野は「冥界安楽土」「安養世界」であること、対するに日吉《ひえ》山王は「日ノ少宮《わかみや》」(6)「寂光土」の「顕界」であるとし、それぞれに涅槃経と法華経を結びつける。さらに慈遍は本覚思想にのっとり、「浄穢不二」「冥顕同体」として両者の統一的把握を思弁していくのだが、ここで着目すべきは、熊野が「冥土」また「安養土」にアナロジーされていることだろう。(7)この点をめぐり今少し慈遍の解釈を追ってみよう。

「生死の別」をメルクマールとして「冥界」と「顕界」を区分する慈遍は、伊奘諾尊（イザナギノミコト）・伊奘冊尊（イザナミノミコト）の泉津平坂《よもつひらさか》神話に言及するため、まず『日本書紀』一書第五の記事を引文する。

一書に曰はく、伊奘冊尊、火神を生す時に、灼かれて神退去《かむさ》りましぬ。故《かれ》、紀伊国《きのくに》の熊野の有馬村《ありまのむら》に葬《はぶ》りまつる。土俗《くにひと》、此の神の魂《みたま》を祭るには、花の時には亦《また》花を以て祭る。又鼓《つづみ》吹《ふえ》幡旗《はた》を用《も》て、歌ひ舞ひて祭る。

イザナミの葬所として古くから知られていた紀州有馬の「花の窟《いわや》」は、中世では社は「産《うめ》田宮《たのみや》」、窟は「大般涅槃の岩屋」と呼ばれ崇敬を集めていた。このように「花の窟」が死者の地として尊奉されていたという事実と[8]、また熊野三所権現（証誠《しょうじょう》大菩薩・速玉宮・結《むすぶの》宮）のうち結宮が早くからイザナミに比定されていたという背景に立って、慈遍が次のように語る一節こそが見逃せない。

(イ)所以ニ極悪ノ衆生ヲ度セント欲シテ安養ヲ建立シ、現世ノ望ニ寄セテ参詣ノ人ヲシテ結縁引接セシム。故ニ道ノ作法ハ野送ノ儀式ナリ。

(ロ)謂ル彼ノ諸ノ尊ハ冊ノ命ノ死ヲ見テ、垢穢ヲ洗ンガ為ニ祓除セシメント欲シテ、履ヲ脱ギ、杖ヲ止ム等ノ事ハ今葬リ送ルノ儀是ナリ。故ニ浴水セラル、小戸川ハ三途川ニ当ル。今此ノ熊野ノ岩田川ノミ。

(イ)このように熊野権現は、極悪の衆生を救済するために浄土を建立し、現世利益にのっとって参詣者に結縁し、また浄土へと引接する。それゆえ道の作法は〝野辺送りの儀式〟である。

(ロ)イザナギはイザナミの死を見て、穢れを洗い流すために祓《はらえ》を行なおうと、履《くつ》を脱ぎ杖を留めた。これは今で言う葬送の儀礼である。だからイザナギが禊《みそぎ》をした小戸川は三途川に当る。今これは熊野の岩田川のことである。

かくして慈遍は、熊野（本宮）は安養世界だから、熊野詣の道の作法は〝野辺送りの儀式〟つまり葬送の作法だとアプリオリにテーゼ化したあと、その徴証を禊祓神話の習俗に見出し、結びつけたのだった。

周知のようにイザナギは、「泉津平坂《よもつひらさか》」という黄泉《よみ》の国とこの世の境界で、「これよりな過ぎそ」と語り、身につけていた杖や帯や履を投げた後、「日《ひ》向《むか》の小戸《をど》の橘の檍原《あはきがはら》」の「中の瀬」で死穢に触れた自分の身を洗い清めたわけだが、ここで興味深いのは、慈遍が杖などを留めることを葬送儀礼と関連付けている点と、禊祓をした「小戸の檍原」を「三途川」とし、熊野の岩田川こそそれと断じている点であろう。

「大祓」の中世的解釈

岩田川を三途川とみなす着想。そこにはどのような思惟が働いていたのだろうか。この問題は先の禊祓神話と絡みつつ、実は大祓をめぐる中世的注釈の世界と関係してくる[9]。まず

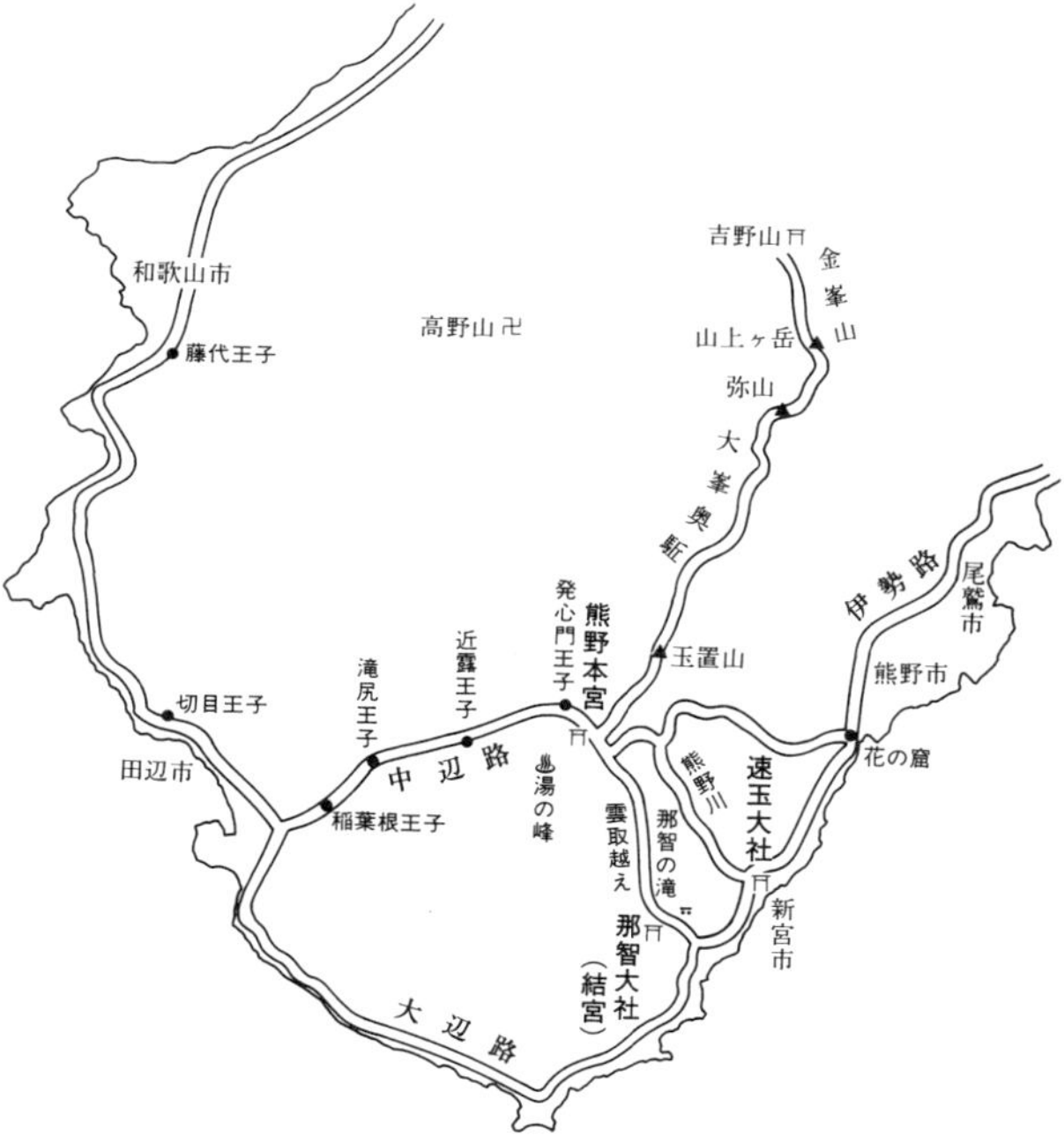

和歌山市
藤代王子
高野山
吉野山
金峯山
山上ヶ岳
弥山
大峯奥駈
玉置山
伊勢路
尾鷲市
熊野市
花の窟
速玉大社
熊野川
新宮市
発心門王子
熊野本宮
近露王子
滝尻王子
切目王子
田辺市
中辺路
湯の峰
稲葉根王子
雲取越え
那智の滝
那智大社（結宮）
大辺路

熊野概略図

「速川の瀬」が登場する大祓（六月晦大祓）の一節をあげてみよう。

……遺罪波不レ在止、祓給比清給事乎、高山之末短山之末与利、佐久那太理爾落多支川、速川乃瀬坐、瀬織津比咩止云神、大海原爾持出奈武……

この「速川の瀬」に対し、中世には次のような注釈がほどこされた。

謂ハク。筑紫日向ノ小戸《ヲト》橋（橘）之檍《アハキ》ノ原《ハラ》ノ上瀬《カンツセ》ナリ。内（典）ノ意ヲ安（按）ズルニ謂ハク。三際（途）八難ノ河ナリ。（『中臣祓訓解』）

三途ノ河ナリ。生死分別ノ河ナリ。（『中臣祓注抄』）

つまりイザナギが垢離《こり》をとった「小戸《ヲト》」の「上瀬《カンツセ》」とは、大祓に登場する「速川の瀬」のことで、それは三途川であると解釈されているわけだ。

なお中世の伊勢では、伊勢流祓として「七種の祓」[10]なるものが作られ、実修されていたが、そのうち、小戸の上瀬でのイザナギによる禊祓は、一番目の「解除《ハラヘ》ノ神咒《ノトゴト》」とされた。

七種祓自レ是

○伊奘諾尊、到二橘ノ小門ノ河一ニ、始テ解除《ハラヘ》ノ神咒、

帰命坦儞也、唵度曩、尾度曩、迦抳矩嚕駄、薩嚩演、坦羅抳吽、（『氏経卿記録』）

「神咒」（真言）としてのこの祓は『中臣祓訓解』の「蓋シ聞ク、中臣祓ハ、天津祝太祝詞、伊奘那諾尊ノ宣命ナリ」との文辞を下敷としようが、伊勢では「小戸川洗用」の祓として口授され、用いられていた。

一、此御祓ハ、伊奘諾尊、筑紫日向国小戸《ヲト》河《カワ》デ、始テ洗用有シ時、始テ御祓也。是行水ノ時、是ヲ申ハ、自罪ノ咎モ洗捨可也。是又秘ベシ〳〵。（『元長修祓記』）

また死の国の入口・「泉津平坂」に関しても、中世の伊勢には「六種秘言」[11]なるものが生まれ伝授されている。清浄を重んじた伊勢神宮でさえも、死と触穢のテーマを神事実修と口決にとり込み、内面化せざるをえなかったふしが窺えよう。いや、こう言うのはいささか妥当性を欠く。祓に用いる大麻は「不浄ノ妄執ヲ解除《ハラフ》」（『造伊勢二所太神宮宝基本記』）ものであり、祓は「魔縁ヲ鉄際ニ遷シ、穢悪ヲ他界ニ攘《ハラ》フ」（同）ものという言葉に耳を傾けるならば、伊勢神道、両部神道、山王神道といった教義史上の区分けは意味を失い、代わって中世そのものが抱懐せざるをえなかった浄穢の宗教観念とその実践的解決の截片が浮かび上がってくるのだ。

つまり右にあげた大祓やイザナギ・イザナミ二神の神話をめぐる中世の解釈・口伝が示す

ものは、古代的な罪障観や浄穢観とのひとつの断絶の告知であり、そこには新たな他界観念と罪業観に彩られた滅罪への切望が脈搏っていると言うことができる。とすれば、慈遍における熊野＝冥土観と岩田川＝三途川説は、以上のような禊祓に取材した滅罪と他界をめぐる時代的思潮なくしては生み出されえなかったことが頷けよう。

熊野詣の現実相

ところで右の慈遍の言説には、杖への言及が暗示的である点を除いては、現実の熊野詣の作法が〝葬送の儀礼〟であったという具体的指摘はみられない。果たしてそれは、〈冥〉・〈顕〉の双分的世界観における「冥界」というイメージを超えないものだろうか。

そうではあるまいという予感に導かれて遭遇したのは、住心院法印権大僧都実意《じつい》の手になる『熊野詣日記』の次の一節であった。

（九月）廿日、天晴、

夜のうちより御輿かき、御共の物あつまりまいる。供御の後御三さか月まいりて、そのゝち御唱事ありて、其まゝ御いであり。御進発の御奉幣例のごとし。そのさほうおハりて、御むしめしたる御かた〴〵に、御杖をまいらすれハ、身つから御つきありて、あゆミまします。松明二ちやう両にともして前行す。役人左筑前、右越前、これハ生死の迷闇を照して、菩提の門に道引（く）儀なり。

『熊野詣日記』は応永三十四年（一四二七）九月二十日から十月十五日にかけて足利義満の女《むすめ》・南御所と今御所、側室北野殿らが、実意を先達として行なった熊野詣の記録である。九月十六日に精進屋《しょうじや》（参詣前に身を清めるところ）入りした一同は、十八日に今熊野などの王都の社を巡拝し、二十日に熊野への旅を開始する。出発前の作法を済ませ、「むし」（帔）を垂らした笠を被ると、北野殿らは先達から与えられた杖を突いて、熊野詣の第一歩を踏み出した。その際、松明を二つ掲げて先導するのは筑前と越前という名の二人の山伏であった。右の作法を、実意は「生死の迷闇を照らして、菩提の門に道引く儀なり」と述べ、熊野詣が〝葬送の作法〟だったことを裏付けている。日中であっても松明をともして道者を引導するのは、死門への旅を開始するにふさわしく、亡者に擬せられた道者を菩提へと誘《いざな》うためといえる。

さてこうした作法の出所は、おそらく修験者の葬送作法に関係する。修験道の葬祭に関する次第を集めた『修験道無常用集』巻上にみえる次の記事がそれを示唆しよう。

葬送行列次第

先前火《サキビ》。次法螺《ホフラ》。次洒水《スヰ》水瓶納水。
次金剛杖押位牌。次行器《ホカイ》。次香爐。次燭台。
次華瓶。次茶湯《チャタウ》。次本尊。次持経。次左右ノ手続《テツギ》。次左右ノ幡。次衆僧。次黒白ノ小木《コギ》二束。

次肩合《ケンガフ》肘比固打木納之也。次導師先達持檜杖。次馬。次捧物《サゲモノ》霊膳等。次左右ノ行燈《アンドウ》。次棺《ヒツギ》。次天蓋《ガイ》。次笠在世所従杖履之類。
次遺弟或孝子眷属等。已上
　行列。行列《ギヤウレツ》ノ次第《シダイ》兼《カネ》テ目録《モクロク》シテ、庭《テイ》中ニ於テ配役《ハイヤク》ノ前後《ゼンゴ》ヲ斑列《ハンレツ》シ、漸漸《ゼンゼン》ト葬場《サウジヤウ》ニ到《イタ》ル可シ。○先前。一如ノ記ニ曰ク。此火ハ炬乎《コカ》。先哲《センテツ》如ニ示シテ云ク。第一番ニ先キニスル火ヲ者、照シ生死ノ迷闇ヲ表《ヘウ》ス法身ノ慧燈ヲ。向テ師ニ問ヘト之ヲ云云。同記ニ曰ク。第二番ニ宝剱《ホウケン》モ持チ之随《シタガ》ツテ人ニ用否《ヨウヒ》任《マカ》ス意《コヽロ》。○金剛。同記ニ云。押ス位牌ヲコト官位実名《ジツミヤウ》悉《コトゴト》ク記ス。且《カツ》金剛杖ヲ出スハ法身独《ドク》一ノ表相《ヘウソウ》、法界円融《エンユウ》ノ塔婆《タフバ》也。深旨《ジンシ》更《サラ》ニ問ヘ。

葬送を先導する松明（「前火」）は「生死ノ迷闇ヲ照シ、法身ノ慧燈《エトウ》ヲ表ス」とされており、実意と同様の解釈が窺えること、また故人が生前使用した笠・杖・履などが登場している点は『熊野詣日記』の記事と符合しよう。

とりわけ目を惹くのは、金剛杖である。行列の葬具の中で重要な位置を占めており、ここから焦点は、おのずと杖に絞られてくる。熊野詣が葬送の作法であるというテーゼ実証の有力な手掛りは、杖にあるのではなかろうか。

先の『熊野詣日記』の引用でも知られるように、道者は出発に際し先達から一本の杖を与えられる。もちろんそれは参詣の道中に実際に使用されるが、不思議なことにこの杖は、めざす熊野本宮の入り口・発心門に到着すると、近くの発心門王子（熊野権現の末社）に献納されているのだ。

承元四年（一二一〇）に後鳥羽院の女院修明門院が行なった熊野詣の四辻頼資による記録『修明門院熊野御幸記』によると、発心門王子で女院らは笠に垂らしていたしで（「四手」）を杖につけて献納している。そして奉幣などが終了すると、先達から金剛杖が渡された。

……次発心門ニ於テ御禊有リ。同王子ニテ御杖献ゼラル。御笠ノ四手ヲ取リテ同ジク之ニ付シ、各私ニ先達ニ杖ヲ授ク。御奉幣以下ノ事了リテ、御先達金剛杖ヲ進ラス。

この新たに賜与される金剛杖とは、参詣を終えての下向に用いる杖とひとまずは理解されようが、それにしてもなぜ本宮参着に先立って発心門王子で渡されるのかが今ひとつ明らかでない。発心門王子における二種の杖の交代劇は、もしかしたら〝葬送の作法〟をもっともあざやかに象徴するものではなかったろうか……。が、それは次節に委ねることにし、ふたたび「熊野参詣品」の言説に立ち返ろう。

「むし」・市女笠・覆面

さて「熊野参詣品」第一条(C)の記事は、熊野詣の衣体の象徴性について述べていた。「帔《むし》」を垂らして「頭巾」とすることと、灌頂の際の「覆面」の儀が〝葬送の作法〟を表わすものだという。

「帔」は、「牟志」「枲」「虫」とも表記される垂れ絹であり、女人が市女《いちめ》笠《がさ》の周りに垂らし

市女笠　一遍の前に僧形で現われた熊野権現とその従者。二種類の市女笠が見られる。(「一遍聖絵」より)

て外から顔を見透かされるのを防いだ。「一遍聖絵」などにはっきりと描かれているほか、熊野詣の記録類にしばしば「牟志」は登場しており、その場合市女笠そのものとほぼ同義に使われているから、(C)のこの部分は女人の熊野詣の行装について語っているとみられる。(12) 一方「頭巾《ときん》」は山伏の根本的な法衣の一つで、また熊野比丘尼なども被った。とすると「繜《ムシ》ヲ垂ラシテ頭巾ト為ス」という箇所は字面通りには理解しがたいが、中流以上の女性は市女笠を被って熊野詣をしたので、垂れ絹を垂らした市女笠は、頭巾の象徴性に当たるとみなされているのだろう。

なお『仏神一躰灌頂鈔付二所三嶋詣』(尊経閣文庫本)には、「虫絹」は「羅網《らもう》」や「胞《え》衣《な》」「天蓋」であり、荒神・弁才天に変化すること、また虫絹の「六ノ折リ目」は「六波羅蜜」「六観音」「六大法身」「六即如来」の表相であり、「十二ノ表裏」は、「十二光仏」「十二所権現」という密教的解釈がみえている。

ところで「市女笠」は、『西宮記』に雨降りの時貴人が用いると記すなど、古名と思われる。また伊勢神宮では五月の御田植に大物忌の子良《こら》が市女笠を被って植女を演じており、巫女と市女笠の結びつきを示す例は少なくない。だが今ここで知りたいのは、〝葬送の作法〟

に関わって市女笠が用いられたかどうかなのだ。近世に下るが、伊勢神宮（外宮）の神人・喜早清在著『毎事問』の記事が興味深い。

……元来市女笠ハ此ノ如クニ大ナル者ニモ非ズ。古ニ女ノ市ニ出ルニ着ル物ナリ。今伊勢ニ葬送ノ時ニ用ル桔梗笠ト云ウ物是レナリ。是レ古ニ伊勢ノ祠官ノ妻ナドモ平生着タル故ニ古ヲ存シテ今ニ葬送バカリニ用ルナリ。昔ノ幣箱持モ案内者モ女ナリシニ由テ今ニ葬送ノ役者ニ女ヲ用ルト同義ナリ。彼ノ笠ノ飾リヲ桔梗ノ花ノ形《ナリ》ニ組テ留タル故ニ桔梗笠トヲボヘ、亦葬礼ノ具ト思ヒテ忌ハシキ物ト思ヒ、亦寺ニ貯《タクハ》ヘ置キテ位牌ト同ジ様ニ備用スルナド無念ノ事ナリ。

伊勢では、市女笠は明らかに葬礼の用具として使用されており、時には位牌と同じ扱いを受けていた。この習俗は、おそらく市女笠が巫女に関わって早くから備えていた呪性に由来するもので、その葬送儀礼上の役割は、充分に「熊野参詣品」の言説に照応しよう。

最後に、灌頂に用いる「覆面」は、帔《むし》と同様に〝葬送の作法〟を表わすという文意について言葉を添えておこう。多くの灌頂儀礼の場合、受法者は必ず覆面をして道場に入り、懺悔滅罪のあと阿闍梨から秘密の印相を授けられた。それは、密教の灌頂にならった神祇灌頂の作法でも同じであった。文禄二年（一五九三）の奥書を持つ、御流神道の「神祇灌頂門前作法」の切紙（叡山文庫蔵）を覗いてみよう。

神祇灌頂門前作法
一、先受者ノ手ニ令ニ塗香一
次護身法
次水加持枳里々々咒一返 加持如レ常
次灑ニ受者頂ニ三度
次与ニ含香一丁子也
次取ニ覆面一覆レ之
先乍レ懸ニ屏風一ニ釼印・慈救呪
結誦シテ三遍加持如レ常
覆了テ告曰
閇ニテ一切悪趣ノ門一ヲ能ク開ニン清浄之五眼一ヲ

受者が灑水《しやすい》加持のあと覆面を付けると、授者は「一切悪趣ノ門ヲ閇《とじ》テ、能ク清浄ノ五眼ヲ開カン」と告げる。これは「熊野参詣品」の「娑婆世界ノ古郷ノ門戸ヲ閉ル」べく帔を付ける意と同義といえよう。仏子として仏に結縁し、浄土に生まれ変わるために、悪趣や娑婆を断つという忌み籠りの役割が覆面や帔に与えられているのだ。

こうみてくると、布を垂らし外界を遮断した市女笠の形造る小空間は、さながら動く擬死空間ともいえようか。その忌み清めの機能とも合わせて、奥三河大神楽・花祭の白蓋《びやつけ》・湯蓋《ゆぶた》・白山《しらやま》などへの連想が止みがたく起こってくるが今は措いて、「熊野参詣品」第二条の検討に移ろう。

2　熊野の忌詞

道の詞

(A)二ニ道ノ詞ヲ明ラカニストハ、六道衆生ハ諸ノ仏説ノ教・方便言説ニ依リテ夢中ニ於テ仮ニ一切ノ仮名ヲ立ツ。是レ生死夢中ニ於テ夢ヲ見ルガ如シ。故ニ皆是レ妄法妄言ナリ。故ニ六趣ノ浅増《アサマ》シキ振舞ト名言ヲ捨テ、、本覚ノ都ニ帰リ、後ニ永ク妄ヲ捨テ、後始メテ仏菩薩ノ清浄ノ実語ヲ云ヒ習フ所ヲ表スナリ。

(B)天照宮ニ於テ是ノ如ク（仏）僧法及ビ妄語ヲ忌ムベシ。経ヲ以テ染紙《ソメカミ》ト云ヒ、仏ヲ以テ立替《タテカハリ》ト云ヒ、堂ヲ以テ是宅ト云ヒ、法師ヲ以テ髪長《ハツ》ト云ヒ、死ヲ以テ直《タヾシ》ト云フ。是ノ如ク外ノ七言・内ノ七言ト云フ。一切ノ仏教ノ言ヲ改ムルハ亦爾ナリ。

この第二条は「道の詞」すなわち熊野参詣途次における忌詞《いみことば》について述べており、これまたスリングな内容に満ちている。(A)衆生は仏教の方便説によって「仮名《けみょう》」を立てているが、それらは「妄言」であること、それゆえ衆生は濁世のあさましい行為と名言を捨てて「本覚の都」に帰った後に、初めて仏菩薩の「清浄の実語」を言い習わすことが忌詞の本義なのだと説いているわけだ。

　この認識には『法華経』方便品の「但《ただ》、仮リノ名字ノミヲ以テ、衆生ヲ引導スル……」という、「名字バカリの方便」説に対する批判と自戒が横たわっていよう。[13] すなわち忌詞の使用は参詣路における精進潔斎をロゴスとして担うものであったことが知られる。なお「本覚の都に帰る」とは「法性真如の都」と同様に、本覚思想にもとづいて覚りの境地を表わす文言で中世のテキスト類に散見される。ここではそれは同時に本宮証誠殿《しょうじょうでん》に参着して熊野権現と一体になるということをも象徴していよう。そして続く(B)では、伊勢神宮における忌詞——「内の七言」「外の七言」[14]の一部を挙げて熊野の忌詞と同義であると補説する。

　ところで忌詞とは、文字通り物の本名を口にすることを避ける代替語であり、民間にあっては、山詞、沖詞、正月詞、夜詞などが分類・採集されているが、[15]ここでは熊野や、大峯、羽黒山などの霊山に行われていた峯中方言というべき忌詞が問題となろう。鎌倉時代初期成立の『諸山縁起』によれば、熊野詣に先立つ七日間の精進屋《しょうじや》入りを終えて、参詣のための浄衣を身につける時、道者は身《しん》・口《く》・意《い》三業の浄化や、一切罪業の消滅、また不浄の焼尽に効験のある「浄三業ノ真言、光明真言、烏枢沙摩《うすさま》ノ真言ヲ誦スベシ」と定められている。これらは口業、とりわけ『梵網経』の説く十重戒の第四「妄語ノ戒」を基底においた行法で、天台学僧光宗《こうしゅう》編述『渓嵐拾葉集《けいらんしゅうようしゅう》』巻第七十一の「光明真言」に関する次の記事も示していよう。

　一、妄語ノ罪ヲ滅スル事。軌ニ云ク。若シ世間ニ一切ノ仏子有テ、妄語ノ罪ヲ免レントスレバ、必ズ此ノ真言セヨ。妄語等ノ罪ヲ免レテ如法清浄ニ成ルコトヲ得ルノミ。

　このように妄語を罪障ととらえる認識は、「自他ヲ清ム」（『諸山縁起』）のを教条とした霊山の行者にあっては重い意味を持ったが、とりわけ熊野では厳重を極めた。(16)『金剛宝戒章』（叡山文庫蔵）という行者が尊奉した書は、十重禁戒の第四「妄語の戒」に触れて次のように記している。

　役ノ優婆塞ノ云ク。一閻浮提ノ守護神ニ四神《熊野権現》有リ。此ノ四神殊ニ妄語ノ罪ヲ殃《トガ》メテ破戒ノ穢《ケガ》レヲ糺ス。生死ノ穢ヲ忌マンヨリハ、須《スベカラ》ク造罪ノ咎ヲ忌ムベシ。造罪ノ咎ヲ考フルニ妄語ノ科ヨリ重キハ無シ。

　以上から、「熊野参詣品」の語る「道の詞」すなわち熊野の忌詞とは、罪障の一つの妄言を戒めるものであったことが知られよう。

忌詞＝中世びとの想像力

それでは熊野詣固有の忌詞とはどのような言葉だったろうか。まず『渓嵐拾葉集』中の次の一節が見逃せない。

又云ク。参詣ノ路次ニハ道言《コトバ》トテ、男サヲト名ク。女イタト名ケタリ。尼ヲバ（ヒツ）ソキト名ク。法師ヲバソリト名ク。此ノ如ク世間ノ名字ヲ改メ、新シキ名字ヲ付ケタリ。是レ則チ凡夫ノ執心着相スル処ヲ改メテ定相ト迷情ヲ壊スノ意ナリ。(17)

（巻第六「神明部」）

熊野詣の道中では、男は「サヲ」、女は「イタ」、尼は「ソキ」（または「ヒツソキ」）、法師は「ソリ」と名のったのだった。このように「世間ノ名字」を捨てて「新シキ名字」を名のることは、執心や迷情を断ち切るためで、「熊野参詣品」の第二条と通い合うものといえよう。「サヲ」「イタ」「ソキ」「ソリ」という四つの忌詞の考察は後に廻し、続いて通海『太神宮参詣記』下・第十一条「又両箇ノ忌詞ノ事」の記事に耳を傾けよう。

通海は忌詞とは斎宮の忌詞だけでなく、熊野詣の精進屋でも用いられたこと、その数は内外の七言より多かったことを指摘し、僧を「ソリ」、米を「ハラヽ」と呼ぶ二例の忌詞を挙げている。また仏法僧の三宝に関する忌詞は、決して熊野権現がそれらを忌んでいることを表わすものではなく、「詞ヲ申シ替テ精進ノシルシトスル計也」とし、忌詞の発揮するポジティヴな機能を忘れていない。

続く第十二条は、「精進潔斎」とは身・口・意の「三業」を日ごとに改める行為であると定義づける。まず身業の精進とは「滄海ニ行テ穢悪ヲス、キテ除ク」行為とし、一方意業の精進とは「心ニ不浄ヲ思ハズ、一心ニシテ神道ヲタノミ奉ル也」と捉える。残る口業の精進の解釈こそ忌詞の機制を語るものだろう。

> 又口業ノ精進ト申スハ、妄語、綺語、悪口、両舌等ノ道理ニ背ク語ヲ慎ムベシ。又内外ヲ持テ、詞ヲ日比ニ申替テ、潔斎ノシルシトスル事也。是精進屋ニ取テノ事也。熊野ノ参詣是ニ同ジ。

また通海は、忌詞の使用範囲ともいうべき興味深い見解を提出している。まず「内外の七言」は斎宮のみに属する忌詞であって太神宮には用いられなかったという。なぜなら「斎宮ト申スハ潔斎ノ心、即精進屋」であるからなのだが、これはそのまま熊野にあてはまることになる。熊野の忌詞は精進屋と参詣途次のみの実修であって、熊野本宮では「常住ノ輩其詞ヲタモタズ」と忌詞使用の事実がなかったのだと。つまり通海は、忌詞が機能する場の共通性に精進潔斎という特質を見出しているのだ。とすれば、熊野詣とはそれ自体が移動するお籠りの空間であることになろうか。ここに熊野の忌詞がまさしく道の作法であり、熊野参詣の本質が精進を旨とすることが忌詞の実修を通してアクチュアルに伝わってくる。「道中ニ出レバ一切ノ名詞ハ日ニ換フ」（『彦山修験道秘決灌頂巻』）の詞章もそれを裏付けていよう。

ところで通海は、熊野の忌詞は内外の七言、つまり合わせて十四の太神宮の忌詞より多かったとしているが、果してどのような忌詞があったのだろうか。近世の資料だが『熊野草創由来雑集抄』は、三十ほどあった熊野忌詞のうち、残存する語群を四つに類別して書き留めている。それをまとめて紹介しておこう。

ⓐ常用の忌詞（「常ニアゲ用ル」詞）

○仏―左登利《サトリ》 ○経―阿耶巻《アヤマキ》 ○寺―波保宇《ハホウ》 ○堂―波知寿《ハチス》 ○香炉―塩釜《シホカマ》 ○念珠―木種《コノミ》 ○僧―波曾利《ハソリ》 ○尼―女ハソリ

ⓑ折々に用いる忌詞（「ヲリニフレテアゲ用ユル」詞）

○怒《イカリ》―奈多牟《ナタム》 ○打擲《ウチダク》―直須《ナヲス》 ○病―久毛利《クモリ》 ○血《チ》―阿世《アセ》 ○啼《ナク》―加武須留《カンスル》 ○寝《ネル》―座《ザ》ス ○大小便―己利立スル

ⓒ事に際し用いる忌詞（「事ニフレテアゲ用ル」詞）

○死―為金《カネニナル》 ○葬《サウ》―於久流《ヲクル》 ○率都婆《ソトハ》―角木《ツノキ》 ○墓《ハカ》―古計牟志《コケムシ》

ⓓ御託宣の義に関わる忌詞（「御託宣ノ義ニテ常々参宮ニ非ズトモ、クマノヲ念ズル時ゝニハアゲ用ユベキ者カ」）

○火―於美《オミ》 ○米―波羅々《ハララ》

これら忌詞には、「血」を「阿世」と称する以外に斎宮の忌詞と一致するものが見えないことから、熊野詣固有の忌詞群であることが知られる。時代による変遷も若干はあろうが、通海や光宗が書き留めていた「ハラ、」や「ソリ」（「ハソリ」は訛伝であろう）がみえること、また禁忌習俗の性格からしても、おおむねは中世の熊野詣で用いられていたものと推定してよい。

そこで右の忌詞をひとつひとつ眺めてみると、そこには多くの忌詞に特徴的な、「怒《イカリ》—奈《ナ》多《タ》牟《ム》」などの反対表現や、「葬《サウ》—於《ヲ》久《ク》流《ル》」など類語による言い換えもあるが、「死—為金《カネニナル》」「念珠—木種《コノミ》」など奇抜、素朴な言い回しもあり、変換の意図が全くわからない用語も含めて中世びとの警戒心と智恵と想像力に思いを馳せずにはいられない。たとえばⓑの日常生活上の所作についての忌詞群をみるとき、それらの言葉が参詣路の宿や道すがらでつぶやかれた場面すら、目に浮んでくる気さえするではないか。

「サヲ」と「イタ」

ここでは熊野の忌詞の中で、『渓嵐拾葉集』所載の、男を「サヲ」、女を「イタ」、尼を「ヒツソキ」（「ソキ」）、法師を「ソリ」と称する四つの忌詞について考察を加えてみたい。なぜならこれらの言葉は中世での存在が確認される上に、所作やその対象物ではなく、参詣する道者そのものについて用いられた忌詞であるからだ。最も根本的な忌詞と言うことができよう。とりわけ興味深いのは「サヲ」と「イタ」である。

男を「サヲ」と呼称すること[18]については、鎌倉時代の説話集『古今著聞集』の「徳大寺実能熊野詣の事并びにこりさほの事」がその秘密をもの語る。

――讃岐国の国司であった徳大寺実能は、多くの人夫を伴って熊野詣に出かけたが、人手が余ったので何人かの人夫が国に帰されることになった。その中の一人がどうしても熊野に連れていってくれと奉行に泣きながら懇願したので、熱意にうたれ不愍に思った奉行は同行を許可した。その男は道中の宿々で、誰も言いつけないのに一行の垢離《こり》のための水を一人で汲んだので、「こりさほ」と名付けられ可愛がられる。

やがて一行は熊野本宮へ到着した。奉幣も終え証誠殿に通夜した実能は、大臣の身でありながら藁沓《わらぐつ》・脚絆《きやはん》のそまつな身なりで長い旅路を歩いてきたものだと、心中自分に感心するところがあった。すると夢のなかに僧形の熊野権現が現われて、「大臣にせよ藁沓脚絆姿での参詣はなんら特別なことがあろうか。それは熊野山の習いで、上皇でも親王でもみなこの作法を守るのだ。こりさほだけが愛しい」と告げたのだった。驚いて夢から醒めた実能は、こりさほの事を聞き知ると憐れんで国に屋敷などを与えたという――。

右の話から「こりさほ」とは「垢離小男（棹）」つまり垢離のための浄水を汲む男とひとまず意味付けられよう。中世の熊野詣――とりわけ貴族のそれにあっては、毎日の例時作法

「暁夕《ぎようせき》の作法」や特定の聖地での「非巡水《ひずこり》」(19)などの道中儀礼が厳修されていた。その考察は本稿の対象外だが、これらの儀礼がひとつには聖水の浄祓力を仰ぐものであるならば、そこに当然垢離のための水を扱う人々の存在が浮かんでくる。とすれば「こりさほ」とは、聖水の管理を職能とする人々の普通名詞と解せよう。

『古今著聞集』の編著者・橘成季は最後に「いやしき下﨟なれども、心をいたせば、神明あはれみ給ふ事かくのごとし」とコメントしてこの説話を締め括っている。しかしそんな所にこの話の信仰的モチーフはないだろう。「こりさほ」に象徴される人々は、身分的には下層だが、聖なる水を管掌し浄祓儀礼の基盤を支えることによって、最も熊野権現に近侍していたという点を見逃せない。なお「さほ」は多くは男巫を表わす名称(20)だから、熊野参詣路における「男《さほ》」とは、等しく熊野権現に仕える男の神子《かみこ》であることをもこの説話は暗示していよう。

一方、女を「イタ」と呼ぶことについては、さして説明を要しまい。「イタ」とは「イタコ」と通い合う、巫女を呼び習わす名称の一つであることは、早くに中山太郎の『日本巫女史』が指摘している。(21)『保元物語』の鳥羽院熊野詣に関する記事には、「山上無双の伊岡《これをか》の板と申す巫女(22)」とあり、『源平盛衰記』巻十一には「夕霧の板とて山上無双の御子(23)」として見えている。「女《イタ》」は熊野における巫女の一般名詞であって、熊野に詣でる女は等しく「イタ」と名のることで熊野権現に仕える巫女《イタ》に自らを擬すことになった。

ちなみに「サヲ」と「イタ」の両称は『仏神一躰灌頂鈔付二所三嶋詣』には「棹殿」「板

御前」という名称で登場している。そこでは女は船の筏を表象するため「板御前」と名のり、一方男は、その船の筏に棹さして生死の海を出でて菩提の岸に至るため、「棹殿」と称するとし、性的なイメージによる解釈が見えるのも興味深い。

> 棹殿板御前ト者無始已来タ輪廻生死ノ凡夫ナレドモ参詣ノ已後ハ今生ヲ流転ノ終リトシ為シ、将来得達ノ初メル故ニ三界籠盤ヲ出テ生死ノ広海ヲ度ルベシ。船筏下地故ニ女性ヲバ板御前ト名ルナリ男子ハ弘誓ノ船ノ筏ニ棹ヲ指シ、生死ノ愛河ヲ出テササシメ菩提ノ彼岸ニ到ルベシ。故ニ棹殿ト名ル也。一ニ男根ト女根ニ於テ実名ヲ付ル事甚深ナリ。

また法師に「ソリ」、尼に「(ヒツ)ソキ」と名乗らせたのは、剃髪、円頂の様子を形容したものだろう。尼は古くは「ソキ尼」といった。なお「ソリ」は修験道での「三身山伏」と関係しようか。応永年間の『寺門伝記補録』「修験家諸物名言類字」には「下《サゲ》山伏法身位也。摘《ツミ》山伏報身位也。剃《ソリ》山伏応身位也。」と出ている。

このようにみてくると、「サヲ」「イタ」「ソリ」「ソキ」の四つの忌詞とは、信仰者を呼び表わす言葉であることが知られる。そこには在家と出家の別と、男と女という性差しか存在しないのである。俗世間の名字を捨てて、これらの名字に言い換えることは、日常性と世俗を超出し、煩悩や迷妄を断ち切って新しい神子・仏子として熊野神に向き合うという関係を意味しよう。『古今著聞集』の説話が、貴族の実能と人夫の「こりさほ」との対比で語ろうとしているのは、熊野権現が道者に求める日々の精進潔斎という信仰行為の上では、身分標識は虚妄にすぎないということなのだ。

とすると、「貴賤ノ品ヲモ択バズ、老少ヲモ定メズ」、「男女ヲ弁ゼズ」、「上下ヲ嫌ハズ、万事平等タルベシ」（『熊野三所権現金峯山金剛蔵王垂跡縁起幷大峯修行伝記』）としばしば語り継がれる熊野権現の利生の絶対性と無差別性は、実は道者の日々の精進生活励行の上に与えられるものであることがわかってくる。

『渓嵐拾葉集』巻第六には、諸神を仏教で菩薩の大行を表わす「六波羅蜜」に配当している記事がある。[24]その中で熊野権現は「精進波羅蜜ノ神」とされ「故ニ参詣ノ宿願ノ始ヨリ下向喜ノ日ニ至ルマデ精進苦行ヲ以テ本ト為ス也」と説かれている。事実、「熊野参宮ニハ別シテケッサイ極致ナルベシ」（『熊野草創由来雑集抄』）のごとく、熊野参詣は精進潔斎を何よりも眼目とした。忌詞の存在と実修の事実は、そうした熊野詣の特質を如実に物語るものと言えよう。

以上で明らかになったように、熊野の忌詞は、妄語の禁戒たる〝行者用心〟の作法[25]という性格を有していた。一方、忌詞群の豊富な事例と参詣途次での実修の場面に目をやると、等しく神の奉斎者と名のらせることによって、世俗と身分差を超え階層差を無化する信仰の共同性を実践的に獲得するシステムであったことが知られよう。また「若シ魔縁来リテ祟ヲ作サバ、常ノ詞違フベシ」（『熊野三所権現金峯山金剛蔵王垂跡縁起幷大峯修行伝記』）とあるように、忌詞は道中しばしば道者を妨げる邪魔の類を撃退し身を護る、ロゴスによる武装という機能をも備えていた。禁忌がひとつの儀礼文化を産出していく場面が、ここにも出現していることに驚かされる。

3　九品の順義と逆義

九品の浄土

浄土に往生する者は、優劣によって九等級[26]あるというのが『観無量寿経』の説く、いわゆる「九品《くほん》の浄土」である。つまり九品の浄土とは、阿弥陀の浄土に往生するために行業の優劣によって樹《た》てられた九等の階梯なのだが、中世にはこの教説を日本国そのもの、またはいくつかの聖地に当てはめ、分置する説がみえる。たとえば『渓嵐拾葉集』は「我大日本国ハ五畿七道ニ分レ、又九品ノ浄土ニ擬ラヘル」とし、『壒嚢鈔《あいのうしょう》』は、九品の浄土を高野山以下の霊山や名刹に配当し、「熊野山」を「下品下生」とする。一方『三国伝記』の「第十八熊野権現本縁ノ事」には、「扶桑国ニ九品ノ浄刹有リ。中品上生ノ浄土ハ熊野本宮也」と説く。熊野に比定された浄土の位階は一定していないものの、弥陀の浄土が特定の霊場や霊山に取りこまれ、この世の浄土が幻視され結構されていく様相を表わしているといえよう。

一方、早くに各地の霊山は密教の密厳浄土や、法華の霊山浄土に比定されていた。また古くからの山中他界の観念もあり、ひとつの霊山の界域に九品の浄土が見立てられていくのは必然の推移であったろう。立山の九品の浄土はつとに有名だが、熊野にあっては、後述する本宮＝浄土観の上昇とパラレルな関係にある熊野詣の盛行が、参詣路のルート上に九品の浄土を割りつけていくという思惟と現実を生んだのだとみたい。

さて「熊野参詣品」の第三条は、このような霊山浄土観の上に立って、すでにこの世の浄土と化した熊野本宮への往路を、本覚論に依拠しつつ「九品の順義」として次のように教理化する。

九品ノ順義ヲ明ラカニストハ、神ヲ以テ高位ヲ思ヒ、我身ヲ以テ下位ヲ思フ。迷ノ中ニ於テ仏果菩提ノ上位ニ至ル。是順ノ義ナリ。既ニ下品下生ヨリ上品上生ノ神殿ニ詣テ、神体ヲ礼拝スル時、所神ハ是本覚ノ神ナリ。能礼ノ我等モ本覚ノ凡夫ナリ。是ノ如ク覚ル時、能所不二ナル故、神ハ即チ我ナリ。我ハ即チ神ナリ。是レ真言ノ入我我入ノ本意ナリ。故ニ神トハ我等ガ色心不二ノ意識ナリ。若シ爾ラバ所居モ亦差別无キ故ニ、上品ハ則チ是レ下品ナリ。下品ハ即チ是レ上品ナリ。（以下略）

まず神は「高位」にあり我等は「下位」にあるとし、迷いの世界から覚りの世界へと上昇するという、いわゆる「上求菩提《じょうぐ》」が「九品の順義」であると説く。したがって「下品下生」の地から「上品上生ノ神殿」（本宮）に参着し御神体を拝すると、祈られる神（「所神」）は「本覚の神」であり、祈る（「能礼」）我らも「本覚の凡夫」となる。その上で、これまた本覚思想の修験道における定着[27]を示す「能所不二」「色心不二」の術語によって、主客の一体化を弁証する。かくして「上品即下品」「下品即上品」という絶対不二の構造となり、本覚論に特徴的な現実肯定の思惟[28]がかいまみえる。続く第四条でこの点はいっそう明らかとなろう。

(A)九品ノ逆義ヲ明ラカニストハ、本覚ノ神殿ニ帰シテ神ト我ト全ク一体ト見ルト知ル時ハ、下向ノ道ニ於テ神殿ノ上品上生ヲ以テ、方ニ下品下生ト為シ、黒目ヲ以テ上品上生ト為ス。是レ従㆑果向㆑因ノ義ナリ。亦聖人ノ仏果ヨリ凡夫ノ位ニ還ルナリ。

(B)故ニ菩提心論ノ月ノ光ヲ約スル時、晦日ヨリ一分一分増シ第十五夜ノ満月ノ位ト成ル。是レ従㆑因至㆑果ノ義ナリ。亦第十六夜ヨリ一分一分減ジテ晦日闇月ノ位ニ至ル。是レ仏ト衆生ト不二ノ義ナリ。明ラカニ知リヌ。上品上生ヲ以テ下品下生ト為ルヲ。九品ノ浅深ヲ立ツル事亦爾ナリ。是レ上ノ死門ニ詣ヅルハ入胎ノ義、下ニ向フハ是レ生門ノ出胎ノ義ナリ。

熊野への参宮を終えて下向する帰路を、今度は「九品の逆義」に充当させるロジックが(A)である。すなわち参拝により人が神と一体化した後、再び俗世へと還帰するのは「聖人の仏果」から「凡夫の位に還る」ことで、濁世の迷いの世界へと下りていく、いわゆる「下化衆《げけしゅ》生《じょう》」を意味する。本覚門でいう「従果向因」であり、下向の道にあっては「神殿の上品上生」はそのまま「下品下生」となり、したがって下向の地「黒目」はとりもなおさず「上品上生」の浄土を具現化すると解せよう。

続く(B)では、無上の正覚を希求する方途を即身成仏に求めた『菩提心論』の援用によって、新月から満月を「従因至果」、満月から新月を「従果向因」と補説した後、さらに本宮への参詣を、「死門」に向う「入胎《にったい》の義」とし、本宮からの下向は「生門」に向う「出胎の義」になぞらえる。これは修験道の入成《いりなり》・出成《でなり》に象徴される擬死・再生のモチーフに連なるものといえる。

以上から九品の順義・逆義の構造は、次のように図式化できよう。

〔本宮への往路〕　＝死門―入胎の義―九品の順義―従因至果―始覚
〔本宮からの下向〕＝生門―出胎の義―九品の逆義―従果向因―本覚

「黒目」はどこか？

ところで、(A)には「黒目ヲ以テ上品上生ト為ス」とあり、「黒目」という、見慣れない言葉が登場していた[29]。この「黒目」とはいかなる場所なのだろうか。

これまでみてきたように熊野本宮への参詣は、一人の凡夫たる道者の内面性に照らしては、迷いの世界から超出し真の覚りの世界へと高まっていくことだが、霊場観に即していえば、「下品下生」の地から「上品上生」の浄土へと到達することにほかならない。そして下向により下品即上品・順逆不二・始覚即本覚が達成される。とすれば「神殿ノ上品上生ヲ以テ、方ニ下品下生ト為シ、黒目ヲ以テ上品上生ト為ス」の文脈から、「黒目」とは即自的には「下品下生」を表わす地点ではなかろうか。この推測を裏付けてくれるのが、延慶本『平家物語』と『源平盛衰記』の、「康頼熊野詣」の記事だった。

物語の場面は有名な「硫黄島」（鬼界が島）である。鹿が谷事件によって丹波少将成経と平康頼、そして俊寛の三人は鬼界が島に配流され、都から遠く離れた絶海の孤島で悲惨な流人の生活を余儀なくされる。熊野信仰者である康頼は成経を誘い、島の中で熊野に似ている場所を探しては、音無《おとなし》川や岩田川、王子王子、そして本宮・新宮・那智の三山を見立てて熊野権現を勧請し、荒寥たる火山島での〝熊野詣〟を挙行したのだった。一人〝熊野詣〟に加わらなかった俊寛は、やがて二人が赦免されても島に取り残されるという、つとに知られた俊寛と有王の悲劇への伏線となる場面で、中世の熊野信仰を知る上で極めて興味深い内容を含む章段でもある。その考察は別稿で論じた[30]ので割愛するとし、今は〝三山〟の巡拝を終えて〝本宮〟から下向の途に就こうとする康頼と成経の行動に注目しよう。

三ノ山ノ奉幣遂《とげ》にければ悦の道に成りつつ、切目の王子のなぎの葉を稲荷の椙に取替えて、今はくろめに着ぬと思て下向し給けり。（延慶本『平家物語』）

其の御前（注・本宮）にて聖照（注・康頼の法名）申けるは、「三十三度の参詣已に結願しぬ、今日は暇《いとま》給て黒目に下向し侍べければ、身の能施して、法楽に奉らん、我身の能には今様こそ、第一と思ひ侍れ」とて……

（『源平盛衰記』）

『山家集』の熊野下向時の歌にも「かつみふく熊野まうでのとまりをば　こもくろめとやいふべかるらむ[31]」と詠まれている。「黒目」とは、熊野詣の下向における特別な地点であることは明白だろう。

なお延慶本の記事にも見えるように、道者らは熊野から下向するとまず稲荷社で奉幣し、“護法送り[32]”の儀礼を行なったあと、それまでかざしてきた梛《なぎ》の葉に代えて稲荷の御神木の杉の葉を賜わり、入京した。とすると「黒目」は、王都における下向の終結点——たとえば願ほどきのための籠り屋があった場所ではないかと想像されるが、今のところ不明である。

熊野と比叡山

さて「黒目」が熊野詣の下向に関わる特定の地であることはひとまず確認できたが、問題の九品の逆義における「黒目」を下向を象徴する地「黒目」とするには今少し論理が必要だ。叡山学僧の霊山に関わる教説を通して補説してみよう。

中世の叡山には、「浄刹結界章」と呼ばれる口決が顕密両説にわたって存在したが、その中に法華の結界というべき「六即結界」または「内地清浄の結界」なるものがみえる。これは天台大師智顗《ちぎ》が『摩訶止観』で説いた、真理に相即し一体化する六段階を、「山下」（坂本）から「山上」（延暦寺）に至る六つの結界に配当した説といえる。たとえば『渓嵐拾葉集』巻第百七では、第一の「凡聖同居ノ結界」は智顗の言う「理即」を表わし、界域としては琵琶湖の「江辺」から日吉《ひえ》社《しゃ》の「社頭」までとされる。また第六の「真実相結界」は「究竟密」であり、「天梯林」より東塔の「文殊楼」までと見立てられており、さらに「心性の中台」としての「常寂光土」＝「戒壇院」を加えて「七重の結界」と名付けている。(33) ここで次のフレーズが見逃せない。

> 浄刹結界章ニ云ク。三世常住ニ上ル。常住上ノ故ニ、法性、無明ヲ蹴テ上ル。三世常住ニ下ル。常住下ノ故ニ、無明法性ヲ蹴テ下ル。已上

紛うことなく登山と下山の「道の作法」を説いているのだ。「法性、無明ヲ蹴リテ上ル」とは迷妄の世界から解脱の世界へと至る「上求菩提」を意味しており、「無明、法性ヲ蹴テ下ル」とは再び真如の世界から迷いの現実界へと帰還する「下化衆生」の比喩的表現にほかならない。それはさておき、「黒目」にとっては次なる一節こそが示唆的である。

> 口ニ云ク。登山ノ時因従リ果ニ至ル。上求菩提迹門ノ意ナリ。山上従リ坂本ニ（下ル）時ハ、果従リ因ニ向フ。本門随縁法流ノ意ナリ。

「熊野参詣品」の記事との照応は決定的だろう。つまり叡山における「山上」（延暦寺）は熊野本宮の「神殿」に、「坂本」（日吉社）は「黒目」に相当することになる。

このように見てくると、修験道は、中世の熊野詣における下向固有のトポス「黒目」を順逆の教義にとり込んだことが知られよう。それが九品の逆義における黒目にほかならない。そしてその往還のシステムは、叡山における山上—山下をめぐる口決との明瞭な対応をみせていた。

ちなみに山門学僧らが叡山を「法華秘法」なるものによって六即結界し、本覚論によって往還を定義付けたという教説の背景には、日吉社と比叡山を行き来する巡礼・回峯行の実修が想定されてよい。それは熊野のみならず、各地の霊山・聖地と結びついた本覚門の多彩な展開と浸透を示すものでもあった。

＊

以上、本節では「熊野参詣品」の解読を通して、中世熊野詣の儀礼的諸相を観察してみた。その教説は、本覚思想にもとづく大峯修験の世界観と峯入りの教義を参詣の往還構造に転用したものといえようが、〝葬送の作法〟や忌詞にみられる個性的習俗は、熊野参詣路のトポロジーと信仰行為の実相をかいまみせて、強烈な魅力をこの今に放っている。

何よりも重要なのは、熊野詣は〝葬送の作法〟であるという時、すでに熊野本宮は〈浄土〉に見立てられていたという事実である。換言すれば、熊野が浄土として観ぜられていくプロセスの只中から、〝葬送の作法〟という習いが生み出されていった。それは決して院政期以前には遡りえない、中世期に特徴的な熊野詣の貌を伝えるものといえる。とすれば問題は、熊野本宮をめぐる霊場観念の生成と、それが熊野詣にどう映現されていったかというテーマへと旋回する。

2　聖地と救済の構造

1　熊野本宮のトポロジー

「聖地」の成立

熊野本宮を阿弥陀の浄土に比定するのは、もちろん平安後期以降の浄土信仰の上昇という時代思潮に関係していよう。と同時に、霊山を山中他界と観ずるという古くからの他界観とも交錯して、熊野本宮をめぐる聖地観念の生成・展開はきわめて複雑な様相を呈している。

そもそも中世では「大峯トハ真言両部ノ峯ナリ。故ニ熊野ハ胎蔵ノ権現ナリ。金峯山ハ金剛ノ権現ナリ」（『渓嵐拾葉集』）、「熊野山胎蔵界、因曼陀羅ナリ。金峯山金剛界、果曼陀羅ナリ。」（『諸山縁起』）のごとく、〝大峯〟という名称は広義には吉野―熊野を包括する総称であり、いってみれば修験者の順逆の峯入り・抖擻《とそう》行のルートに沿った一大信仰圏の名と解せよう。しかし、大峯を「真言両部ノ峯」とし、吉野を金剛界、熊野を胎蔵界に充当するという密教的マクロコスモスの視点からは、熊野本宮固有の霊場性は析出されにくい。

熊野の他界としては、古くから死の山としての那智《なち》・妙法山や、観音霊場としての補陀落《ふだらく》浄土が知られているが、熊野詣の終結地点となることでやがて熊野三山の中心へと躍り出てくる本宮＝阿弥陀の浄土観は、浄土信仰と熊野の在地性との独自の結合を示すものといえる。本来ならば以下その検討へと移るべきであろうが、本稿では院政期の熊野信仰と熊野詣は対象外としたせいもあり、今はあえて視点を変えて、弥陀の浄土とは異なる本宮聖化の一側面を洗い出してみたい。

　ここに浮かびあがってくるのが、熊野本宮をめぐる縁起・伝承群の中の「御在所縁起」なるものである。本宮のとある〝在所〟と深く結びついたその聖地観念は、本宮総体の霊場性の発揚と成熟に大きな影響を与えたはずであり、また後述の如く熊野詣の本宮における儀礼と不可分の関係を示してもいる。

　では「御在所縁起」とはどのような縁起なのだろうか。『両峯問答秘鈔』によって縁起の骨子を抽出してみよう。

問ニ云ク。本宮御在所ノ儀如何。答ヘテ云ク。彼ノ御在所ハ縁起文ニ云ク。神武天皇五十七年戊午歳十二月晦ノ夜半、摩掲提国正覚山菩提樹下ノ金剛壇ニ河ノ間ニ飛来ス尼連禅河、音無密河ナリ。今ノ新山是也。云云

（『両峯問答秘鈔』）

本宮の「御在所」とは、天竺摩《ま》掲《が》陀《だ》国正覚山の菩提樹の下の「金剛壇」が二つの河——熊野川と音無川——の間に飛来したもので、今の「新山」を指すと述べているわけだ。ほぼ同様の記事は『熊野山略記』本宮の条(34)にもみえている。つまり本宮の御在所は釈尊成道の仏跡＝金剛壇とみなされており、聖跡そのものの飛来というモチーフが重要な役割を演じているのが目を惹く。

同書は以下、この御在所縁起は『大唐西域記』がまだ日本に伝わらない段階に熊野の「土俗」が作ったものとし、両文の一致は奇異なりと述べているが、実際はもちろん『大唐西域記』の記事を下敷きに作文したものだろう。とまれそこにはどのような思惟が働いていたのか、まずは『大唐西域記』の語るところを聞こう。

——戒賢の伽藍を出た釈迦は、ガンジス河の一支流尼連禅河を渡り、マガダ国の聖なる都市・伽耶城に入った。西南に位置する伽耶山を経た釈迦は、再び尼連禅河を渡り、のち阿育王が造塔供養したことで有名な「鉢羅笈菩提山」(前正覚山)に入り苦行するが覚りを得ることはできなかった。そこで東北の丘に攀じ登ると大地は震動し、山は揺いだ。山神は怖畏しつつ、この山は正覚を成する福地ではないことを釈迦に告げる。丘を降りた釈迦は中腹の石室で結跏趺坐し禅定に入らんとすると、前と同じように地と山が震動する。浄居天の告知によって、正覚を成ずる処は卑鉢羅樹下の金剛座が有る所と知った釈迦は、ようやく前正覚山より西南十四、五里のその地に到達する——。

菩提樹ノ垣ノ正中《まんなか》ニ金剛座有リ。昔、賢劫ノ初メニ成リ、大地ト倶ニ起リシモノニシテ、三千大千世界ノ中ニ拠リ、下ハ金輪ヲ極メ、上ハ地ノ際《きわ》ヲ侵ス。金剛ニテ成ル所ニシテ、周囲ハ百余歩アリ。賢劫ノ千仏ガ之ニ坐シテ金剛定ニ入レル故ニ焉《これ》ヲ「金剛座」ト曰ヒ、聖道ヲ証《さと》レル所ナレバ、亦「菩提道場」トモ曰フ。大地ガ震動スルモ、ココノミハ独リ傾キ揺グコト無シ。

右のような仏陀成道の聖地にまつわる金剛座と菩提樹伝承を取り込んで作成された「御在所縁起」の内容は、本宮御在所は仏生国の聖跡そのものであり、それは聖地の飛来によってもたらされたという二点に要約することができる。

そこに立ち入る前に、金剛壇がその間に飛来したという二つの河について若干言葉を添えておこう。周知のように本宮の旧社地は熊野川と音無川という二つの河にはさまれた中洲（現在の大斎原《おおゆのはら》）であった。御在所縁起は熊野川を「尼連禅河」に、音無川を「密河」にそれぞれ比擬している。平安末期の『熊野権現金剛蔵王宝殿造功日記』ですでに音無川は「密河」と呼ばれていた[35]。その頃音無川は熊野本宮の周囲を流れる川の総称だったが、やがて分流が熊野川と命名されるに及び、顕密一致の宗教思惟から、熊野川は音無川の「密河」に対し、「顕河」[36]（『証菩提山等縁起』）と称せられたのだろう。また非巡水《ひずこり》の聖地であったことから仏生土観の受容の上に釈尊が沐浴したという「尼連禅河」に見立てられたと類推される。

飛来する霊山

さて聖跡の飛来というモチーフは、早く大峯に関して見出すことができる。大峯山は文字通り「大菩提山」や「証菩提山」と称され、仏生土にアナロジーされたのだった。

大峯ハコレ本《もと》、仏生国ノ山ナリ。カノ山空中ヨリ我ガ朝ニ飛ビ来タリ。落チ留マル所ナリ。但シ熊野権現ハ本、仏生国ノ鎮守ナリ。之ヲ熊野山ト云フ。（『諸山縁起』）

大峯は仏生国の山の一部がわが国に飛来して出来た山で、熊野権現は仏生国の鎮守と述べているのだ。こうした、大峯を仏生土の霊山とみなす言説の影響下に、『大唐西域記』の釈尊成道にちなむ金剛壇伝承をも取りこんで「御在所縁起」が造作されたと推察できよう。ところで霊山や仏跡の飛来によって一山の生成を語る〝飛来峯《ひらいほう》縁起〟は、実は大峯や熊野に限らず中世の霊山信仰に伴って広く伝播していた。そのうち、法華の霊山ともいうべき叡山の例を紹介してみたい。

飛来峯縁起ニ云ク。西天ノ鷲山ハ帝城ノ艮ノ方ナリ。震旦天台山モ帝都ノ艮ナリ。我国ノ叡山モ帝都ノ艮ノ方ナリ。故ニ三国相承ノ霊山ト習フ也。……今飛来峯ノ縁起ニハ、霊山艮ノ角闕ケテ唐土天台山ニ来ル。唐土ノ天台山ノ艮ノ角闕ケテ日域ノ叡山ニ来ル。

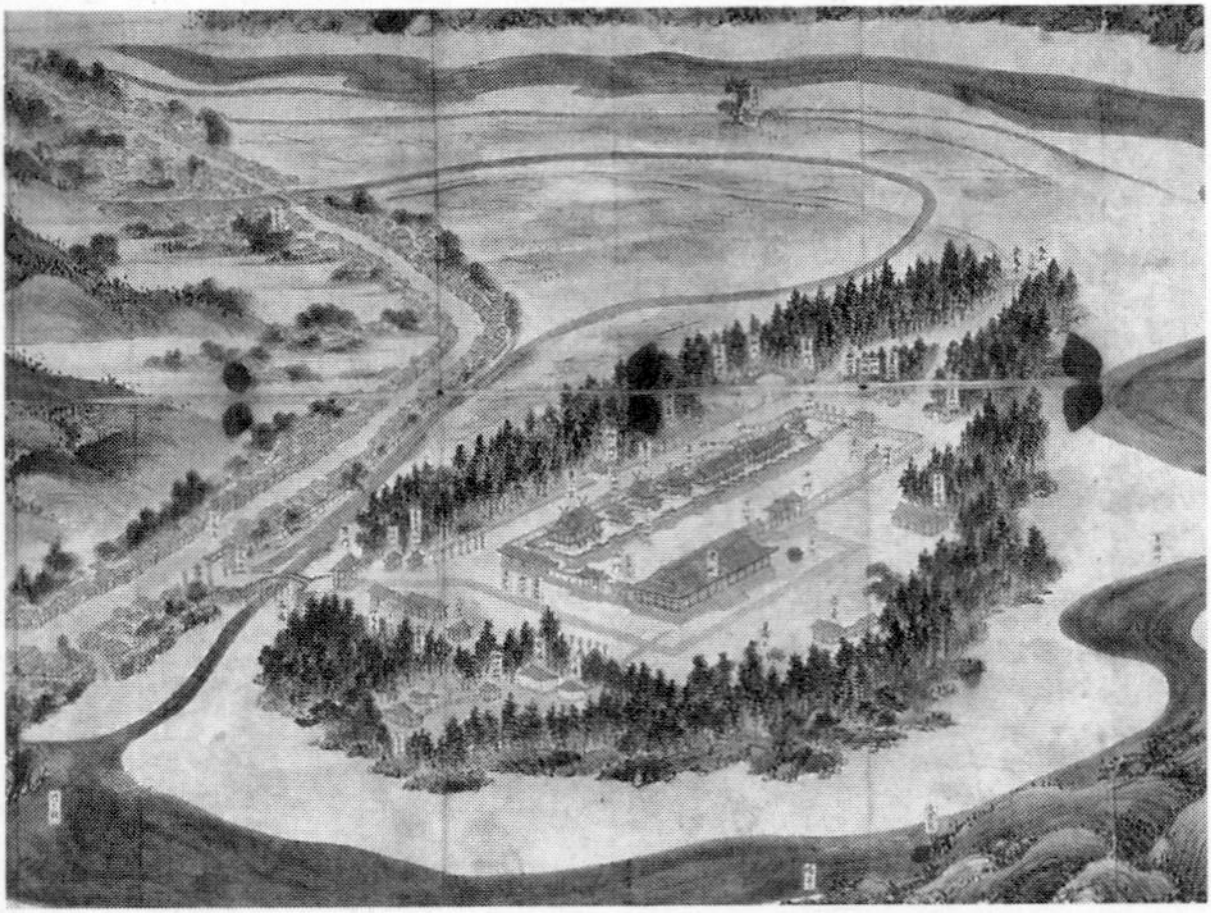

熊野本宮幷諸末社図絵（部分） 江戸中期〜後期のものと推定される。（熊野本宮大社蔵）

仏法流伝ノ表示ナリ。此ノ山ノ来ル時ハ白猿ニ乗リ唐土従リ飛来セリ。仍テ飛来峯ト号ル事此レ従リ起ル也云云。

（『渓嵐拾葉集』巻第百七「記録部」）

中古の日本天台は、天竺—唐土—日本をわたる、三国相承の山王という教説を生んだ。右の記事ではその構造を霊鷲山《りようじゆせん》—天台山—比叡山の「三国相承ノ霊山」という、霊山そのものを主体とする習いとして説くわけだ。つまりここでの〝相承〟とは、山の艮《うしとら》（東北）の角が欠けて飛んで来るという、〝飛来する峯〟のメカニズムを示すものであった。

かくして叡山は、霊鷲山から天台山、天台山から叡山へと転じた結果、「三転ノ末山ト言ヘドモ、昔ノ霊山ニ異ナラ」ざる〝霊山浄土〟に化したのである。その背後には、釈迦の肉身は滅びても、その法身は永遠にこの霊鷲山にあって説法するという〝常在霊鷲山〟の宗教思惟が貫かれていることも見逃してはなるまい。

こうみてくると、大峯・熊野は釈尊成道の聖地に、叡山は釈尊説法の霊山にそれぞれ立脚したという違いはあれ、飛来峯とみなすことで自らの霊山を仏生土として聖化する意図は共通している。ここで主役を演じているのは人格的表象をとった神や仏ではない。聖跡や霊山そのものなのだ。この時聖地の移動は、山の一部や仏跡が飛来するという超自然的手段によってもたらされるのだが、そこには〝仏生土〟すなわち「御在所菩薩ノ在ル所ナリ」（『諸山縁起』）を在地の霊山に結びつけようとする、それぞれの霊山における縁起制作上の要請が想定されてよい。

ここであらためて熊野の「御在所縁起」に立ち返ると、金剛壇の飛来―本宮御在所の成立という構造は、右に述べたような中世の霊山観念に同じく根ざすものであることがわかってくる。直接的には、大峯における飛来峯縁起の影響下に作られたものと推察されよう。しかし、「大峯ハ真言ノ峯、葛城ハ法華ノ峯」（『渓嵐拾葉集』）などに匹敵するような、熊野山総体を仏生土または仏生土の山に見立てる習いは生まれなかった。それは熊野をめぐる霊場観念が多彩であったこともさることながら、熊野詣の盛行によって〝本宮＝阿弥陀の浄土〟観が本宮の聖地観の全体を蔽っていったからだろう。

本宮と「霊亀」

しかし「御在所縁起」の語る内容は、釈尊伝承にモチーフを借りた金剛壇飛来説に尽きるものではない。熊野にはまた熊野独自の目論見と着想とがあった。「御在所縁起」の名称が暗示するように、熊野山そのものを仏生土として理念化しえなかった代わりに、本宮の御在所、つまり鎮座地（社地）に限定する形で、求心的な聖化を試みたのだった。ここに〝飛来峯〟の類型から脱していく本宮特有の言説とその現実基盤が浮き彫りとなってくる。それを示しているのが、『熊野山略記』本宮の条の次なる記事である。

ⓐ同（注・神武天皇五十七年）戊午歳冬十二月晦夜半、摩竭陁国正覚山ノ菩提樹下ノ金剛壇ニ河ノ間ニ飛来ス。二河トハ東ニ流ルルヲ熊野河ト号シ又尼連禅河ト号ス西ニ流ルルヲ音無河ト

号ス又密河ト号ス
ⓑ二河ノ間ノ嶋ヲ新山ト号ス。霊亀以テ其ノ山ヲ象ル。之ニ依リテ蓬萊嶋ト称ス。備前ヲ離ル、コト七十二丈也。

ⓐ熊野川と音無川の間に金剛壇が飛来し、それを「新山《ニイノ》」と称したというのは先にみた『両峯問答秘鈔』と同じだが、ⓑ「新山」の形は「霊亀」の姿で、それゆえ「蓬萊嶋」と呼ぶとの説が注目される。新宮系縁起には有名な徐福伝承を初めとして神仙思想が色濃く投影されているが[37]、本宮の御在所縁起にもその影響が認められるのは、「霊亀」「蓬萊嶋」という言葉によって明らかだろう。

さてこのⓑに関係するのは、『両峯問答秘鈔』の「油戸」という名称の由来をめぐる問答である。

問テ云ク。油戸ノ称号何事ゾヤ。答ヘテ云ク。彼ノ在所ハ金亀コレヲ持ス。而レバ亀ハ尾ヨリ油ヲ出ス。仍リテ彼ノ在所ヲ油戸ト号スノミ。

御在所は「金亀《きんき》」が支えている。金亀は尾より油を出すので、御在所を「油戸」と称するというのだ。新山の御在所は亀の姿を象ったものというⓑの見立て説に対して、こちらでは生ける金亀が在所を支えていると説く。それは中国に古く発祥した、亀が海中の仙郷＝蓬萊山を背負っているという思想の流入で、『梁塵秘抄』にも見えていた(38)。そもそも神仙思想の影響は早く『日本書紀』に認められる。

葛城山の一言主神《ひとことぬしのかみ》を「逢仙《ひじり》」と呼び、その奉斎者・役行者をも神仙とみなすに及び、この観念は都周辺の山岳地帯に広まっていき、密教や修験道の行者によって担われるようになった。たとえば『渓嵐拾葉集』中の記事では、尾張の熱田社を「御在所縁起」と同様に海中の金亀に乗る蓬萊山に見立て、密教の曼荼羅に配当している(39)。

ところで、亀は尾から油を出すので御在所を「油戸」と称するという箇所は、本宮に固有な伝承が付着しているとみてよいだろう。なぜならこの「油戸」という用語は、次に述べるように鎌倉期の貴族の参詣記にしばしば登場しており、それらの事例から本宮社殿の、ある特定の場所を示す名称であったと推察されるからだ。

「油戸」の謎

問題の「油戸」は、熊野三山の巡拝を終えて本宮より下向する際の記事に集中的に現われる。

㋑（十一月七日）……御神楽ノ後宿所ニ帰リ装束ヲ改メ、又帰参シ巡礼ス。油戸ニ於テ宝印・奈木ノ葉ヲ給ハル。仮粧ヲ伝テ還向ス。

（『頼資卿熊野詣記』）

㋺（十一月二十日）……次女院御宮廻リス。更ニ西御前ニ御参ス。請セラレテ油戸《御慎儀》ニ於テ、御先達宝印・奈木ノ葉ヲ献ゼラル。快実法印所労不参ニ依リテ、子息松王丸之ヲ進ラス。忠綱朝臣之ヲ取リテ御先達ニ伝フ。此ノ戸秀康ガ為ニ幔ノ幕ヲ引クコト例ノ如シ。

（『後鳥羽院・修明門院熊野御幸記』）

これらの記事に拠れば、鎌倉時代、貴族らは社殿巡拝のあとに、「油戸」で先達から牛王《ごおう》（牛玉）宝印と梛《なぎ》（奈木）の葉をいただいて帰途の旅に出立しているのである。牛王宝印は、もちろん「烏牛王」で有名な熊野の御神符・呪符であり、また梛の葉は道者の守護神・金剛童子の三昧《さんま》耶形《やぎょう》（「変化身」）と考えられ、これを笠などにかざすことで魔を退け、無事に帰還できると信じられていた。[40] ここから「油戸」とは、還向《げんこう》（参詣し都に帰ること、下向《げこう》に同じ）に欠かせない呪物・梛の葉と牛王を授与する特殊な場所であり、先達らによって管掌されていたという事実が浮かびあがってくる。なお㋺の記事では、油戸に「御慎儀」の傍書が見えることからもその聖性が窺えよう。

かくして「油戸」とは熊野本宮にとってもっとも神聖な呪物を出し入れする空間であり、またそれを管理する集団が存在したから、仏堂の「後戸《うしろど》」（後堂）に当たる機能を有していた聖所ではないかとの連想も湧き起こってくる。

では「油戸」とは、本宮社殿のどの場所のことなのだろうか。それを教えてくれるのは、室町期成立の『修験指南抄』「本宮社壇造次第」の記事である。
智証大師円珍が本宮に詣でた時、霊鳥が嘴に挟んできた指図に社壇造立の秘釈が示されていたという。その中で百八間の廻廊に作られた十二の門に関する説を見よう（神宮文庫本に依る）。

廻廊ニ十二門有リ。現在十門ナリ。楼《ロウ》門ノ東ノ脇《ワキ》ニ長押《ナゲシ》ヲ打タザル二門有リ。之ヲ以テ二門ニ擬《ナゾラ》ヘ、十二門ト号ス歟。十二因縁ニ引キ入レンガ為ナリ。流転《ルテン》ノ衆生参詣之時、愛楽《アイゲウ》門ヨリ入ルコトハ、証誠殿前ノ門ナリ。上求《グ》菩提之義ヲ表ス。菩提ノ大欲ハ是レ愛《アイ》楽至《ゲウシ》極《ゴク》ノ故ニ、下向之時油戸《ユウコ》ノ門ヨリ出ヅルコトハ、下化衆生之義ヲ示《シメ》ス。是随染業幻《ズイセンゴウゲン》ノ義ナルガ故也。

廻廊の十二門は、衆生が三世に亙《わた》って六道に輪廻する縁起・「十二因縁」に引き入れるためとし、それゆえ、流転の衆生が証誠殿の前の「愛楽門」から入るのは「上求菩提」を、下向の時「油戸ノ門」から出るのは「下化衆生」を示す義と説く。
下向に際し牛王と梛の葉を与えられる「油戸《ユウコ》」とは廻廊十二門の一つで下向する門であった。つまり本宮に参着すると初めにくぐる門は証誠殿前の門、巡拝を終えての下向は油戸門と決められていたのだ。このことは、第一節で述べた本宮への往路—本宮からの下向という順逆のシステムが、本宮霊場内の巡拝コースにも充当されていた事実を偲ばせる。

熊野牛王（本宮）　牛王のデザインは時代によってかなり異なる。烏のモチーフが登場したのは戦国時代以降といわれる。いずれも「熊野山宝印」と書かれている。

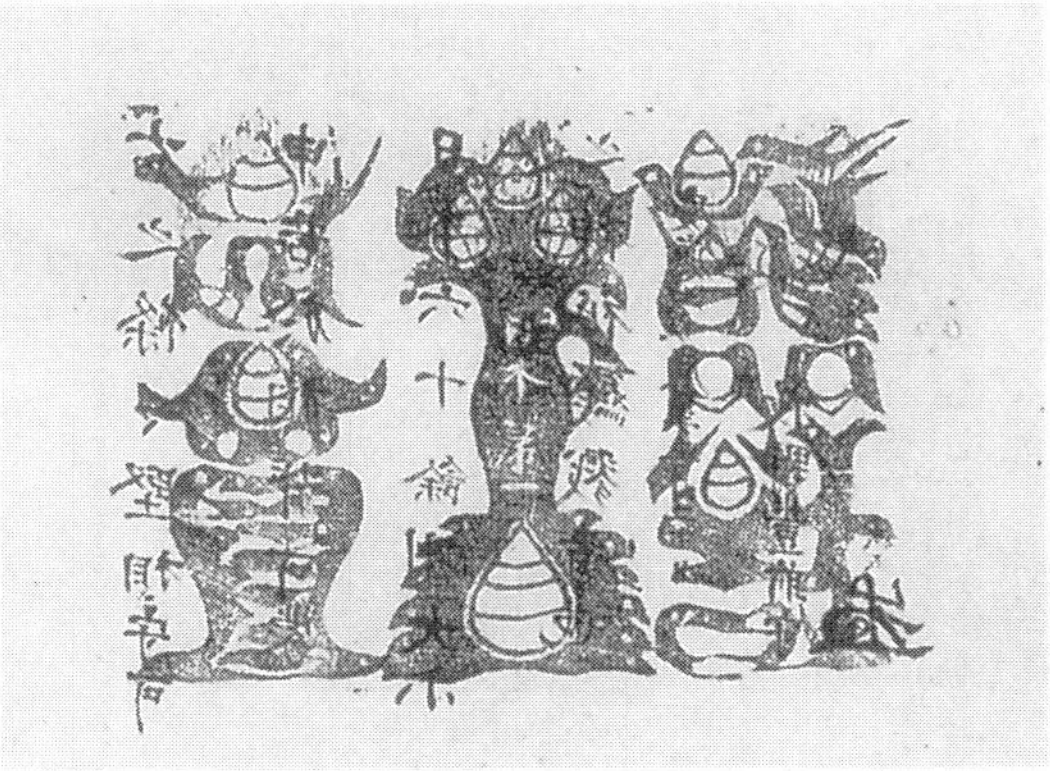

それにしても、下向はなぜ油戸門でなければならなかったのか。ここで先に見た、本宮の在所は金亀が支えている、亀は尾から油を出すので油戸と呼ぶとの『両峯問答秘鈔』の説が思い出される。

本宮の御在所とは生ける金亀であった。それゆえに道者は、金亀の頭部に見立てた門から入り、尾にあたる油戸門から下向する習わしになっていたにちがいない。「油戸」とはその際、亀が〝尾から油を出す〟ごとく、下向に不可欠の呪物（椰の葉と牛王）が、油戸門より出されたのだ。生ける金亀＝御在所説と本宮巡拝儀礼が結びついた実に興味深い事例といえよう。

「油戸」とは単に「斎戸《ゆと》＝聖なる戸」の宛字ではなかった。（本宮を流れる川を「油河」と称した伝承が存在することも見逃せない。[41]）

この世の浄土へ

以上、「御在所縁起」にみられる本宮聖化の内実を考察してみた。そのひとつは、大峯などの仏生土観の影響下に〝御在所〟を〝金剛壇〟にみなすものであった。他方、おそらく神仙思想を基調とする新宮系縁起との対抗と交錯の中に、金亀と油戸という聖所の形象と儀礼が育くまれたと推察される。けれどもこれらの聖地観は――とりわけ金剛壇の観念は――固有の儀礼と結びついていなかったためか、やがて〝弥陀の浄土〟観によって圧倒されていき、熊野詣という視界からは見えにくいものとなっていく。なぜなら本宮＝阿弥陀の浄土観は、〝浄土入り〟を最終目的とする熊野詣という現実基盤を有することで、たえず自己を活性化することができたからだ。一方熊野詣も、次節で述べるように参詣のルートに九品の浄土を布置することによって、西方十万億土彼方の遥かな浄土ではなく、ヴィジュアルなこの世の浄土を構築してみせた。

そこで以下、再び論の舞台を熊野詣の途次へと移し、〝浄土としての熊野〟が鮮やかな光彩を放つ中世熊野詣の実相へと迫ってみたい。

2　浄土入り／そのプロセスと構造

「地地ノ昇進」

又伝ニ云ク。今ノ熊野権現ハ日域ノ浄土ナリ。故ニ一度参詣ノ輩ハ決定往生ノ者トハ定ムルナリ。故ニ彼ノ参詣ノ道ハ三輩九品ノ浄土ヲ表相スル故ニ、証誠殿ノ神拝ハ上品上生ノ往生ト習フ也。仍テ心王ノ弥陀ヲ拝見シ奉ルナリ。

（『渓嵐拾葉集』巻第六「神明部」）

ここに中世の熊野詣の目的と利生が、端的に語られていよう。第一に熊野権現（の鎮座する本宮）は日本の浄土であること。第二に一度参詣すれば必ず往生が約束されること。したがって第三に、参詣路は九品の浄土を表徴しており、証誠殿《しょうじょう》の神拝は上品上生という最高の習いとなること。

〝浄土としての熊野〟という視界から中世の熊野詣に目を凝らすならば、熊野詣とはまさしくひとつの〝浄土入り〟であったといえる。そのことは古代末期に始まる熊野詣の長い歴史の中に、時間的契機と変動のダイナミクスを見出していくことでもある。

古代における熊野信仰の諸相は本稿の対象外ではあるが、とまれ本宮の祭神〝家津御子《けつみこ》〟は浄土信仰が高まりゆく中、平安中期には証誠大菩薩を名乗り、本地仏は阿弥陀とするとされ、それと相俟って熊野本宮は阿弥陀の浄土と観ぜられるようになった。つまり本宮参着をメルクマールとする熊野詣は、〝浄土への旅〟と評することができよう。だがこの特質はそう言い切ってしまうだけでは済まされない、決定的に重要な問題を内包しているのだ。

たとえば第一章で扱ったテキスト「熊野参詣品」は、熊野詣を「下品下生」から「上品上生」、「上品上生」から「下品下生」という上向と下向の往還構造とし、峯入りの作法にもとづいて順逆の二義に配当した。その言説の中には、「黒目」という中世熊野詣の下向に関わる特殊な地名も登場していたが、概して本覚思想を駆使した修験の教義で塗り固められており、参詣路の現実相は捉えにくい。

たとえば、南北朝期に著わされた『金峯山秘密伝』が、「王子王子ノ参詣、此レ地地ノ昇進ヲ表シ、宿宿ノ法施ノ声、即チ無明ノ眼ヲ覚マス」と述べているように、熊野詣は、各地の王子や特定の聖地で禊・祓などを厳修し、漸々として宗教的に高まりながら本宮へと至るものであった。九品の浄土の見立ても本当はそうした「地地ノ昇進」の階梯に即してなされていると想像できる。

　とはいえ点と点、聖所と聖所を結ぶリニアーな行程の果てに、道者はおのずと〝浄土〟へ達するのではなかった。九品の浄土をめざす〝浄土入り〟とは、熊野詣の総過程ではなく、その最終段階を名付けるに最もふさわしい参宮の形態なのである。

浄土への階梯

以下〝浄土入り〟のプロセスを、熊野詣の記録類を通してできるだけアクチュアルに再現してみよう。まず注目すべき第一のポイントは、慈遍によって「三途川」と称された岩田川の瀬である。

　すでに道者らはいわゆる中辺路にあり、稲葉根王子を通過した後、滝尻王子へと向うために岩田川（富田川）にさしかかっている。院政期、中御門宗忠は岩田川の瀬を十九回渡って滝尻王子に着いており（『中右記』）、鎌倉時代、後鳥羽院の熊野詣に随行した藤原定家も下馬して腰まで水に浸かりながら一ノ瀬を渡っているのである（『熊野行幸日記』）。

　ここで滝尻について若干注意をはらっておこう。『中右記』では「滝尻」に「初メテ御山内ニ入ル」と傍書しており、また『諸山縁起』にも「御山ノ滝尻ニ付キテ其ノ水ニ洗フ事（注・非巡水）尤モ大切ナリ」とあるように、滝尻からが熊野山の界域内と考えられていたことが知られるが、その霊地内への入場は、岩田川などのいくつもの川の瀬を実に幾度も越えることによって初めて可能となるのだ。この事実が暗示するものを追いかける必要があろう。

承元四年（一二一〇）四月二十八日、修明門院の一行は岩田川の一の瀬に到着したが、昨夜来の雨によって川が増水していたため、女院が徒歩で渡るべきかどうか先達らの評定があった[42]。結局は御輿で渡ることになるのだが、看過できないのは、女院といえども徒歩で渡らなくてはならないという作法が岩田川に関わって存在したという点である。

さてそうこうするうちに、川は胸の辺りまで増量していた。悲惨なことに六の瀬を渡る最中、一行中の九人が濁流に呑まれ溺死したのだった。「金剛童子は我々を見放したのか」と筆者・四辻頼資は悲嘆の叫びを書き留めている。中世の熊野詣がまさに命を賭けた旅であった事実に重ねて、岩田川の渡河の重要性が浮き彫りとなろう。この点を掘り下げるのにきわめて示唆的なのは実意の『熊野詣日記』である。

応永三十四年（一四二七）九月二十六日、実意を先達とした北野殿らは岩田川の一の瀬で垢離をとった。この時実意は、昔は一の瀬、二の瀬、三の瀬と直《じか》に渡ったが、今は川の流れが変わったために渡ることが出来なくなったと述懐している[43]。熊野詣が中世後期に至る過程の中で変容していくひとつの局面を示してもいよう。

加えて、川の瀬を渡るという行為は「悪業煩悩の垢をすゝぎまします」ことだったとの実意の言葉が注目される。〝渡河〟の宗教儀礼的意義は〝浄化滅罪〟にあったのだ。『源平盛衰記』の記し伝える、「維盛熊野詣」の一節もそれを如実にもの語る（国民文庫刊行会本による）。

三位中将入道は……岩田川に着給て、一の瀬のこりをかき給ふ。……さこそ罪深かるらめども、一度此河を渡る者、無始の罪業悉く滅すなれば、今は愛執煩悩の垢もすゝぎぬらん。

岩田川で垢離をとり、幾度も川瀬を渡ることは、聖水の浄祓力による汚穢・罪障の浄化であり、そうして初めて、道者は浄土へと至る切符を手にすることができた。

岩田川を徒歩で渡る

けれども岩田川の徒渉という行為が象徴するものは、滅罪のためだけに尽きるものではあるまい。熊野詣が〝葬送の作法〟であったこと、岩田川が三途川に見立てられていたことを想起する時、かつてこの川を舞台に、擬死・再生の儀礼が繰り広げられたのではなかったのかという想像が脳裏を掠める。と、ふいに『熊野詣日記』の次の一節が、スリリングな暗示を孕んで浮かびあがってくる。

……女院なとの御まいりにも、ちきに此川をハわたりましましけるとかや。御手を引事斟酌なれハ、しろき布を二たんむすひあハせて、ゆいめにとりつかせたてまつる。布の左右を、しかるへき殿上人、あまたひかへてわたしたてまつる。上らふ女房御そはにそひて、布にとり付て、御とも申されけるとなり。

昔、女院たちは岩田川の徒渉の際、白布を二反結び合わせ、女院は結び目をとり、随従の女房らも布にとりついて渡ったという。白い布を用いることについて、実意はじかに女院の手を引くことが憚られたからだと推察しているが、果たしてそうであろうか。

対岸に待つものは、滝尻王子から始まる熊野の霊場である。その浄土たる異界への入口に白い布にとりすがり幾度も渡る女人の群れ——。この幻視の光景こそ、熊野詣が〝葬送の作法〟であることを劇的に象徴するものではなかろうか。すると立山の「布橋《ぬのばし》大灌頂」(44)や奥三河大神楽の「白山《しらやま》入り」、花祭の「花育て」(45)などが連鎖的に思い起こされる。そしてそれらと共通するモチーフの信仰儀礼が川の瀬を舞台に〝道の作法〟として演ぜられていたのではないかとの想像を呼ぶ。

地蔵堂、あの世の入口

こうして岩田川を徒渉し、滝尻王子に着いた道者らは、所定の儀礼を実修したあと、険しい岩間を攀じ登り地蔵堂へと辿り着く。この「地蔵堂」こそ〝浄土入り〟の第二のポイントと言わねばならない。なぜなら地蔵堂は「下品下生」の地に見立てられており、従ってここから〝実際〟に「九品の浄土」は始まるからだ。

よく知られているように、多くの地蔵（堂）は村外れのようなこの世とあの世の境界に祀られている。また地蔵菩薩は、しばしば地獄に堕ちた衆生を代受苦によって救い、浄土へと引接するという弥陀に代わる利生をも担っていた。熊野参詣路にあって、三途川に通い合う岩田川を渡った向こう、あの世の入口に地蔵堂が布置されていたのは、こうした地蔵信仰の具有する境界の象徴性と見事に照応しよう。

明ぬれば峻しき岩間を攀登《よぢのぼり》、下品下生の鳥居の銘、御覧ずるこそ嬉しけれ。
十方仏土の中には以て二西方を一為《す》レ望と　九品蓮台の間には雖《ども》二下品と一可《べし》レ足《たんぬ》
注《しる》し置たる諷誦《ふじゅ》の文、憑もしくこそおぼしけれ。
（『源平盛衰記』「維盛熊野詣」）

たう下に御あかりありて、地蔵堂にて御こやしなひ（注・小休憩）、此所より九品の鳥井たちはしむ、則下品下生の鳥居あり、すでに安養の浄土に往詣して、不退の宝土をふめり。
（『熊野詣日記』）

ところで平安期の『大御記』『中右記』はもちろん、鎌倉時代の参詣記のどれにも地蔵堂と下品下生の鳥居の記事はみえていない。ただ『中右記』が滝尻の裏山で「三百町ノ蘇屠婆ヲ見ユ」と町石卒塔婆の存在を書き留めている。このあたりが本宮まであと三百町の、終点が指呼のうちに入った最後の難所であったことも〝九品の浄土〟の見立てと布置に寄与したというべきだろう。

いずれにせよこれらの記録類には、一様に「九品の浄土」は登場していないのであって、九品の浄土を参詣路のルートに空間化し、鳥居を設置することで標徴としたのは、おそらく中世のある段階のことであったろうと推察される。[46] それは〝浄土〟としての熊野本宮という霊場性の高まりと、それに呼応して盛行を極めた参宮の旅によって、新たに画定され割りつけられた路傍の浄土であった。『熊野山略記』巻三・那智の項で、「九品ノ境石」という那智の聖所に次のような注を付しているのもその証左となろう。

熊野ノ霊地ハ、九品ノ浄刹ヲ表ス。所謂本宮ニハ九品ノ鳥居有リ。滝山ノ九品ハ立石巌顕、之ヲ以テ表示ト為ス。

さて地蔵堂から始まる〝浄土〟へと足を踏み入れた道者は、近露王子、猪鼻王子などを経て、いくつもの峯や河を跋渉し、いよいよ発心門へと辿り着く。この間には、下品中生から上品中生の七つの浄土が鳥居を標識として布置されていたはずだが、『熊野詣日記』にもその所在は記されていない。

こうして低次の浄土からより高次の浄土への階梯は、順次に鳥居をくぐることによって達成される。それは宗教性と霊場観がいや増しに上昇していくプロセスでもあったはずだ。そののぼりつめた果てが本宮の総門というべき「発心門」なのである。「発心門」とは大鳥居であって、この鳥居をくぐって人々は、上品上生の阿弥陀の浄土へとようやく到達したことになる。

先ヅ其ノ前ニ於テ祓ス。是大鳥居也。参詣ノ人必ズ此ノ内ニ入ル、遥カニ見遣レバ、心甚ダ恐ル。
（『中右記』）

高原の峯吹く嵐に身を任せ、三超の巖を越すには、忉利の雲も遠からず、発心門に着き給ふ。上品上生の鳥居の額拝み給ては、流転生死の家を出でて、即悟無生の室に入るとぞ思し召す。
（『源平盛衰記』「維盛熊野詣」）

杖を交換する

発心門――。この地こそ熊野の〝浄土入り〟の第三のポイントにほかならない。ここで前節で指摘しておいた〝杖〟の交代劇が甦える。発心門に着くと道者らは近くの、五体王子[47]の一つ発心門王子にこれまで使用してきた杖を納め、奉幣などを行った後、あらためて「金剛杖」を先達からいただくという習いである。

　それにしても古い杖が先達によって発心門王子に献納されるというのは、何を意味しているのだろうか。たとえば、大峯山中の「七十五靡《なびき》」中の四十一番目の聖地「空鉢ケ嶽」が、杖捨ての場であったという事実がある。杖を捨てることによって自己の菩提を弔うという修験の信仰と共に、杖捨ての地に留められた杖は道者自身の卒塔婆を標徴する点が興味深い[48]が、いっそう示唆に富むのは、説経小栗判官の物語である。

痛ましい「餓鬼阿弥」の姿となった小栗判官は、辿り着いた本宮近くの湯の峯で温泉につかると、不思議にも元の偉丈夫に本復することができた。するとそこに「山伏」（または山がつ・山人）に姿を変えた熊野権現が現われ、二本の金剛杖を売りつけようとする。小栗が、餓鬼阿弥と呼ばれたのさえ口惜しいのに、その上自分を調伏するつもりかと喰ってかかると、熊野権現は次のように杖の由来を語り出すのである。

「されば此つゑ一本つき、こきやう（故郷）にかへる物ならば、侍なれば所領をゑる。一本はおとなし川にながす物ならば、しゝての後にぐぜいの舟と成べし。あたいがなくはとらせん」と、二本のつゑをすて、ごんげんは、かきけすやうにうせ給ふ。扨はごんげんにてましますかと、らいし、二本のつゑをおしいたゞき、ふもとに下り、おとなし川に壱本はながし給へば、ぐぜいの舟と也にけり。一本のつゑをつき、都をさしてかへらるゝ。

（『をぐり判官』）

山伏（山人）姿の権現と小栗との杖をめぐる問答は、杖の売買が山伏の生活手段であり〈呪性〉の売買でもあったことから山伏神楽の舞台へとリンクさせることもできようが、今はさておき、熊野権現が与える二本の杖のうち、一本は「弘誓《ぐぜい》の船(49)」とするために音無川に流すとの記事が見逃せない。この風習は「杖を流して死後の安楽をいのる風」(五来重『熊野詣』、註1参照)で、流れ灌頂などに通い合う信仰儀礼であったと認められる。もちろん流される杖は、道者らが旅の間ずっと使用してきた古い杖――すなわち発心門王子に献納される杖であって、抖藪《とそう》行の終了を意味しつつ、菩提回向のために先達らの手によって音無川に流されたのであろう。

問題は都に帰るためのもう一本の杖である。この杖こそ正しくは発心門王子で新たに授与される杖であって、その謎を解明することが焦眉の課題となる。

実意の『熊野詣日記』には、本宮からの下向の際「発心門にて御輿たてらる、みなく〵金剛杖をとりてつく」とあり、小栗の物語の場合と同様に、下向のための杖という性格が色濃い。つまり第一の杖が帯びる宗教機能に対し、第二の新しい杖は現実的機能――下向と富貴の保証――というように。けれどもそれを当初からの性格としてよいだろうか。繰り返し指摘してきたように、何よりもこの杖が発心門で賜与されるということの象徴的意味が解かれなくてはならない。熊野詣の最終段階――音無川を徒渉して本宮神殿へ参着するという「濡《ぬれ》藁沓《わらうづ》の入堂」に先立って新しく金剛杖が渡されるという習いはどこまでも暗示的である。

金剛杖と修験道

発心門で与えられる金剛杖。そのことは発心門で杖を管理し、よって道者らの参宮と下向とを差配する山伏集団が存在したことを物語る。では金剛杖とはどのような杖であったのか、修験の教理の語る所を聞こう。

此杖ハ、三種ノ別名有リ。一ハ金剛杖、二ハ檜杖、三ハ担杖ナリ。中ニ就テ金剛杖ハ大峰入峰ノ度数ニ依テ所持スル杖ナリ。三杖ノ中ノ殊勝ノ杖ナリ。役優婆塞ノ三形、金胎不二ノ塔婆ナリ。（『修験秘記略解』）

金剛杖には三種あって、その内とりたてて金剛杖と呼ばれるものは「度衆」（入峯三度以上の山伏）が所持する杖であった。この杖が役行者の三昧耶形であり、「金胎不二ノ塔婆」であるとする解釈は類書に共通してみられるが、今注目すべきは金剛杖の形状とそれに付された口決《くけつ》の内容だろう。

秘口ニ云ク。金剛杖ハ上ノ剣頭ハ金界智ナリ。下四角ナルハ胎界ノ阿字、地大也。四方四面ハ発心・修行・菩提・涅槃ノ四徳ヲ表ス。（『修験三十三通記』）

剣状に切られた杖の上部と四角形の下部は金剛界胎蔵界両部を表わしており、また四角に削るのは「発心・修行・菩提・涅槃」という四門の四徳の表象だと説く。ここから修験の葬祭との繋がりが浮かびあがる。かなり早くから葬送に関わっていた修験者は、亡者が生前犯した罪業を懺悔し、菩提心を発させ、弥陀の浄土に成仏させるための行法を記している。それら引導作法によれば、亡者は発心門・修行門・菩提門・涅槃門の四門をくぐることで成仏を果たす。『修験道無常用集』には、葬場に四十九院の忌垣をつくり、四門八塔を建てた図が描かれているが、この四門が金剛杖の四角の形に表象されていること、熊野詣ではその金剛杖が発心門で与えられていることの符合についてもはや縷説は要しまい。参宮とはとりも直さず〝死門への旅〟でもあったことが頷けよう。

するとと先の1―1で触れた、修験における葬列二番目の金剛杖が思い出される。この金剛杖は葬地に到着すると、次のような秘文を付された。

金剛杖秘文。種二
即於凡夫身　現成就仏身
又
𑖮𑖳𑖽(ウン)　十方薄伽梵　一路涅槃門
（『修験道無常用集』）

金剛杖が現世における即身成仏と、亡者の「四門」くぐりによる浄土への往生を共に引導する具と観念されていたことがみてとれよう。

さて発心門の大鳥居は本宮の総門に当たるが、『熊野詣日記』には、当時本宮に「妙覚門」「慶賀門」「所願成就門」などと呼ばれた門があり、どれにも「子細厳重」の習いがあったと書き留められている。[50] 鳥居や門は、参拝次第の上での重要なポイントであり、修験道でも「鳥居ノ大事」などの口決にその厳重な作法が説かれているが、事実大峯では「発心門（金《かね》の鳥居）」「修行門」「等覚門」「妙覚門」の四つの門を吉野から大峯山上に至る行道に布置し、この四門をくぐることで仏界（山上ケ岳）へ入るとみなした。またかつて羽黒山秋の峯入りでは、二の宿での作法を終えた新客らは、四つの龍頭をつけた四門（発心門・修行門・菩提門・涅槃門）をくぐって三の宿へ入った。[51] このように門や鳥居とは「煩悩ヲ断ジテ……一々ニ生死ヲ出ル門戸」、また「菩提ニ入ル門戸」（『神道集』「鳥居事」）なのであった。

以上のように考えてくると、発心門王子における金剛杖の賜与は、本来は下向のためのものであるよりは、発心門から次々と門をくぐり菩提へと達する成仏のための標《しるし》であることがわかってくる。この習わしが決して新しいものでないことは、南北朝期頃成立した『金峯山秘密伝』の熊野詣に関する次の一節が徴証しよう。

……終ニ発心ノ決定門ヲ通レバ、即チ万行ノ修得門ニ住ス。更ニ菩提ノ大智門ヲ通レバ、即チ涅槃ノ必定門ニ至ル。正ニ心王所属ノ宝殿ヲ開ケバ、即チ己心本覚ノ神体ヲ拝スルノミ。

大神楽の「浄土入り」へ

これまで見てきたように、浄土への階梯が葬送儀礼における四門くぐりに擬せられるとき、道者は亡者の姿となり、その旅の終焉は次々と四門をくぐることで成仏を果たすという様相を呈する。つまり第二の杖というべき金剛杖は、成仏のための引導の具であるとともに道者自身の塔婆をあらわしているのだ。一方音無川に流されたとおぼしき第一の杖は、流れ灌頂に通ずる浄土信仰の儀礼的側面を示すものであった。言うなれば二本の杖をめぐる二つの作法は、それぞれ川と門（鳥居）とを象徴的な舞台として修されたことになる。

そこで連想されるのが、浄土信仰と修験山伏の儀礼・教説が結びついて演劇的展開を遂げた、民間神楽における杖の象徴的役割である。花祭の母胎ともいうべき奥三河大神楽のメイン・イベント＝白山浄土入りの場面を覗いてみよう（詳しくは本書Ⅱ参照）。

……白山《シラヤマ》といふ場所があつて、二間四方位の建物の中へ、丁度花祭のときの様に飾り立て、周囲の天井も紙を飾つて真白かつた。そこへむやうの橋（無明ノ橋カ）と云ふ橋を渡し、その上を渡つて白山へ這入つた。白装束をつけて、六角の金剛杖を持ち「スゲ」の笠をかぶつて（中略）その橋の上を渡つたが経文が一杯敷いてあつた。（中略）恐ろしくてふるえてころんだりなんぞして歩けぬ者もあつた。

（後藤淑「花祭と雨乞い、日和乞い、大神楽」『芸能復興』九号、一九五六、明善堂書店）

浄土入りをする男女は白装束に笠を被り、杖をつきながら先達の松明に導かれて、「無明の橋」を渡り、黄泉の国に想定された「白山《しらやま》」に入ることで浄土に生まれ変わるのである。

その杖が金剛杖であり、それが冥界を経て浄土へと至るための旅の道具であることが注目される。

この神楽の浄土入りの記憶は花祭の「花育て」の行事に残存しており、現在でも豊根村三沢の「花育て」では五色の花をつけた「花の御串《みぐし》」を杖にして地につきたてながら、祭文を唱えつつ釜の周りを廻る。その時に和讃調で唱えられる祭文は、極楽浄土の花の山に巡り合う因縁を説いたものであった。杖（花の御串）の象徴的役割は、浄土入りの儀礼を彷彿とさせる。

かくして熊野詣における二本の杖の去就への疑問から、大神楽・花祭の杖へと思いを馳せつつ、両者に通底する宗教的機能を取り出してみたわけだが、こと問題は杖に限られまい。そこには共通して、中世びとの浄土を希求する宗教情動と、それを実現するための巧みなシナリオによる壮大な演劇的装置を見出すことができる。一方は、神楽における「白山《しらやま》」入りという圧縮された浄土空間での再誕のドラマにおいて。他方熊野詣では、「九品の浄土」に見立てられた聖所から聖所への、また四門をくぐるという道の作法によって――。

ひるがえって神楽の生成というパースペクティヴに立つならば、伊勢、諏訪などと共に、熊野信仰はその一大源流をなすものであった。とすれば〝浄土入り〟としての熊野詣という命題は、中世の信仰世界の一角を貫くダイナミックな文化と精神の運動を射程に入れることで初めて成り立ちうるものといえよう。だが、その考察は他日を期し、今は再び熊野詣の現場へと立ち帰ることにしたい。

ついに熊野本宮へ

発心門王子での儀礼を終えた道者らは、水飲王子、祓戸王子を経て、鳥井の辻から定められた参拝路を通り、音無川を徒渉してついに本宮の社頭へと足を踏み入れる。いわゆる「濡《ぬれ》藁沓《わらうづ》の入堂」である。

鳥井の辻ニて御下輿、つくりみちひろいます。すくにまつ御はしり入堂ありこれをぬれわら沓の入たう、と申かつ〳〵御社の躰たらくをかみたてまつるに、いまさら心もこと葉もおよハす、この土ハこれ花蔵の世界なり、証誠大菩薩の御本にいたりぬるは、すみやかに九品のうてなにむまれたり、十万億土をほかに求へからす。

(『熊野詣日記』)

中御門宗忠は、証誠殿の御前で三種の大願を記した願文を住侶に読み上げてもらった時、感激のあまり涙に咽んだ(『中右記』)。二十歳の時に熊野詣を企て精進に入ったが、犬の死穢により断念せざるを得ず、後年再度計画したもののまたもや触穢のため中止を余儀なくされ、ようやく二十八年目に宿願を遂げることができたため涙を抑えがたかったと記している。続いて数十日間都から遠く離れ、山谷海浜を跋渉してきた参詣の旅をふり返り、次のように述懐する。

難行苦行、存ルガ若ク亡キガ若シ。誠ニ是レ生死ノ嶮路ヲ渉リ菩提ノ彼岸ニ至ル者カ。

このように、七日間の精進屋入りに始まる熊野詣は貴族らにとっても命を賭けた難行苦行の旅であり、生涯の一大事業であった。そこには一人の個人の内面的契機に根ざした渇仰が宿願となって結晶しているのをみてとることができよう。藤原定家も「心閑《しず》カニ奉礼ス。祈ル所ハ只出離生死、臨終ノ正念ナリ」とその熊野紀行記に記すごとく、証誠殿での参拝はひたすら一個人の安寧と臨終の正念を祈願するものであった。それゆえ、しばしば彼らは神の感応に浴すべく参籠通夜し、夢中に熊野権現と対面するという宗教体験に身を委ねた。

しかしそれに比べて、十五世紀、応永の『熊野詣日記』で実意の筆が示す感銘の質は違っている。先に詳述したように、中世のある時期に地蔵堂から九品の浄土が設置されたと考えられるが、実意は下品下生の鳥居を見たとき、「すでに安養の浄土に往詣して不退の宝土をふめり」と記し、また「濡藁沓の入堂」によって「すみやかに九品のうてなにむまれたり」と書き留めている。熊野本宮の霊域に足を踏み入れれば、おのずと浄土に生れ変わるという易行性が見え出すのだ。すなわち熊野詣の〝浄土入り〟とは、頓証菩提を約束するものとなっているのであり、そうした変貌は、精進苦行や道中儀礼厳修の一定の後退とパラレルな関係にあるといえようか。

3　本誓／その救済のロジック

熊野権現の誓い

熊野権現に利生を願うために厳修するのが熊野詣であるならば、救済する側のロゴスに耳を傾ける必要があろう。それをもっとも直截に表現しているものこそ、熊野権現の本誓《ほんぜい》にほかならない。

〝本誓〟とは、仏菩薩が修行時代に立てた衆生済度の誓願である。熊野権現＝証誠大菩薩の本誓とされるものの第一は、本地仏としての阿弥陀仏が無量寿如来の時に発した四十八願に仮託された本誓であった。

証誠大菩薩ハ無量寿如来、昔ハ珊提嵐国ニ於テ四十八願ヲ発シ、今ハ安養ノ浄刹ニ於テ一切衆生ヲ導ク。（『熊野三所権現王子眷属金剛蔵王本位』）

類似の詞章が延慶本『平家物語』の熊野関係記事にもみえている。[52]これらの本誓は阿弥陀信仰と本宮＝浄土観の高まりの中で阿弥陀の誓願を証誠大菩薩に結びつけたものだが、証誠大菩薩の因位を刪提嵐（サンティーラナ）国の王（無諍念王）とするのは、『悲華経』の言説に拠る。[53]したがって熊野の在地性は、当然ながら誓言の中に織りこまれてはいない。

熊野というトポスと関わる本誓は、西天出自の熊野権現がなぜ日本の紀伊の国の神となったかという本縁譚と不可分であるはずだ。となればすぐに想起されるのが善哉王《ぜんざいおう》と五衰殿の女御の物語であろう（『神道集』「熊野権現事」）。その中で今抽出すべきは、善哉王（のちの熊野権現）が日本国への渡来を決意する次の誓言である。

而大王仰セラル、本ヨリ女ハ怖シキ者ト知レドモ、懸クモ情ケ无キ邪見不当ノ事ドモ有ルベク思モ寄ラズ候。亦再ビ返リ恐シキ者ドモ見ルベカラズト仰セラル。

そして王は、宝庫から五つの剣を取り出し、剣を投げて落ちた所を有縁の地とするのだった。要するに熊野への飛来の契機は女人への恐怖と憎悪として語られているわけで、仏神の本誓とするにははなはだ人間臭いモチーフといえよう。熊野参詣との有機的関係は窺えないが、同様の内容が『源平盛衰記』と『諸神本懐集』にみえている(54)ことからも、中世に流布した説であることは認められる。

さて本稿のテーマにとって最も注目すべき第三の本誓は、『熊野三所権現金峯山金剛蔵王行者御記文』に見える次のフレーズであろう。

証誠大菩薩家津命御子ハ、寂光ノ都ヲ捨テ、同居ノ塵ニ交ハリ、衆ヲ利益センガ為ニ此ノ土ニ来ル。大日本国六十余州ノ一切衆生我ガ許ニ参詣セバ貧窮ヲ除キ富貴ヲ与ヘ、現世ハ安穏後生ハ善処ニ生マレン。若シ此ノ誓ニ誤有ラバ、我レ家津命御子ニ有ラジ。

①われ家津御子《けつみこ》（「家津命御子」）は衆生利益のために仏の住む常寂光土を捨てて日本（熊野）へやって来た。②自分の元に参詣するならば、全国の衆生に現世安穏・後生善処を約束しよう。③この誓約に偽りがあるならば、家津御子の神名は名告《なの》るまい――という誓言なのである。

ここに証誠大菩薩による衆生済度の本誓が熊野参詣とはっきりと結びついて語られているのを看てとることができよう。だからこそこの本誓は、本地仏の弥陀としてではなく「家津御子」（家都御子）という古い神名において発せられているのだ。言葉を費やすことによってこのモチーフをいっそう鮮明にした本誓を、『両峯問答秘鈔』の第三十九項に見ることができる。

問ニ云ク、三所権現ノ垂跡本誓ノ次第如何。答ヘテ云ク。彼ノ垂跡本誓次第ノ縁起文ニ云ク。証誠大菩薩家津御子誓テ曰ク。六十余州ノ一切衆生ヲ哀ミ、貧窮ヲ除キ富貴ヲ致サンガ為ニ、无漏郡ヲ卜《ボク》シ備《ソナヘ》 里ニ影向セン。道遠ク山高ク渓深ク河多シ。是レ衆生ノ業障ヲ懺悔セシメンガ為ナリ。嶺ニ登レバ業障汗ニ浮ビテ散ジ、谷ニ下レバ罪垢水ニ洗ハレテ消ユ。唯浄心ノミ残シテ我ガ許ニ詣デシム者ハ、現世安穏ニシテ数《シバシバ》 切利四苑ノ娯楽ヲ徧《サミ》シ、後ニ善処ニ生マレ、必ズ安養九品ノ蓮台ニ詫(託)ラン。此ノ事若シ偽ラバ終ニ熊野三所権現随一ノ内ニ烈《ツラナ》ラズ、永ク証誠大菩薩家津御子ノ号ヲ削ラン。

証誠大菩薩が六十余州の衆生済度のために遠く険しい紀州無漏郡備里に影向《ようごう》したのは、衆生の業障を懺悔させるためであったという。それゆえ「嶺ニ登レバ業障汗ニ浮ビテ散ジ、谷ニ下レバ罪垢水ニ洗ハレテ消」えるのであり、その結果、清浄の身となって本殿に参拝すれば、現世安穏と後生菩提は約束される。またもしこの誓約に偽りがあれば、三所権現の首位に列せず、誠を証すという証誠大菩薩・家津御子の号を永久に削るがよいと言い放つのである。

このようにみてくると熊野の本誓とは、熊野詣の信仰機制を権現自身の言葉に託すことによって赤裸々に語るものにほかならない。熊野という辺境の山間に本宮が鎮座していることの遠い由来は、熊野権現・家津御子自身の遠謀であり配剤であったのだから。『熊野詣日記』の一節で、実意の筆致は見事にその仕組みを描き出している。

抑《そもそも》、権現の紀伊国むろのこほりに、はる〴〵とあとをたれ給（ふ）事ハ、川をへだて、山をかさねて、参詣の衆生に難行苦行の功をつませて、此度すみやかに出離得脱せさせんとの御ちかひなり。

言うなれば、参詣の道程そのものが熊野信仰の教説に内面化され、精進苦行がとりも直さず熊野詣の条件となる。つまり権現の本誓は、道中の苦行性が熊野詣に不可欠のポジティヴな属性であると説いているわけだ。もちろん本質的には、浄土往生思想が個性的に展開を遂げた、一大宗教・文化運動ともいうべき熊野詣の盛行とダイナミクスが、このような本誓をして熊野神に語らしめたと捉えるべきだろう。(55) 同時にその基層には、院政期以来の、強烈な浄穢への観念と滅罪への切なる希求という信仰情動が脈動していることも看過できまい。

熊野詣の特質

かくして熊野詣は「一度この地に足を踏み入れれば、永く悪趣を離る」とか「一度参詣の輩は、決定《けつじょう》往生とは定むなり」といったキャッチフレーズを生み、人々の篤い渇仰を掬いとった。

〝一度参詣すれば必ず往生できる〟というテーゼは、熊野詣の特質といってよい。それは参詣路の難行苦行性を示すと同時に、浄土入りをメルクマールとした擬死＝成仏の作法を果たすことによってこそ、その一回性は永遠性を獲得しうることを物語っていようか。

ところで『神道集』「神道由来之事」は、熊野詣の困難性と利生の絶対性とのアンビヴァレンスについて見逃してはいない。(56) 難行苦行の道者は「貧窮狐（孤）露」で受難のため挫折する者が多いこと、また途中で山賊や海賊に出くわし頓死する者も多いとし、ひとまず権現の利生への疑問を提出する。けれども結局それは、精進中の触穢やひいては行者の「不信」が原因で「仏神の親疎」に依るものではない。だからこそ「参詣ノ功ニ酬《むくい》テ、三悪道ノ苦ヲ免レ」、「参詣の力」によって「菩提の果」を得ることができるのだと答えている。『両峯問答秘鈔』が伝える「唯浄心ノミ残シテ我ガ許ニ詣デシム者ハ、現世安穏ニシテ……後ニ善処ニ生マレ、必ズ安養九品ノ蓮台ニ託ラン」という本誓と軌を一にしていよう。

そもそも熊野詣の実修が、極めて苛酷なものであったことは想像に難くない。病気や怪我、飢えもあれば、自然の災害また盗賊の出没もあった。その一方、道者は厳しい精進生活の連続の中で絶えず襲来する精神上の危機とも戦わねばならなかった。

日者《ひごろ》ノ間、或ハ手足叶ハザル有リ、或ハ不浄ノ夢想有リ。此ノ如キノ時、早ク以テ祓ス。……凡ソ信心頗ル懈怠ノ時、必ズ其ノ懲有リ。仍テ弥《いよいよ》心性ヲ守リ清潔ヲ致ス。

（『中右記』）

つまり彼らは、参詣途次に次々と襲いかかるあらゆる危機を、徹底して内面化し、己れの信仰実践の問題として受け止めようとしたのだ。そこに当時の人々の神仏に向きあう心の動態がかいまみえ、熊野詣は、深遠なる神のたくらみであったことが露わとなる。

こうして人々は、熊野詣の苦行性と完遂の困難性を、熊野権現によって仕掛けられた信心の試みの〝行〟として全的に引き受けようとしたのだった。その時、一度参詣すれば必ず往生できるという〝一回性〟による救済の永遠の保証（証誠）は、強烈なアクチュアリティを放射しつつ人々の魂を掌握したに違いない。

熊野権現の救済

ここで本誓とも絡んで、証誠大菩薩における衆生救済のスローガンへと話題を転じてみよう。周知のように証誠大菩薩（家津御子）を主神とする本宮の利生は、早くから〝現当二世〟（現世と来世）の祈願をかなえるものと信じられていた。一方、熊野詣による浄土信仰の高まりや、三山巡拝の定着によって、現世利益は那智と新宮のそれぞれの主神である結《むすぶの》宮《みや》と速玉宮に分掌されていく傾向にあった。ふたたび小栗判官の物語を覗いてみよう。

冥途に堕ちた小栗は閻魔大王によって罪を裁かれる。結局臣下のたっての願いで、土葬に付された小栗の身体は娑婆に戻ることになったが、その姿は「餓鬼阿弥」という異形であった。この時閻魔大王は、次のような自筆の御判を書いて小栗の胸につけるのである。

此ものをくまのゝ本ぐうのゆのみねにつけてたべ。こなたよりくすりの湯を出すべし。
（『をくりの判官』『をぐり判官』）

熊野本宮湯の峯に、お入れありてたまはるものならば、浄土よりも、薬の湯を上げべき。
（『小栗判官』）

この者を湯の峯の湯に入れてくれたなら、「浄土」（「こなた」）からも、「薬の湯」を与えようと閻魔大王が宣言していることは重要であろう。なぜなら、餓鬼阿弥の小栗を蘇生させるのに必要なのは湯の峯の薬湯であって、本宮（証誠大菩薩）の利生ではないからだ。つまり業病からの本復を可能にするのは、湯の峯の湯に備わる浄祓力と再生力なのである。「湯屋ニ於テ浴ス。谷底ヨリ、温湯ト寒水ト並ビ出ズ。誠ニ希有ノ事ナリ。神験ニ非ザレバ、豈此ノ如キ事有ランヤ。此ノ湯ヲ浴レバ人ノ万病消除スルモノナリ」（『中右記』）のごとく、早くから知られていた薬湯の除病の霊能を仰ぐべく閻魔大王は指示したのであった。

切なる救済の願望をそれぞれに抱えた参詣者たちは、鋭くもそれぞれの神仏の間に横たわる利生の違いを嗅ぎ分けずにはいない。かくしてそれぞれの神仏が担う利益は、遠い時代に発祥したプリミティヴな信仰を基層において継承しつつも、時代の変貌と人々の新たな渇仰を受けて、他にとって代わりえない一つの個性に結晶化される。たとえば熊野三所権現に限ってみれば、浄土往生は証誠菩薩（本宮）、現世与楽は結宮（那智）、衆病悉除は速玉宮（新宮）というように。

そのことを閻魔大王は熟知していたのだ。餓鬼阿弥の小栗にとって仰ぐべきは本宮の担うあの世の利生ではなく、疾病平癒のこの世の利生であることを。

応永の『熊野詣日記』で、新宮・速玉社に到着した実意は、巫女の託宣を聞いて涙を流したと記している。その託宣は後世菩提を保証するものであった。実意は、「まことに参詣の貴賤、今生の栄耀をのみこそいのれ、かつて当来の事をは申（す）人なし、されとも後生をばうけとり給ふぞ、かたじけなき」と書いているが、この記事も速玉宮の衆生済度の眼目が、もともとは現世利益にあったことを示していよう。裏返すなら、浄土往生という祈願は本宮の地と証誠大菩薩の霊格において専有されていた傾向がしのばれる。

それは九品の浄土に見立てられた聖地を経由して本宮へ至る、〝浄土入り〟という名で語るにふさわしい熊野詣の宗教性と拮抗していたはずだ。神子となり浄土に生まれ変わるという構造において、熊野詣の一回性と永遠性はその命脈を保つことができた。しかし諸個人の多岐にわたる立願とその願果《ばた》しのための参拝が繰り返されるようになると、熊野詣はまた異なった貌を見せ始めることになる——。

＊

以上、本稿は論の対象を中世の熊野詣に限定し、道中作法と霊場観念を主要テーマに、その構造と宗教性を〝浄土入り〟として捕捉してみた。要約するならば、古くからの死の国、隠国《こもりく》熊野という信仰風土を土壌として修験山伏の管理下、熊野詣は〝死門入り〟という構造を持ったが、一方阿弥陀の浄土として熊野本宮が脚光を浴びるようになると、岩田川—地蔵堂—発心門という三つのポイントの通過をメルクマールに、熊野詣は〝浄土入り〟という曲想によって演じられていく。つまり岩田川の渡河による擬死を経て、地蔵堂から始まる九品の浄土に足を踏み入れることになるのだが、加えて道者は発心門から次々と門をくぐることで第二の擬死儀礼—成仏のプロセスを体験するのである。それは修験道の他界観とその儀礼、また浄土往生信仰の熊野的展開が錯綜していること、すなわち熊野信仰と熊野詣の生成過程の複雑さと、多彩な担い手層の存在を浮き彫りにする。

かくして、熊野詣が〝浄土入り〟という主旋律を奏でる時、浄土なる本宮で往生を遂げ生まれ変わった衆生は、すでにあらゆる差別を超出した熊野権現の神子であり、また仏子でもあった。その救済のプログラムは家津御子と名付けられた遠い時代に発祥する熊野神の利生を、〝浄土入り〟というモチーフにおいて継承・発展させたものということができる。そればかりではない。浄土信仰の絶対他力と結びついていくことによって、尊卑老少男女を問わないという衆生済度の宗教的ラディカリズムを、余すところなく今に伝えているのだ。

おわりに

平安中期から近世に至る長い歴史過程を思いみる時、熊野詣は一様には論じられない豊饒さと複雑さでわたしたちを圧倒する。

だが院政期という価値転換期をくぐり抜け、ひたすら浄土を希求する人々の渇仰は、熊野本宮の放つ霊場性に魅せられつつ、〝浄土としての熊野〟というこの世の他界を結構した。中世後期に爛熟する〝浄土入り〟としての熊野詣はまさにそれの実践であったし、〝葬送の作法〟とはそのための手続きを示すものにほかなるまい。

さて稿を終えるに当り、文中で幾度となく引用した『熊野詣日記』にもう一度視線を投げかけてみよう。時に応永三十四年（一四二七）十月四日、熊野詣を終了した北野殿ら一行は、習わし通り稲荷社での奉幣と〝護法送り〟を済ますと、法性寺から四条河原を錦小路へ上がり、京極を通って御所へと還御した。御前に召された実意らは熊野の御神符＝牛王宝印を漱いで北野殿らに進上すると、代わりに酒杯をいただいている。還向《げんこう》儀礼の御所における作法を示すものといえるが、次なる記述が興味深い。

ほうゐんすゝぎて進上、これをきこしめされて後、凡夫になりましますものなり、ほうゐん出されつる程は、権現ののりうつらせ給へば、凡身にてはましまさゞりつるなり。

北野殿らは、おそらく焼いて灰にした牛王宝印を浄水に浸して飲み込んだのであろう(57)。先にも述べたように、熊野権現の利生の絶対性は熊野詣の実修を不可欠の条件としていた。牛王宝印はまさに「其ノ時ノ験トハ参詣ノ時ノ宝印ナリ」と語られる如く、熊野詣完遂の証《あかし》であり、権現による衆生救済の本誓を表徴しているものであった(58)。ところが『熊野詣日記』によれば、牛王は熊野権現そのものと認知されていたふしがある。権現の乗り移っている牛王を嚥下すると初めて凡夫に戻れるというのも、中世熊野詣における日常世界への還俗の風習と秘密をかいまみせて、新たな課題へと誘《いざな》いつつ、ふたたび熊野詣の只中へと私を連れ戻す——。

かくして実意を先達とした北野殿一行の熊野詣は終わりを遂げたのであったが、わたし自身のロゴスによる〈熊野〉への旅は、当分の間休息を迎えられそうにない。

II

擬死と再誕

大神楽「浄土入り」

——奥三河の霜月神楽をめぐって

……海辺の歌声のために
天をにらむ杭を立てた。
それがおわるとぼくは死の海から彫り刻まれた
時間の白い宮殿に
若者の歌と生命をすまわせたのだ。
ぼくは発見した、威厳みちた単純なる真実の数々を。
すると彼らは大いなる神々のように宮殿に入り、
無邪気に手をのべてぼくに言った。「こんにちわ！」と。
だれもいない白い宮殿は
吐息に満ちわたった。

フレーブニコフ「宇宙侵入」

はじめに――花祭と大神楽

まだあの時のひそかな感動は、消されないでゐます。小正月を控へた残雪《ハダレ》の山の急斜面、青い麦の葉生《ハバ》えをそよがしてゐた微風、目ざす花祭りの村への距離を遠く感じさせる笛の響き、其後幾度とも知れぬほど、私どもの、花祭りにあひに出かける心の底には、此記憶がひろがつて居るのです。

（折口信夫「跋――一つの解説」早川孝太郎『花祭』後篇）

早川孝太郎が、奥三河・天龍川支流地域に分布する花祭《はなまつり》・大神楽の詳細にして厖大なモノグラフ『花祭』前篇・後篇[1]を刊行したのは、昭和五年（一九三〇）四月のことであった。柳田國男の序文、折口信夫の跋文からも充分窺えるごとく、それは民俗学史上におけるひとつの輝かしい〝事件〟ということができる。「唯一人の旅人として、村から村へ、木馬《キンマ》の道や、桟道《カケハシ》を蹈み越え、禰宜《ネギ》からみようど、宿老《トネ》・老女《トジ》の居る屋敷と言へば、新百姓の一軒家までも尋ね入つて、重い鈍い口から、答へをむしりとる様な情熱」（折口信夫「跋」）によって、それまで知られることのなかった山村での壮麗な祭りの世界が〝出現〟したのである。

早川孝太郎や折口信夫が花祭の山里を探訪した大正末期からおよそ七十年――。過疎化の波やダムによる水没で廃絶を余儀なくされた地区があるとはいえ、現在も愛知県北設楽郡《きたしたらぐん》東栄町《とうえいちょう》・豊根村《とよね》・津具村《つぐ》（現・設楽町）などの十数箇所で、十一月から三月にかけて、夜を徹して花祭が行なわれている。

花祭は、注連《しめ》で結界した舞処《まいど》に釜を設け、神降臨の依代《よりしろ》となる湯蓋《ゆぶた》を吊り、花太夫《はなだゆう》が湯を立てて、勧請した神々に湯を献ずるという湯立て神事を中心とする。人々はその湯を浴びることで生命の更新を得、生まれ清まるとされた。また花祭は、可憐な稚児の花の舞や、アクロバティックな青少年の舞、地を踏みしめる荒々しい鬼舞など、宗教芸能としても華麗でダイナミックな息吹きをこの今に伝える。修験道的色彩の強いこの花祭は、もとは大神楽《おおかぐら》から分岐、特立したものであった。

中世末頃、熊野―諏訪を行き来する修験山伏によって奥三河の地にもたらされた神楽は、在地の信仰と融合しつつ共同体祭祀として発達を遂げた。そして江戸初期に、豊根村古真立《こまだて》の曾川《そがわ》在住の修験先達・万蔵院鈴木氏、その弟子の林蔵院守屋氏によって一日一夜の花祭として再構成され、各地区に広められていったと推察されている(2)。

だが大神楽は安政三年（一八五六）、豊根村下黒川での実修を最後に廃絶してしまう。早川は「中絶以来すでに七〇余年を経過しており、その次第状況を復元して考えることの能わぬのは遺憾」としながらも、「幸いに二、三の土地に保存されていた次第の順序書を、一方

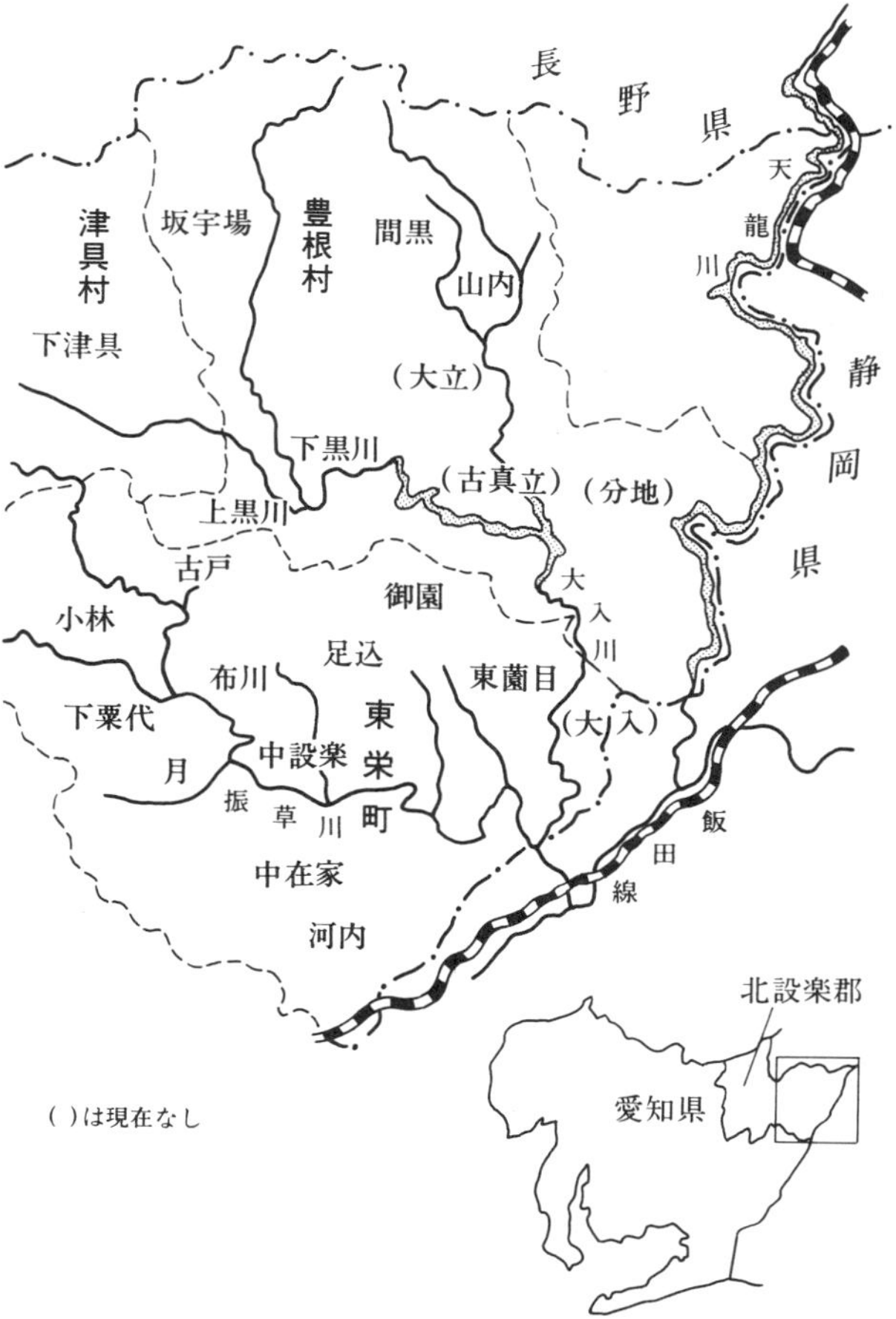

（ ）は現在なし

北設楽郡花祭分布図

故老の見聞伝承、神楽宿の跡等と対照し」、また「花祭りの事実から類推して」大神楽を復元してみせた（『花祭』後篇）。

それによれば、大神楽は花祭と異なり数ヵ村合同の神楽組による共同祭礼で、数年ないし数十年に一度の数日数夜の執行であること、行事が多彩かつ複雑で、「多大の費用と人員を要した上に、神事は想像も及ばぬ厳重を極めた」という。しかし早川によれば何にもまして注目されるのは、大神楽は神子《かご》誕生に始まる一生の通過儀礼として「四度の大事」を持っていた点にあった（この認識には実は大きな錯誤があるのだが、それは後で問題にしよう）。

> ……神の子となった者は、生涯に四度の大事があったわけで、これを四度の大願と言った。第一が「うまれこ」すなわち誕生の式、第二が「うまれきよまり」で元服の古い形とも考えられるもの、第三が「おうぎがさ」、第四が「じょうどいり」である。そして「うまれこ」が二歳、「きよまり」が一三歳、「おうぎがさ」は不明であるが、最後の「じょうどいり」は六一歳の本卦還りであった。この四度の儀式、すなわち大願を果した者が、神の子として完全な過程を踏んだわけで、初めて仏説のいわゆる浄土に入ることができる。
>
> （『花祭』後篇）

この時「じょうどいり」と呼ばれる六十一歳以上の男女は、白装束で笠を被り杖を突いて「白山《しらやま》」と呼ばれる装置に入るのが習わしであった。これが儀礼としての「浄土入り」であ

湯立てを行なう花太夫（東栄町・月）　著者撮影

る。つまり大神楽とは「人生の誕生から終焉までを、如実に演示したもの」（同）で、「浄土入り」を果たした者は、「人生の最大幸福者と考え」られていたのである。とすれば、奥三河の大神楽とはいかなる儀礼なのかという問題は、この究極のプログラムとしての「浄土入り」をどうつかまえるかにかかっているはずだ。

しかし早川の調査と考察をもってしても、白山の浄土入りは真の姿を現わしはしなかった。そればかりか「浄土入り」の世界に踏み込めば踏み込むほど、自明であったはずの事象まで意味が揺らぎ出し、また大神楽の複雑なメカニズムが累乗されていっそうその姿は見えにくくなってくる。

さらに留意すべきは、神楽を成立させ、支えた宗教思想と儀礼がいかなるものであったかという問題である。これまで奥三河の神楽・花祭は、天龍水系における他の霜月神楽《しもつきかぐら》との交渉や、修験山伏、御師《おし》などの足跡から、諏訪、熊野、伊勢、また白山《はくさん》信仰の流入、伝播が指摘されている。もちろんこうしたマクロな観点は不可欠であろうが、それらの信仰や儀礼がどのように神楽に反映し、組み込まれていったかというと、まだまだ不明の点が多い。

亡滅した大神楽の最大のイベント「浄土入り」とは何であったのか。

その謎と魅力にたぐりよせられながら、本書も「浄土入り」の世界に挑むことになったわけだが、テーマは限りなく広大で、かつ多岐にわたっている。大神楽総体の考察も必須であろうが、とても個人の力の及ぶところではない。そこで本書では照準を「浄土入り」の儀礼とその宗教思想に絞りながら、新しい方法意識で切り込むことで、大神楽の宇宙の一端を照射してみたいと思う。

そのひとつは、神楽次第を中世的パースペクティヴから大胆にとらえ直すこと、もうひとつは「浄土入り」の宗教思想を語る祭文の声の力を呼び覚ますことである。それによって、早川や折口らが思いみた祭りの姿とは装いを異にする大神楽の顔が現われてくるにちがいない。

1　大神楽の宗教思想——『御神楽日記』を読む

「浄土入り」を含めて大神楽そのものを扱う場合、式次第や、作法、また口伝などを記した神楽次第書が第一のテキストとなることは言うまでもない。多大な労苦と情熱をかけて、「秘し隠しにせられた紙魚のすみかになつた伝法書や記録を、ひき出し」（折口信夫「跋」）た早川孝太郎は、いくつかの神楽次第口伝書を『花祭』後篇に紹介している。

だがこの種の次第書は、おおむね禰宜《ねぎ》屋敷に秘蔵されてきたため、早川の目に触れえなかったもの、採集のできなかったものも少なくなかった。その後、世に紹介・翻刻された神楽関係の資料の中に、天正九年（一五八一）成立の『御神楽日記』というテキストがある。[3] 本書は表紙に「賀茂郡山内村住　若大夫」とあるように、愛知県北設楽郡豊根村三沢山内《みさわやまうち》の禰宜屋敷・榊原家に伝えられたものであった。

花祭は、「一の鍵取り・二の幣取り与力によつて百八品の数珠を揉みならし……所は当所大神、大宝蓮華の花を育て差上げ勧請まうし……」（祭文「花のほんげん」［東栄町古戸《ふっと》］『花祭』前篇）とあるように、「鍵取《かぎとり》」と「幣取《へいとり》」と呼ばれた二人の太夫を司祭者として執行するのが原型であった。鍵取の榊原家は、幣取の林家とともに古くから大神楽・花祭を担ってきた宗教者の家筋で、おびただしい行法書や祭文などが相伝されている。

さて『御神楽日記』の重要性は、いうまでもなく奥三河大神楽についての現存する最古の文献ということなのだが、同時に見逃せないのは、冒頭に「御神楽大事」と書いてある点だろう。それはこのテキスト全体が、「神楽の大事」として相伝され筆録されたものであることを示しているのだ。

このテキストは太夫の手控え・覚え書であり項目化は難しいが、ひとまず次のように分類した上で検討していくことにしたい。

(a) 七五三《しめ》切《きりの》　大事《だいじ》
(b) 神楽の次第
　　初日の始
　次に本宰《（祭）》之事
(c) 神楽秘文
(d) 御神楽大事
(e) 神楽申付《もうしつけ》（仮称）
(f) 後門之大事
(g) 諸神法楽大事

このうちの(b)が、問題の「浄土入り」を含む、大神楽の式次第である。それ以外に(a)(c)(d)(e)(f)(g)の記事を合わせもつということは、神楽太夫にとって大神楽の次第書が、後述するような中世的というべき「神楽大事」の一環として相伝されていた事実を如実に物語っていよう。とすれば「御神楽大事」の全体を項目ごとに明らかにすることは、大神楽というものの性格を明らかにすることにとって不可欠の作業となってくる。それは、修験山伏や密教行者につながる司祭者・太夫の行法《ぎょうぼう》という側面から大神楽の世界を照射し直すことにほかならない。

けれどもこれまで『御神楽日記』はまともに読まれてきたためしはなかった。私たちは今こそこの史料に立ち返り、大神楽の原像を構想していく必要があるのだ。

では『御神楽日記』「御神楽大事」とはどのようなものだったか。(a)の「七五三切大事」から見ていくことにしよう。

1 「七五三切」と中世的神観念

天神七代　第一国常立尊、第二国狭槌尊、第三豊斟停尊、第四泥土煮尊・沙土煮尊、第五大戸道尊・大戸間辺尊、第六面足尊・惶根尊、第七伊弉諾尊・伊弉冊尊

並ニ地神五代　第一天照皇大神　大日霊貴尊、第二忍穂耳尊、第三瓊瓊杵尊、第四彦火
　火出見尊、第五鸕鷀草葺不合尊
次ニ鎮守ヲ祭
一、風伯　級長津彦命・同級長津姫命祭
一、河伯　速秋津日子命
次ニ郭登《せちんかみ》祭
一、竈神《かまどがみ》　荒神祭　幷ニ土公神・埴山姫ヲ祭
　閽神《かどもりかみ》　豊石窓命・櫛石窓命祭
　産霊地祇神祭也
一、大己貴尊、少彦命、船玉命、幷ニ道祖《さいのかみ》、猿田彦大神、木神・山ノ神、大山祇大
　神、夷神《えべすじん》、事代主命、幷火神祭

最初に「七五三大事祈」とあり、「天神七代」「地神五代」の神名の列挙に続いて、「鎮守」や「郭登《せちん》神」「荒神《こうじん》」や「土公神《どくうじん》」など在所に縁の深い神々の名が列挙されている。「七五三切大事」とは注連《しめ》を切る際に祈念する神々の名を列挙した、「神名帳」的なものといえよう。

「七五三《しめ》」とはいうまでもなく、神前や祭場に掛け渡し、清浄の結界をつくり出すための「注連縄《しめなわ》」の「注連」の意で、「標《しめ》」が本義とされるが、いつからか「七五三」という名数[4]が

充当された。注連の起源は、神楽に惹かれてアマテラス（天照大神）が天の岩戸から出たとき、ふたたび籠らないように神たちが岩戸の入口に「端出縄《しりくめなわ》」を引き渡した天の岩戸神話に由来するという。作り方は、新しい縄を左縄にない、所々に、七・五・三の数に藁《わら》を下げ、その間に木綿垂《ゆうしで》を垂らすといったものであった。

さて、『御神楽日記』「七五三切大事」の特徴は、「天神七代」「地神五代」の神々から始まっている点なのだが、注意すべきは、「天神七代・地神五代」とは、きわめて中世的な神観念だということだ。古くは『日本書紀』に「神代七代」という用語が見えるが、それを「天神七代」とし、またアマテラスからウガヤフキアエズ（鸕鷀草葺不合尊）までを「地神五代」としたのは、鎌倉時代の卜部《うらべ》兼方著『釈日本紀』が最初とされる。天神七代と地神五代という神統譜は、中世神話が記紀などの古代神話の地平を離脱して、独自のミュトロギー（神話学）を展開していくことの表明でもあった。

つまり「七五三切大事」は、このような中世神道説との交渉を示すものといえるが、それは決して単なる知識や教理の摂取にとどまってはいなかった。なぜなら後に見るように、「浄土入り」にかかわる重要な祭文「注連の本戒」にも「天神七代・地神五代」は登場しているからだ。そればかりか「注連切り」という作法とその意味作用が、実は「生まれ・清まり」、ひいては「浄土入り」に深い関係をもっていることの秘密もやがて明らかになるはずである。

2　神楽と神祇灌頂

(c)「神楽秘文」はきわめて短かく、「阿波礼《アワレ》阿南《アナ》面白《オモシロ》　阿南多乃志《アナタノシ》　阿南佐屋気《アナサヤケ》　於《オ》気《ケ》々《オ》々《ケ》」とある。宮廷神楽の「阿知女作法《あちめわざ》」に由来する歌といえよう。次の(d)は文字通り「御神楽大事」と題されている。

　護身法如常
　外五古印ニテ
　随求陀羅尼
ウタニ曰
チハヤ振五シヤウ天地カウオン
マン峯シヤウ〲神々クハンキス
千刃矢振手向の神楽コヱスミテ
神□〲の神なひけマシマス

「御神楽大事」。それは、密教加持の法によって身を護持する「護身法」のあと、「外五股《げごこ》印」を結び、衆生の求願を成就する真言＝随求《ずいぐ》菩薩の「随求陀羅尼《だらに》」を誦し、二つの神歌を

唱える作法であった。(5) 以下、三輪大明神・天照《アマテラス》大神・春日大明神の神楽歌が付されている。(6)

なおこの種の「神楽大事」は、曾川の禰宜屋敷である守屋家文書の中にも見られる。

また、下黒川の禰宜屋敷・清川智徳家には、別種の「神楽大事」が伝わっている。

神道神楽之大事
　向神前護身法如常
　次頌文
以方便力智　　現有滅不滅
余国有衆生　　恭敬信楽者
　次哥
三熱之睡ヲ覚ス神楽男之
聞共飽ヌ鈴声哉
　法印大阿闍梨快秀　示之
　　授与

この「神楽之大事」は、『法華経』巻六「如来寿量品」に見える偈《げ》の一節を誦したのち、「三熱の睡《ねむり》を覚ます神楽男の聞くとも飽かぬ鈴の声かな」という神歌を唱えるものであった。なお授者の快秀は花祭の祖・万蔵院と同時期にこの地で活躍した修験の先達で、上黒川の禰宜屋敷・村松家にはこの人物の記名がある祭文・切紙がいくつも残されている。

ところで、「神楽大事」は、密教や修験道系儀礼の神祭法の中ばかりに見られるわけではない。神祇灌頂《じんぎかんじょう》においてもしばしば実修され、伝授されていた。

古代に始まる神仏習合の華麗にしてダイナミックな展開は、中世に至って神道にも印明、念誦、血脈《けちみゃく》などを相承する密教的な灌頂のスタイルをとらせることとなった。神祇灌頂も密教と同様に流派によって作法が異なるが、道場はしばしば天の岩戸に擬せられ、神歌を伴っているのが特色である。そこでは壇上の本尊はアマテラスまたその本地仏で、受者はアマテラスと一体となって、授者より頭頂に水を灌《そそ》がれ、印信や証文、血脈などを相承するのである。「伊勢灌頂」（本書Ⅳ参照）のようなシンプルな形に始まった神祇灌頂は、やがていくつもの灌頂を組み合わせた一連のプログラムとして実修されていった。その一例として、天台密教（台密）の一流である関白流の作法次第をあげてみよう（叡山文庫蔵『神道灌頂修軌』）。

灌頂授次第

先三種神祇（器）印明
次御神（楽）法
次伊勢灌頂
次即位灌頂
次登壇神器灌頂
次諸社口決
次藤家（灌頂）汀
次奥沙汀
次正灌頂

このように関白流にあって「御神楽法」は、明らかに三種神器を表徴する印明の授受に始まる神祇灌頂のプログラムのひとつをなしていた（ちなみにそこに「即位灌頂」の名が見えるのも注目されてよい）。では「御神楽法」とはどのような行儀であったのだろうか。

御神楽法

印ハ　両印共ニ口伝

明　𑖀𑖪𑖽𑖮𑖳𑖽　𑖪𑖽𑖀𑖮𑖳𑖽　𑖮𑖳𑖽𑖪𑖽𑖀

𑖀字法身ノ神子ニ　𑖪𑖽字報身ノ茅葉着（セ）、𑖮𑖳𑖽字応身ノ鈴持リセタ。私云。是観念也。

大ノ三大、小ノ三大[illegible]

私云。左ノ手ヲ施无畏ニ作テ左ノ胸ニアテ、右ノ手ヲ金拳ニナシテ右ノ前ニ持テ咒ヲ可レ唱。左ノ手ハ茅葉ノ印、右ノ手ハ鈴也。

（『神道灌頂修軌』）

二つの印は秘伝であったらしく記されていないが、私記（「私云」）によれば、左手は「施《せ》无畏《むい》印」（巫が着る衣裳「ちはや」「襅・千早」の象徴）で左の胸に当て、右の手は「金拳《きんけん》」（鈴の象徴）にして前にさし出し、真言を唱えたことがわかる。ちなみに文明八年（一四七六）に奉授された台密の「御神楽大事」（叡山文庫蔵）には、はっきりと、「左施无畏」「右金鈒《（ママ）》」と記されている。

なお大須真福寺文庫にも永正から天文年間に神祇灌頂で授与された同種の切紙がいくつも伝わっており、この台密流というべき「神楽大事」の伝播を示してくれる。

「ちはや」をあらわす施無畏印と「鈴」をあらわす金拳で「𑖀《ア》 𑖮𑖿𑖨𑖱𑖾《キリーク》 𑖮𑖳𑖽《ウン》……」と唱える作法。

このとき𑖀《ア》字は法身、𑖮𑖿𑖨𑖱𑖾《キリーク》字は報身、𑖮𑖳𑖽《ウン》字は応身として仏の三身を象徴しているのだが、それは「神の御子」が「ちはや」を身にまとい、「鈴」を持って舞う姿を念誦すべきものなのである。二つの秘印と三つの種子によって象徴された神楽の極意といえようか。つまりこれらの「神楽大事」は、灌頂・遷宮などの儀礼の場面で、神を法楽するための作法として切紙伝授されたわけだ。印と真言と神歌による、密儀としての神楽といえよう。

奥三河の禰宜屋敷に伝わる二種の「神楽大事」もまた、中世的というべき「密儀としての神楽」の面影を伝えるものであった。それは地域の共同祭礼としての大神楽と拮抗しつつ営まれた、太夫の独占的修法のひとつとして把えることができよう。

さらに『御神楽日記』には、また別種の「神楽大事」が書き留められている。(f)「後門之大事」と(g)「諸神法楽大事」がそれである。これらは、上記三種の「神楽大事」と異なって、「五人の神楽男・八人の花の八乙女」という名目の修法であり、次にみる(e)「神楽申付」の神楽由来譚に深く関わっていたのである。

3　五人の神楽男・八人の花の八乙女

神楽の起源伝承といえば、たちどころに天の岩戸神話が思い浮かぼう。天の岩戸に籠ったアマテラスを招《お》ぎ出すために、神々は榊に鏡や木綿《ゆう》をとり付けて祭り、アメノウズメは「天の石屋戸にうけ伏せて踏みとどろこし、神懸りして」（『古事記』）舞ったという。もちろん(e)「神楽申付」も神楽の由来を天の岩戸神話に求めているのだが、その中味はきわめて中世的なモチーフと言説によって脚色されている。

抑神楽ト申ス者、地神五代の始メ天照大神国ヲ守テ日月ヲばい《(奪)》取て天ノいわとへひき籠（り）給（ふ）。其間一百四拾八億九万二千四百八拾歳也。安《(暗)》々たる事久敷候而諸神ケン体志給（ひ）、岩戸之前ニ集リおん神楽あり。さるによって三神ゑ《(身)》んまん《(円満)》のかたちなり。五人の神楽男ハ五智の如来お《(を)》まなべたり。八人花のやおとめ（と）中ハ八像とのかたちなり。打（つ）たいこのをとはちやうや《(長夜)》のねふりお《(を)》さますかき《(義)》なり。振ル鈴のひびきハ五すひ《(衰)》さんねつ《(三熱)》をさますき《(義)》なり。（以下略）[7]

第一に注目されるのは、神楽を法身・報身・応身という三つの仏身を具有した「三身円《さんじんえん》満《まん》」の「かたち」とする点である。天台が立てた法・報・応三身説の援用であり、上でみた三番目の「神楽大事」がこの説に対応することは明らかだろう。

第二は、「五人の神楽男」と「八人（の）花のやおとめ」が登場している点である。つまり神楽の演者は、古代神話と異なってアメノウズメではなく「五人の神楽男《かぐらお》・八人の花の八《や》乙女《おとめ》」であった。しかも「五智の如来」「八正道」（または八葉の蓮華）(8)というように「五」と「八」なる数は仏教に由来しているらしい。この問題は神楽の中世的性格を検討する上で見逃せない。

ところで「五人の神楽男・八人の（花の）八乙女」という名目は、中世の類書に散見されるが、とりわけ目を惹くのは、南北朝期に編纂された『神道雑々集《しんとうぞうぞうしゅう》』（天理図書館吉田文庫蔵）の中の記事である。ここには「五人の神楽男・八人の花の八乙女」に関する二つの説が記されている。まず前者の説を引いてみよう。

八人ノ八人女《メ》五人神楽人《ヲ》ノ事

有云。天祖、索盞烏ノ尊ヲ悪《ニク》ミ天岩戸ニ閇籠給。此時国ノ中常暗《トコヤミ》ニシテ諸ノ談以二火弁一。諸ノ神之暗キ事ヲ悲ミ索盞烏ノ尊ヲ出雲国ヘ損イ遺リ奉テ、随テ二思兼ノ命ノ謀一（ニ）焚《タ》キ二庭火一ヲ、伊奘諾尊・磐裂命・磐箇男命・経津主ノ命・武甕《ケミカ》槌ノ（命）已上五人 此神達捧二五色ノ幣帛《ミテクラ》一ヲ、五龍王ニ奉（リ）、乞二大地一ヲ〻（ニ）平（ケ）釜ヲ塗給歟。伊奘冊尊・遊小日活メ目ノ命・鬼姫命・滝《タキツ》津姫命・市杵《キ》嶋姫命・磐筒《イハツト》女命・建御雷イノ姫・栲幡《タクハタ》千（千）姫命。已上八神 此神達御湯ヲ立テ以二千草一ヲ大池ヲ洗ヒ清メ給（ハ）是縁也。

右の所伝によれば、神楽の演者は、アメノウズメではなくイザナギ・イザナミを筆頭とする五人の男神と八人の女神であった。これらの神たちの中に、「鬼姫命」など記紀にはない神名が見えるのも特色といえる(9)が、いっそう興味をそそるのは、神楽の作法である。五人の神楽男が「五色の幣帛」を捧げて「五龍王」に土地を乞い、地を平らかにして釜を作ると、八人の八乙女が「湯を立て」て、「大地を洗い清め」たというのだ。

ここには、中世に実修されていた湯立て神楽の様相が映現されているとみてよい。それは、土公神《どくうじん》＝五帝龍王から土地を譲り受け、五色の幣帛を捧げて湯立てを行なうという内容から明らかなように、密教や陰陽道と習合した山伏神楽などの民間神楽の姿にほかならない。いうまでもなく本稿が対象とする奥三河の大神楽・花祭も、五色に象徴される東・西・南・北・中央の五方を聖空間とする儀礼であり、事実、五帝龍王─土公神を鎮め祀る土公神祭りも祭りの重要な一角を担っていたのである。

さて「神楽中付」に見える五人の神楽男・八人の花の八乙女にとって直接に関係すると思われるのは、『神道雑々集』の伝える第二説である。

有云。外宮ハ象ル二金剛界ノ五智ヲ一故ニ有二月輪モ五一。以二胎金両部ヲ一主トル二陰陽ヲ一時、陰ハ女、陽ハ男ナル故ニ胎ハ象テ二八葉八人女ヲ一有二八人一。金ハ五智、主トルレ男ニ。五人神楽人ト立ル此故也云云。

こうした認識は、鎌倉時代の無住著『沙石集《しやせきしゆう》』にすでに見えている。

内宮外宮《ないくうげくう》ハ両部ノ大日トコソ習伝《ならひつた》ヘテ侍ベレ。……故ニ内宮ハ胎蔵ノ大日、四重万陀羅《しぢうまんだら》ヲカタドリテ、……胎蔵《たいざう》ノ九尊《くそん》ニ象《かたど》ル。外宮ハ金剛界《こんがうかい》ノ大日、或ハ阿弥陀トモ習　侍《ならひはべる》也。サレドモ金剛界《こんがうかい》ノ五智ニ象《かたど》ルニヤ、月輪《ぐわちりん》モ五アリ。胎金両部《たいこん》陰陽ニ象《かたど》ル時、陰ハ女、陽ハ男ナル故《ゆゑ》ニ、胎ニハ八葉ニ象《かたど》リテ、八人女《やをとめ》トテ八人アリ。金《こん》ニハ五智、男ニ官《つかさ》ドリテ、五人ノ神楽人《かぐらうど》トイヘル此《の》故也。　（一）太神宮《の》御事

「八人の八乙女・五人の神楽男」とは、アマテラスの本地を大日如来とし、胎蔵界・金剛界両部の大日如来をそれぞれ伊勢の内宮（陰）、外宮（陽）に配する両部神道説を出処とするものであった。つまり「八乙女」は、内宮のシンボル＝胎蔵界曼荼羅・中台八葉院の八葉の蓮華から、「五人の神楽男」は、金剛界の五智を象《かたど》る外宮のシンボル＝五輪[10]から造型されているのだ。ほぼ同文の記事が、十四世紀成立の本地物『神道集』に見えていることからも、中世にかなり流通した言説であった消息がしのばれる。

　とすると『神道雑々集』の第一説は、第二説の両部神道にもとづく「五人の神楽男・八人の花の八乙女」という名目を摂取し、神典中の神々に配当させたものと考えられようか。

　以上から、(e)「神楽申付」に見える天岩戸神楽＝五人の神楽男・八人の花の八乙女説は、まさに中世的というべき神楽説であることが明らかになった。だが実は、五人の神楽男と八人の八乙女は、もっとヴィヴィッドな役廻りを大神楽の中で果たしていたのだった。「若子

の注連」という、大神楽の由来を語る祭文がそれである。本祭文はテキストによって構成と詞章にかなりの異同があるが、三沢山内の慶長十二年（一六〇七）「神楽事」（林家文書）にによって見ておくことにしよう。

──昔七人の長者の中に「国王長者」という有徳な長者がいた。長者の家の榎木に鳥が十二の飼い子（「蚕」）を育てているのを見たきさきは、「鳥たちさえも『子種』があるというのに、どうしてあなたには子供（「みたま」）が一人もないのか」と問い詰めた。そこで長者は「一尺二寸の黒金のぼくりが二寸になるまで、三尺二寸の黒金の杖が一尺二寸になるまで」唐土・天竺・日本と「みたま」を尋ねたが見つからなかった。次に「当所大神の御前にて」湯垢離《ゆごり》七度、水垢離七度、塩垢離七度、計二十一度の垢離をとってお籠りした。すると二十一日目の夜半に六十ばかりの老僧が枕神に立って「はちすの花のつぼみしところを汝に与へ申す」と告げた。夢から醒めた国王長者は、その蕾を喜んで「花の館」へ持ち帰り、きさきの姫の左の袖へ容れた。すると「花の中の白き露がたまりて」きさきは懐妊した。十月半ばで出産となり、「男子か女子か」と取りあげてみると男子でも女子でもない蓮の花の蕾であった。女房たちが「我らは蓮の花をばこい申さず、み玉一人をこい申した。前なる御池へ沈めべしや」と命じたので、国王長者は花の蕾を御前の池へ沈めてしまう──。

明くる朝《アシタ》の夜半の頃には、

御池の中より、丈三尺の蓮華が口を開いてまいきだち、

蓮華の華の八つのしめくちを開いてまいらせ候らいければ、
花の中より、花の若子が一人いできさせ給え候いければ、
その時国王長者も、うれしきことはせんしざいなりやと、
十二の宮人、七人の神楽男をたゞいちどきに集め申して、
七日七夜を打ちつ囃《はや》いつ舞わせ給え候いけれ……

池へ沈められた花の蕾は「丈三尺の蓮華」となり、その「八つのしめくち」が開いて生まれ出たのは一人の「花の若子」であった。神の申し子というべき花の若子は、仏の花・八葉蓮華の化身としてこの世に誕生を遂げたのである。そこで喜んだ長者は、十二人の宮人と七人の神楽男を集めて「七日七夜を打ちつ囃いつ舞わせ」たという。この最後の条りこそ、大神楽は「七日七夜の祭り」（辻紋平「三河北設楽の村々で行はれた神楽に就いて」(11)）と語り継がれた幻の伝承の神話的起源にちがいあるまい。

なお津具村下津具と東栄町古戸《ふっと》の「若子のしめ」では、「八つのしめくち」から生まれたのは一人の「花の若子」ではなく「五人の神楽男」となっている。「八人の花の八乙女・五人の神楽男」がいっそう生《なま》の形で花の若子誕生譚に姿を留めた例といえよう。

こうして五人の神楽男・八人の八乙女は、大神楽の由来を語る重要祭文のひとつにとりこまれ、息を吹きこまれた(12)。八葉蓮華の花の中から生まれた花の若子（五人の神楽男）という美しい形象。それが単なるイメージではなく「浄土入り」の宗教思想とも関わるものである

ことは、のちに明らかとなろう。

ところで中世神楽の象徴的役割を担う五人の神楽男・八人の八乙女は、神楽由来譚や祭文に登場していたばかりではない。(d)「御神楽大事」のような切紙《きりがみ》相承として伝授されていたのだ。それが(f)「後門之大事」と(g)「諸神法楽大事」である。

　後門之大事
無所不至ノ印ニシテ
五人神楽男
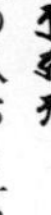
八人花の八おと女
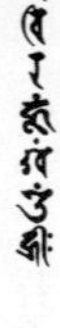
諸願満足口伝アリ
　諸神法楽大事
外五古印伝ニシテ
五人神楽男　金大日

無所不至印ニシテ
八人花のやうとめ　胎大日

𑖌𑖼𑖀𑖪𑖰𑖨𑖮𑖳𑖽𑖏𑖽𑖌𑖼𑖮𑖿𑖨𑖱𑖾

（以下神歌。略(13)）

金剛界五智を表象する五人の神楽男は、外五股印を結び金剛界大日如来の真言・𑖌𑖼《オン》𑖪《バ》𑖕𑖿𑖨《ザラ》𑖠《ダ》𑖝𑖲《ト》𑖪𑖽《バン》と念誦、胎蔵界・中台八葉院の八葉の蓮華をあらわす八人花の八乙女は無所不至印（八葉印）を結び胎蔵界大日如来の真言・𑖌𑖼𑖀《オンア》𑖪𑖰《ビ》𑖨《ラ》𑖮𑖳𑖽𑖏𑖽《ウンケン》𑖌𑖼《オン》𑖮𑖿𑖨𑖱𑖾《キリーク》と念誦するのだ。先に見た両部曼荼羅説による神楽男・八乙女説が、密教流の習いとして切紙相承されている事実が認められる。

八人の花の八乙女・五人の神楽男という習いは、僧侶による遷宮作法の一つとして修されることもあった。『遷宮次第』（叡山文庫蔵）というテキストで覗いてみよう。

御神体を新殿に奉遷すると、まず御供を供えて祝詞を読誦する。次に「御即位大事」などに続いて「大神楽大事」が修される。次に庭火を焚き、合掌しながら金剛界「三十七尊ノ種子」を念誦したあと、「御供大事」と「進酒大事」となる。

次御供大事
外五古印　観五人《ノ》神楽男《カグラヲ》
𑖀𑖪𑖰𑖨𑖮𑖳𑖽𑖏𑖽
八葉印　観八人《ノ》八《ヤ》乙女《ヲトメ》

詠歌　　　合掌
味ヲサモ目出度ソナヘヲキ
今ソマイレルシ、コマイカナ
次開喉印　右手水空捻ス左釼
ホ、テイクキヤリタイタ、キヤタヤ
次師子印　内師子印

次進酒大事
外五古印　観五人神楽男
諸仏救世者　住於大神通
為悦衆生故　観無量神力
八葉印　観八人八乙女
八立乃膳仁置タル味於
　今ソ参レルウカヒメ乃神
味ヲサモ目出度モ調テ
今ソマイレルウカヒメノ神

此宮乃戊亥乃角仁涌出ル
泉仁遊ブウカヒメノ神

このように「御供大事」と「進酒大事」(14)は、神饌や神酒を神に供え、饗応するための作法であった。こうした事例は、五人の神楽男・八人の八乙女の習いが神楽だけではなく、僧侶が担ったさまざまな社頭儀礼と結びついていったプロセスを示すものといえよう。

中世神楽説の申し子というべき五人の神楽男・八人の花の八乙女――。天岩戸神話と両部神道説の融合は、古代神話の偉大なる舞姫・アメノウズメを彼方へ置きざりにし、五人の神楽男と八人の花の八乙女を造型した。印《ムドラー》と明《マントラ》の影でしかない彼らは、その抽象的な姿にもかかわらず、中世の祭文や切紙、儀礼といった宗教世界に己れの姿を刻みつけていった。なかでも、花の八乙女の原像たる八葉の蓮華から花の若子が生まれたという物語相をもつ祭文「若子の注連」は、大神楽の花の思想の一端を告知するものとしてもっとも注目されてよい。

4　神楽の功力

(e)「神楽申付」における第三の中世的特徴は、「打(つ)たいこのをとはちやう(長夜)やのねふりお《（を）》さますき《（義）》なり。振ル鈴のひびきハ五すひ《（衰）》さんねつ《（三熱）》をさますき《（義）》なり」というフレーズだろう。神楽実修の目的とは、長夜の眠りを覚まし、五衰三熱を覚ますためと説かれているのだ。

同様の詞章を、永正二年（一五〇五）の木曾御嶽「御榊祭文」にも見出すことができる。そこでは太鼓や鈴など神楽の楽器は「仏の具足」としたあと、次の一節が続く。

コレヲモツテ神楽ト申スコトヲ始メ、神ヲ請ジマイラセテ、五衰三熱ノ苦シミヲ除キテコソ一切ノ諸願ヲ叶ウベキナリ。

神楽の目的と意義。そのひとつは祭場に招請した神に神楽を捧げることで神が受ける五衰三熱を除き、その功力《くりき》によって神の利生を仰ぐことにある。先にあげた清川智徳家文書「神道神楽之大事」に見える神歌に「三熱之睡ヲ覚ス神楽男之……」と歌われていること、榊原家文書「牛頭天王八王子法」（文政八年［一八二五］）の記す神楽大事が、文字通り「五スイサン子ツノ法」[15]と題されていることもそれを徴証しよう。「五衰」は末期の天人が顕わす五種の衰相、「三熱」は「阿耨達池《あのくだっち》」の龍が受ける三種の熱悩だが、とりわけ中世では「そも神ならで三熱の、くるしみといふことあるべき」（謡曲『葛城』）のごとく、「神の三熱の苦」という文言として流通した。そこには実は、中世的というべき神祇観が生動しているのに気づかなければならない。

中世には多彩な神観念が生まれ、成熟していったが、その中に「権者《ごんしゃ》」「実者《じっしゃ》」という類別があった。権者の神が仏菩薩の垂迹《すいじゃく》であるのに対し、実者の神は本地仏を持たず、垂迹形のみで、しかもその姿はしばしば龍蛇形で示された（本書Ⅲ−2−2参照）。権者にくらべて明らかに低劣な位置にある実者なのだが、中世ではむしろ、実者の神こそが神祇信仰のダイナミズムを担い、先導していった感がある。[16] なぜなら、衆生を済度するために穢悪《えお》の塵にまじわるという〝和光同塵〟なる神の使命は、衆生の劣機を表象する実者においてこそもっともよくそのリアリティが発揮されるはずだから。蛇形。それは三毒（貪《とん》・瞋《じん》・癡《ち》）の体現である愚癡なる衆生の似姿なのだ。

問フ。神明ノ垂迹必ズ蛇身ニ現ズル方如何。
答フ。神明トハ、和光同塵ノ体ノ故ニ、凡夫ニ似同シ給フ也。凡夫トハ、三毒等分極成体也。三毒極成無作本有形体ハ必ズ蛇体也。
（『渓嵐拾葉集』「山王御事」・原漢文）

ここから、神の三熱とは、「衆生の三毒の念」のゆえであり、したがって「我等三毒之《これ》無キ時、神ノ三熱ノ息《や》メ賜フ也」（『元長修祓記』）の謂《いい》も生まれてくる。神と衆生の類同とは、神の代受苦による衆生の救抜という信仰機制の顕われにほかならない。

面白いことに、こうした神祇観は、実際の神奉斎法にも反映していたのだった。神仏習合の世紀・中世では、神社の神事はしばしば社僧たちが中心に担っていた。神社にとって最重要な遷宮もその例外ではなく、たとえば御神体が袈裟に包まれて新殿へと遷される場合も少なくなかった。ここで注目したいのは、遷座というもっとも厳粛なその刻限である。

> 神ヲ刃《うし》ノ時遷ス事ハ子細アリ。神者龍神ニシテ蛇躰也。龍神ノ三熱ト云事アリ。日夜十二時ノ内ニ刃ノ時苦ヲ受ケ玉ハザル也。
> （大須文庫蔵『遷宮作法并私記一帖』）

龍神が三熱の苦を免れる時間を狙って遷座するというのだ。一方、龍神が水を吐く刻限に行法のための水を汲む作法もあり（本書Ⅲ−3−3参照）、龍蛇神とその信仰が儀礼に浸潤していた側面が窺える。

このように考えてくると、神楽の法楽に浴することにより、神は三熱の苦を免れることができるという「神楽申付」祭文の詞章は、かかる実者神を主人公とした神祇信仰に由来するものであることが明らかだろう。

ところでいっそう興味深いことに、奥三河では「権者・実者」や「三毒」などの神観念が教理の枠を超えて病人祈禱という実践の場に生々しく登場していた。曾川の林蔵院守屋家に伝わる「神送生霊死霊祭文」（仮題）がそれである。病人祈禱の「悪霊加持」に用いられたと思われる本祭文には、長大な悪霊「教化《きょうけ》」の文言が記されている。

そのメカニズムは、不動明王の威光を身につけた験者が「八葉蓮華の莚を据敷き」、「澄清の寄増《よりまし》を抽《ぬき》んで」、それに「駈りつ」かせた「悪霊・死霊・呪咀・怨霊」を、加持祈禱によって攘却するものであった。まず験者は、ヨリマシに憑依した霊に、「神か仏か」、また人間ならば「生霊か死霊か」と尋ね、それぞれの場合に応じて妄執を解くよう説き伏せる。その際験者は、「神ならば実者の神か権者の神か」と問い詰める。そして実者の神に対しては「明神」と呼ぶごとく「心法」を明らめた神であるのに「人に憑く」のはどういうことか、権者の神（権現）に対しては衆生利益の神なのに人を悩ますのはどういうことか、と迫るのである。また女が憑いているのなら、女の業障ゆえの「三毒」から生じる恨みをヨリマシの口を通して「はらりと語り」罪障を消滅させよ、とも諭している。本祭文とその行法は、権者・実者という神観念の実践的展開もさることながら、奥三河の太夫職がヨリマシを用いた悪霊・呪咀の祓いを行なっていた事実を示している点でも貴重である。

以上、本節では、『御神楽日記』「御神楽大事」を――(b)「神楽の次第」を除いて――解読しながら、その性格や内容を考察し位置づけてみた。禰宜屋敷の禰宜太夫が手控として書き留めた「御神楽大事」の数々。それらは紛れもなく、中世の修験や密教行者らが用いていた切紙相承による作法・口決《くけつ》の類であった。一方、「五人の神楽男・八人の八乙女」のように、大神楽祭文へ個性的に受容された例も無視できない。

同時にここで見逃してならないのは、大神楽そのものの中で神楽大事が修されていたことである。神楽二日目に「大きやうじ願じやう」（大行事勧請）という次第が見える。これは明治五年（一八七二）に豊根村古真立《こまだて》で伝承・記憶をもとに編まれた大神楽の次第解説書

『神楽手引順達之次第』（『花祭』後篇所収、以下『順達之次第』と呼ぶ）に「帯に扇子に鏡にぜんの綱と右四品にて拵舞戸で勧請する也」とあるように、白山《しらやま》に掛けるための帯、鏡、扇子、善の綱を舞処（神楽宿）で勧請する行事であった。浄土入りに先立ち、白山という祭場に不可欠な、もっとも聖なる品々を招き迎える儀礼なのである。早川孝太郎は「他の口伝書にも最も重要な式としているが、これ以上詳細を知ることはできぬ」（『花祭』後篇）としながらも、「禰宜の心得を記したものらしい」として古戸の口伝書を紹介している。

先護身法九字十字　次三礼色（式）作法　次作法ヲワツテ　次仏現（?）之法大事　次神楽之法　次願上ヲワツテエカウ神祇講式エカウ旦誦ヘシ　次当所神祇一切諸仏諸神願上申レ奉右年（念）入祈念心ノマ、ヨク〱申入也

禰宜太夫は、通例の護身法などのあと「仏眼之法大事」に続いて「神楽之法」を修しているのだ。次に帯、扇子、鏡、善の綱を勧請し、「神祇講式」の「回向の段」（「エカウ旦」）を誦して、最後に当所の一切神仏の勧請と祈念で終わっている。

ここに見える「神楽之法」が、上述の神楽大事に当たるものであることは間違いあるまい。加えて「神祇講式」が読誦されているのも注意したい。「日本国中ノ大小神祇」への讃嘆文として室町期に成立した「神祇講式」は、まず「諸神の本地」を讃嘆し、次に「垂迹の利益」を明かし、最後に「回向発願」の功徳を語る三段の講式である。この神祇講式も、し

ばしば神祇灌頂のプログラムの中で読誦された。

このように見てくると「大行事勧請」ひいては大神楽そのものが、修験や仏教神道における灌頂作法的な性格を、さらに言えば神楽太夫の〝行〟とその伝授という性格を一面において強力に抱えこんでいることに気づく。だからこそ、『御神楽日記』は「御神楽大事」の一環として「神楽次第」を書き留めているのである。

そこで次節では、『御神楽日記』「御神楽大事」を読むことによって与えられた示唆や展望を強力な味方としながら、「浄土入り」の舞台へと論を進めることにしよう。

2　浄土入りの装置

1　神楽次第書をめぐる諸問題

本節から『御神楽日記』(b)「神楽の次第」を中心に据えて「浄土入り」の世界へと踏み込んでいくわけだが、その前にテキストをめぐる方法意識について述べておきたい。本論が、いくつかある神楽次第書の中で『御神楽日記』「神楽次第」を基本テキストとして選定したのは、現存する最古の次第書であるからという理由に尽きるものではない。いうなれば、それは大神楽の成立・展開というパースペクティヴにとって絶対的な意味をもつものであるからだ。

先にもふれたように大神楽は数ヵ村からなる「神楽組」による共同祭礼で、神楽組はそのつど結成された。ここで資料上で確認できる神楽の実施年と開催地、およびそれに関連する主要な次第書類を対照させてみることにしよう。[17]（傍線を付したものが完全な式次第を記載している。以下での論及に際しては、「慶長本」というように元号で略称する。）

▼?
▼慶長十二年（一六〇七）曾川
▼明暦二年（一六五六）三沢山内？
▼元禄七年（一六九四）古戸
▼正徳三年（一七一三）下黒川・荒川家
▼寛政二年（一七九〇）上黒川・津川熊谷家
▼文政五年（一八二二）坂場・村松家
▼天保九年（一八三八）古戸
▼安政三年（一八五六）下黒川・津島神社

天正九年『御神楽日記』「神楽事」（三沢山内・榊原家文書）
慶長十二年「神楽事」（三沢山内・林家文書）
明暦二年「神楽事」（三沢山内・林家文書）
?
正徳二年「神楽事」（三沢山内・林家文書）
〃「四目神楽次第」（下黒川・清川家文書）
寛政二年「神子人数並諸色覚帳」
文政五年「神楽役割帳」（上黒川・村松家文書）
天保十一年「神楽役割帳」（古戸・佐々木家文書）
安政三年「神楽役割帳」（下黒川・清川家文書）
〃十一月「覚」

事実は歴然としていよう。大神楽の開催地区は、近世初頭の曾川・三沢（山内）地区から、近世後期には上黒川・下黒川・古戸《ふっと》地域へと移っているのだ。現存する近世後期の資料から、山内が神楽組にも名を連ねておらず、寛政二年の大神楽には神子の参加すらなかったことが確認されている[18]。

さらに注目しなければならないのは、大神楽の次第構成についてである。巻末に付載した大神楽次第の比較対照表を参照していただきたい。近世初期の三沢山内の次第構成に対し、古戸・下黒川の次第構成は異なったタイプとしてはっきりと区別できる。また同じ三沢山内の次第書でも、天正本（『御神楽日記』）と明暦本とでは細部にいくつかの違いも見える。わずか七十年といえども、神楽は時の流れから自由ではいられなかったのだ。

とすれば大神楽は、成立当時（室町後期頃）から近世初頭に至る時期の三沢・曾川地区と、近世後期の古戸・黒川地区に大きく分けて考察する必要があることになる。したがって私たちが大神楽の原像を復元しようとするならば、三沢山内の天正本神楽次第に依拠すべきなのである。

豊根村北部に位置する三沢地区（粟世《あわよ》・山内《やまうち》・牧舟《まきふね》・樫谷《かしやげ》・間黒《まくろ》・新井《あらい》団地《だんち》）は、山を境に北は長野県阿南町と天龍村に、東は富山《とみやま》村（現・豊根村）に接する。近世初期の大神楽は、粟世の諏訪社を中心に、林・榊原両家の禰宜太夫を主催者として実施されたのではないかと推測されている。なお間黒には昭和の初期まで「かぐら石」があり、その場所で不浄なことをしてはならないという言い伝えもある。[19]

また山内は、かつて大入とともに花祭発祥の地とされる曾川と一つの村で、山内の幣取・林家に曾川の万蔵院と家系が繋がるとの伝承があること[20]からも、両者の関係は深かったと見てよい。曾川の資料が新豊根ダム建設による水没で失われているため、その消息はもはや窺い知れないが、右の伝承や天正九年『御神楽日記』の存在から、室町後期から江戸初期にかけて、三沢・曾川地区が大神楽・花祭の成立に重要な位置を占めていた可能性が強い。

ここで確認しておかねばならぬことがある。早川孝太郎は花祭調査で三沢山内を探訪しているにもかかわらず、神楽に関しては三沢をカバーしていなかった点である。

> 現在北設楽郡内二〇カ所の花祭りのうち、神楽に直接関係をもっていたのは、前記上下黒川・坂宇場・古戸・下津具の旧五カ村で、古真立・三沢等も時に関与したというが、何らの根拠はないから、関与したとすれば恐らくそれ以前か、あるいは何らか特別の事情の伏在が思われるのである。
>
> （『花祭』後篇）

早川が調査・採集した次第書は、古戸の「神楽次第」「神楽覚」「神楽役割帳」（天保十一年）、下津具・村松家文書「順序次第口伝書」（永享十二年[21]）、上黒川・村松家文書「神楽役割帳」（文政五年）、下黒川・清川家文書「四目神楽次第」（正徳二年）、古真立・鈴木家文書「神楽手引順達之次第」である。このうち上黒川の「神楽役割帳」と下黒川の「四目神楽次第」は、折口信夫の筆写したものを「借覧」している（『花祭』後篇）。
以上からわかるように、早川は——その事情・理由は不明だが——三沢山内の神楽次第書を調査もしていないし、閲覧もしていない。皮肉なことに、早川の『花祭』が刊行される矢先にそれらの次第書を研究者として初めて目にし、写しとったのは、折口信夫であった。

昭和五年一月、新野峠を越えた折口は、山内の榊原家に滞在し、榊原家・林家の古文書を借り受けて東京へ持ち帰り、筆写している。「私（注・折口）の獲た三沢・下黒川・上黒川などの伝天正・伝慶長・伝正徳以下、五種類の神楽の次第書」（折口信夫「跋」）の中に、早川未見の天正本・慶長本・正徳本があったのである。

もう『花祭り』の本文二冊ながら刷りあがつた今になつてやつと、纔《わず》かな資料が手に入りました。早川さんに見せて貰つてゐない此方面の採集と、多少違うた処があるか、全く一致したものか、其さへ今となつては、見比べさせて頂く暇がありません。（同右）

「『花祭』刊行前夜には、一寸の先を争うような攻防が、早川と折口との間で繰り広げられていた[22]」のだった。

「其ほど複雑な、渦巻き返す夢の様な錯乱と、在所々々で特殊化の甚しくなつた神事芸能とが、其後も常に同行と憑《たの》んだ早川さんの手で、こんなに鮮やかに組織せられたのを見ますと、嫉ましくさへ感じます」（同右）とは、折口の——嫉妬と称賛が入り混じった——正直な感懐であったろう。

折口信夫までもかくも夢中にさせ、早川との密《ひそ》かなる熱い競争に駆り立てた花祭・神楽の魅力とは何であるのかはさておき、今は早川孝太郎が、三沢の次第書を知ることなく大神楽を考察した事実を認識しておくべきだろう。

問題はそればかりではない。早川は手元に収集した次第書の中で、もっぱら古真立の「神楽手引順達之次第」に依拠しつつ神楽を復元しているのである。

「順達之次第」は、明治五年の政令によって神楽の開催が不可能となった時、守屋周平と鈴木喜代平が古式の次第書に注釈をつけてまとめたものであった。早川は「口伝書を通じてもっとも貴重なもので」「本書がなかったら、神楽の次第は、永久に概念すらも得られないものが多かったろう」（『花祭』後篇）と評価する。たしかに「行事に対する記註」（同上）を持つ唯一の次第書としてその価値はきわめて高く、早川以来、多くの研究者の準拠とするところとなっている。

しかし神楽次第対照表を作ってみれば、古真立の次第は三沢・曾川系ではなく、近世後期の古戸・黒川系に属することは明瞭である。とすれば「行事に対する記註」には、すでに大きく変貌した神楽次第に規定された、後世的な解釈も含まれているはずだ。したがって参照するに際しては、内容を吟味しつつ慎重に扱わねばならない。

2　白山の荘厳

大神楽は「第一日が神楽宿すなわち舞戸を中心、第二日は白山が中心」(『花祭』後篇)で、それぞれ「神楽の次第」での「初日の始」と「本宰(祭)之事」に対応する。つまり問題の「浄土入り」は二日目の中心で、しかも大神楽全体のクライマックスに当たる儀礼であった。

さて「浄土入り」に先立って「白山《しらやま》」なる装置が造営される。次第書には見えていないが、この時、「白山」のほかに三途川《さんずのかわ》や無明《むみよう》の橋も設置されたらしい。なぜなら「浄土入り」とは、神子が三途川にかかる「無明の橋」を渡り、「白山」の浄土へと入って擬死・再生を遂げるという儀礼だったからだ[23]。

「無明の橋」について山内の辻紋平と早川孝太郎の聞書は、次のように記し伝えている。

舞屋の子《ね》丑寅《うしとら》の方に、川又《また》は沢があればよし、若《も》しない時には、深さ四五尺、幅一丈か二間位の、北から東へ流れる川の形を掘る。此を三寸《サンズ》の川と名づけ、川幅だけの、六寸角の角木を架け、其下に、木綿幅で同じ長さの白木綿を引つぱつて、橋とする。此上にお経の本を並べる。つまりさんづの川の経文の橋を造るのである。

(辻紋平「三河北設楽の村々で行はれた神楽に就いて」)

白山と舞戸の間は、橋がかりで連絡していた。この橋を無明《むみよう》の橋と言った。一に経文の橋とも言い、一端は白山に通じていたのである。橋の構造については深く知ることを得ぬが、俵を積んで橋枕とし、板を並べて、上に白木綿が敷いてあったらしい。

（『花祭』後篇）

「無明の橋」とは、白木綿を敷いた布橋《ぬのばし》で、その上にお経が並べられていたため「経文の橋」とも呼ばれた。そしてこの橋懸《はしがか》りの向こうに白山が設立された。

「神楽の大きな特色であり、ひいてその根本でもあった白山については、口伝書にもほとんど記すところがないから、伝承者または実見者の見聞によって想像するより他に途はない」（『花祭』後篇）と考えた早川は、八人からの聞書と、古戸・天保本の挿絵から、白山の形状について次のような説を提示し、白山の想像図を巧みなデッサン力で描いてみせた。

「しらやま」と呼ばれたものは、一種方形をもった建物であった。高さ約三間ないし三間半、大きさはこれまた二間ないし二間半四方で、屋根はなく、四壁はすべて青柴を束ねて葺き囲い、これにには無数の白幣が挿し飾ってあった。ほぼ二尺ほどの高さに床があり、床の下はまた青柴の束を敷き並べてあった。すなわち天井のみが明いた、青柴で囲んだ蓋のない箱の如きものであった。そして四壁にはそれぞれ口があり、内部床の上には白木綿を敷いたのである。天井屋根の部分中央に梵天を飾り、これを中心にして四方に青・赤・黄・黒・白の五色の布を張り渡す、これを一に五色の雲と言った。別に一二個の竜《たつ》を飾り、それに神道《かみみち》、善の綱等を添える。これが白山の概念である。そして白山は、橋がかりをもって一方の舞戸に連絡していたのである。（『花祭』後篇）

早川自身が「前説の概念は、まだ確定的のものではない」「誤った点はいつでも訂正するに躊躇せぬ」と断わっていたにもかかわらず、かかる「白山の概念」と「想像図」が、その後の民俗学における白山のイメージを決した。(24)

けれども私たちは、今や民俗学における擬死・再生のモデルと化した「白山」からいったん解き放たれ、古い次第書そのものに立ち返る必要がある。聞書に全面的に頼るのではなしに、白山の復元を図らねばならないのだ。ここでも早川未見の、天正本「神楽次第」が決定的に重要である。（以下、次第の番号は巻末の「大神楽次第対照表」による。）

(50)白山お作リ立ル
(51)辰数合て拾弐疋　百弐拾也
(52)山そうぞくはんきり
(53)ひな数　三百六拾本
(54)へつひぬの百六拾反
(55)げぎやうの鏡七面
(56)げぎやうの帯

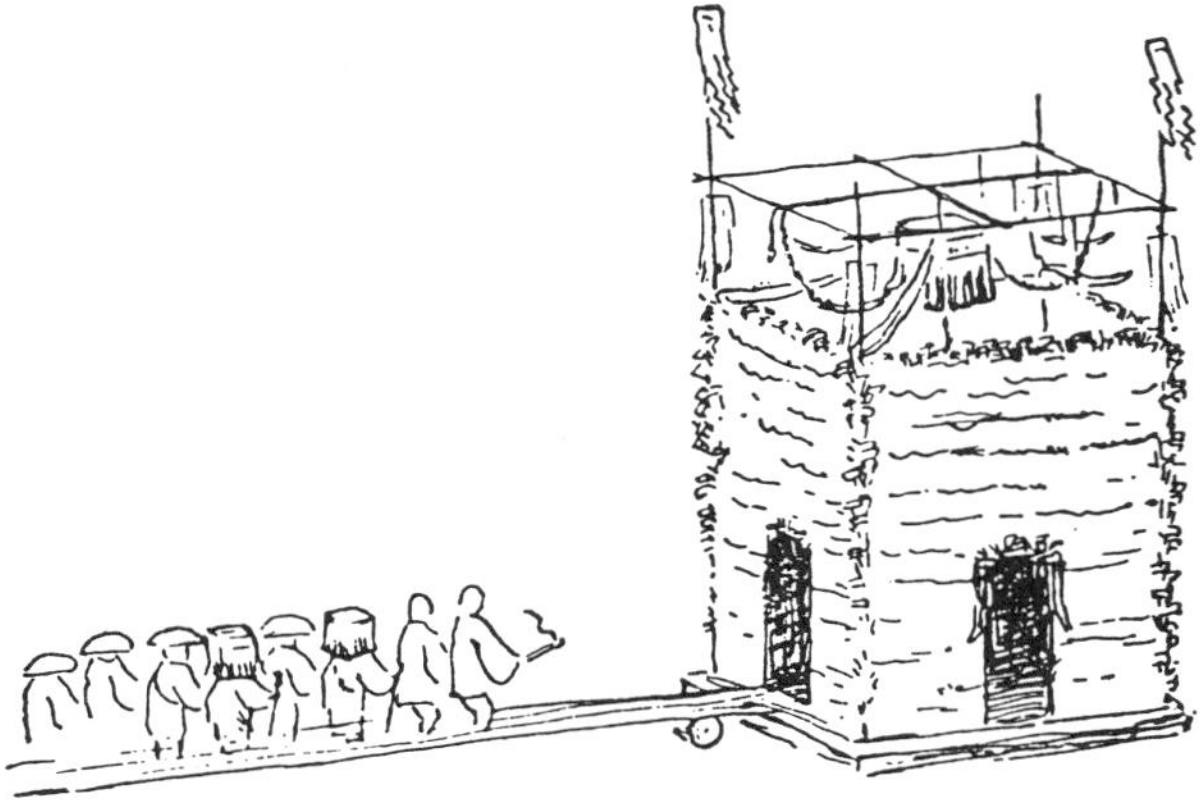

早川孝太郎による白山の想像図（『花祭』後篇）

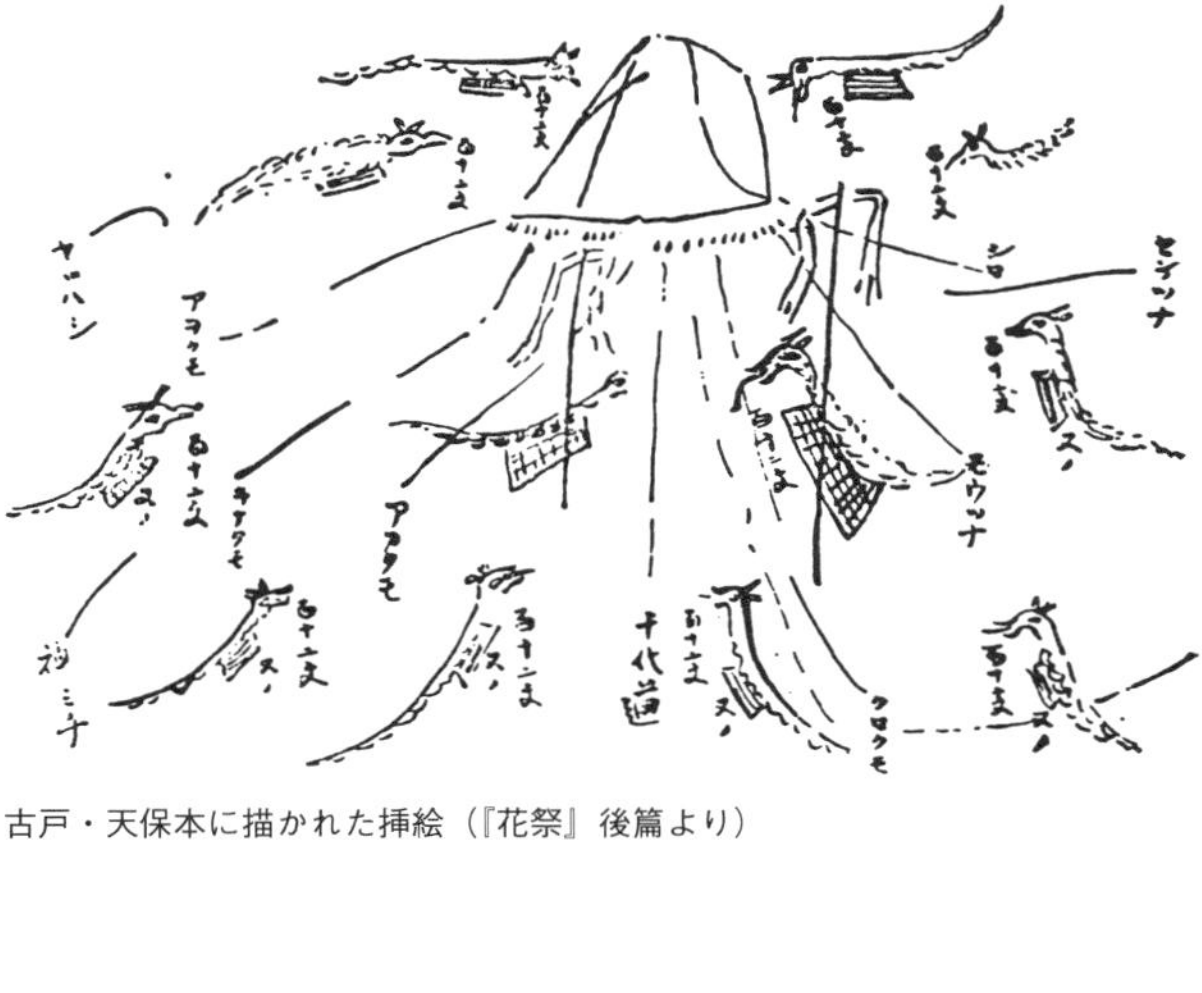

古戸・天保本に描かれた挿絵（『花祭』後篇より）

(50)の白山の形については何も記されておらず、伝承者からの聞書によって類推するしかないが、興味を惹くのは「辰（の）数合（せ）て拾弐疋」と記されていることだ。古戸・天保本の挿絵にも十二の龍が見える。白山には十二の龍が飾られていたのである（事実、豊根村には龍頭《たつがしら》が残っている）[25]。では「百弐拾也」は何の数かというと、明暦本の対応する箇所には「ぬの百弐拾たん」とある。古戸・天保本の挿絵にも龍の胴体部に布らしきものが描かれており、「ヌノ」の表記も認められる。とすると天正本の場合では一匹の龍に十反ずつ布がとり付けられたことになろうか。

(52)「山そうぞくはんきり」は、『順達之次第』には「山相続のこと」と見え、「山を祭（り）木綿を張（り）梵天《ぼんてん》を立（て）清め勧請す」と注解していることから、白山の飾りつけと梵天立てが行なわれたと推測できる。

3　梵天と山

ここで問題となるのは「梵天」である。早川は、先の引用でも「天井屋根の部分中央に梵天を飾り」と述べているように、白山の頭部に吊り下げるものと考えた。そして古戸の天保本に描かれた挿絵の「中心に頭巾の如く描かれたものは、梵天で、すなわち花祭りの『びゃつけ』と同一のものであったことは、伝承にも明らかである」としている。だが花祭の白《びゃっ》蓋《け》・湯蓋《ゆぶた》に似た、白山上部の天蓋（のようなもの）と、梵天は明らかに別の物であった。天蓋は白山の上部に吊られたのに対し、梵天は白山の床の中央に立てられたのである。

ではその梵天とはどのようなものだったのか。次第書は何も記していないが、先の「大行事勧請」で招かれた鏡・帯・善の綱㉖・扇子の四品のうちの扇子が思い浮かぶ。なぜなら三沢山内や旧・曾川の花祭では、湯蓋・白蓋のほかに、開いた扇を三つ結び合わせて円形とし十二本の御幣を挿した「梵天《ぼでん》」を飾っているからだ。

また神道《かみみち》も、振草《ふりくさ》系花祭の場合は中央の竈《かまど》の上の白蓋から四（五）方へ引きわたされるのに対し、山内などの大入系花祭では竈の上の湯蓋から東柱の白蓋、さらに長者柱の長押《なげし》の梵天に通じている。祭場の空間構成と神の通路において梵天が重要な位置を占めている事実が窺えよう。

そもそも山内花祭の梵天をスケッチまでした早川が、白山の梵天を白蓋と「同一のもの」と誤認したのは、聞書からのイメージに支配されてしまったためだ。しかし結局のところ、早川が白山の梵天を「大行事勧請」の扇と結びつけて考えなかったのは、早川が大きく依拠する「順達之次第」では、(73)「山相続の事」、(81)「大行神勧請の事」と順序が逆転しているせいだろう。すでに儀礼の意味が判らなくなっていると見てよい。けれども先に述べたように、あらかじめ舞処（神楽宿）で勧請した帯・扇子・鏡・善の綱（「大行事勧請」）を、築いた白山に飾り祀ること（「山相続事」）でなければ意味をなさないのである。

それにしても白山に立てられた梵天は何のシンボルであったのだろう[27]。もちろん次第書は何も記していないが、本田安次の聞書調査[28]によれば、三沢の大神楽では「七十五頭《かしら》の梵天を白山に飾ったといふことが言ひ伝へられてゐる」という。ところが辻紋平は、「神楽宿」には十二本の柱を立てた「舞土」を作り「四方にしめを張り、しめと並行して、七十五頭のぼでんを飾る。びやつけ・湯蓋の飾りつけも花舞ひ祭りの飾りつけと同じである」と述べている。

梵天は白山と舞処（神楽宿）の両方に飾られたのか、それとも白山だけで、辻紋平の記事は何らかの記憶ちがいによるものか。厳粛なる「大行事勧請」で白山にとってもっとも神聖な品々が招請されるのだから、この梵天が舞処に飾られたとは考えにくい。たとえ舞処にも飾られていたとしてもその梵天は、白山の梵天とは意味合いを異にしたものだろう。また「しめと並行して」飾るというのも、要領をえないし、「七十五頭の梵天」というのも気にかかる。上述のごとく山内の花祭の梵天は「十二頭の梵天」であったからだ。

その十二頭とは五大尊・道陸・山神・金山（水神）・富士浅間・大神宮・天狗幣・宮土公の十二神をあらわす御幣のことで、それを円形の扇の裏の白紙で畳んだ船（「船幣」）に挿すのである。このほか「四方旗」と「鍬片」を飾りつける。

なお本田安次が採集した山内の林準平の覚書には、御幣の名称・色・折り方・数を記した「ぼでんのかざり大事[29]」などのほか、「ぼでんかざりのいみ」と題する書留がある。

梵天（豊根村・三沢山内）　撮影＝柴田庸介

大神宮富士浅間金山山神宮土宮道六神天狗幣　此れは神のかたちを祭るなり
四方旗　之は此四方の神等を寄祭るなり
此れは十二ケ方と云ふて祭るなり
十二ケ方とは、年中十二月をたとへたり、高天の原祭る神のゑん日ハ
此の十二月の中にあり、よんて神よせをし、年中行事のをわりを以、惣氏子のゑんまん
を祈奉なり（高天乃原トハ日本国中の事なり）
五台山幣ハ、惣氏子の火ふせの祭りのたからなり
船幣及主なるたからは、悪魔下道祭りしづめあまる大悪の鬼は此の船幣へうつし、大川
へ流す幣なり　（『霜月神楽之研究』）

一読して明らかなことは、神楽の神である「大神宮」（アマテラス）と火伏せの「たから」（御幣）である「五大尊」（「五台山」）、船をあらわす「船幣」、勧請旗の「四方旗」を除いた、道陸神（「道六神」）、山神、金山、富士浅間、天狗幣、宮土公（「宮土宮」）らは、すべて山や土地にゆかりの深い霊格といえることだ。とすれば、大神楽での「山」に関わる神の存在とその象徴的役割についてふれておく必要があろう。

4　山立てと土公神

神楽第一日の中心行事「生まれ子」は、四方に榊を立てて「山立て」をし、「山を祭り」、「山を尋ね」、「山を売買《うりかい》」するという、一連の山立次第に始まる「模擬的な出産の次第」（『花祭』後篇）で、一連の「しめ」儀礼で終了するが、その後「へんばい」（反閇）が行なわれる。これは「しずめのへんばい」と呼ばれるもので、「花の山」たる舞処を呪的ステップで踏み鎮める作法であった（現行の多くの花祭では「しずめ」は祭りの最後に花太夫の行法として行なわれている）。なお『順達之次第』には「土公祭するなり」とあること、「古戸の別本口伝には、この時別に土公神祭りをなし、祭文を誦じることがある」（『花祭』後篇）ことから早川は、山立ての儀礼があった場合「へんばい」の一方で必ず「土公神祭り」が行なわれたと見ている[30]。けれども大土公神祭文はもちろんのこと、土公神《どくうじん》とはいかなる尊か、土公神を祭るとはどういうことか、それがしずめの反閇とどう関わるのかについては全く関心が払われていない[31]。こと問題は土公神に限るまい。大神楽復元のためには私たちは、早川や折口が黙過した、土公神、荒神、天白《てんぱく》神、牛頭《ごず》天王《てんのう》[32]などを呼び起こし息を吹きこむ必要があるのだ。

それらの考察は他日を期すとして、今は、なぜ土公神を祀るのかという点を、元禄十三年（一七〇〇）の東栄町中設楽・岡田家文書「大土公神祭文」（『花祭』後篇）の一節の中で確認しておこう。

……土公神の御座す処を不レ知して
産屋を作り井戸をほりかまをぬる故に
家内にをいて障害口舌在り
皆是土公神のしよい也之をゆるし玉えとの玉えば
西東北南四方へ壱丁五たんの地御ゆうめんあつて
丑未辰戌をば土用の間月と定め玉はり玉ふゆへに
末世に於て土公神の治め奉らんともがらには
無病自在寿命長遠福貴万福
所願満足心にあかせて守護し奉る

土公神の居所と知らずに犯土の罪をなすと、土公神の怒りにふれて災いが起こるため、祭文を読誦して許しを乞い、神楽執行の地を譲り受けたことを報謝するのである。

ところで土公神は地霊として畏れられただけではなく、その威力によって邪鬼を攘却し、在地の人々の息災延命を約束し、さまざまな豊饒をもたらす尊として仰がれてもいた。東栄町月《つき》の禰宜屋敷・森下家に伝わる「大土公神経」（天保十年［一八三九］）の次の一節は、そうした土公神の両価性と、大神楽と結びついた霊威の特色をよく示している。

土公荒神ヲ祭リ申シタル、イトクサイハイカナト、遠人キキイテタウトムトモ、近人ワ

花祭の龍王しずめ（東栄町・月）　撮影＝草野尚詩
きわめて神聖視される龍王の面をつけて行なう太夫の行法である。「火の王・水の王」の二つの面によって行なう地区もある。

見テ悦フ程ノ、ウツボノゴリシヤウヲアタエ守リ玉フ。土公荒神ワ、此三神之内戌亥角ニニシキノマキ柱シカト立玉エ。宇賀神（ト）成（リ）、昼ル六時、夜ル六時、十二時守玉エ。神ノマンジワ五郎姫宮ノケンツルギヲ以テ、東西南北四方キリ払（ヒ）シリゾキ玉エ。呪詛《シュソ》マンジヲハ大地五尺下ヱフミシスメ、ネメルガカタキヲネメカヘシ、キヌルガカタキヲキメカヱシ、災難病難ヲ十二方（ヘ）切払（ヒ）退キ玉エ。殊ニワ旦那子孫繁昌・牛馬六畜・諸商培シ、廿四作物・五穀実法《ミノリ》満々而、サンミヤウコガイ息災延命・諸願成就・皆令満足、敬白

第一に「戌亥」の隅に出現する(33)土公神は荒神や宇賀神《うがじん》と習合していること、第二に「五郎の姫宮ノケンツルギ」で四方を「切り払ヒ」邪鬼を撃退するとの呪能に、祭場の守護神的性格が窺えること。第三に「呪詛」を「大地五尺下ヱフミシズメ」(34)る、「しずめ」の王の姿がほのみえること。第四に、宇賀神に備わる福徳神的性格との習合によって所願成就の功能が尊ばれていること。

右のようにみてくると、「へんばい」(35)は、土公神から土地を譲り受けるに際し、マジカル・ステップで地霊を踏み鎮める一方、土公神経を読誦することでその威力と加護を仰ぎ、祭場での行事の恙《つつが》ない成就を祈念する儀礼と考えられる(36)。

以上、白山を荘厳《しょうごん》する(52)「山そうぞくはんきり」の梵天から、山立て—しずめの反閇—土公神祭りと考察をめぐらしてみた。ここまで来てようやく、白山の中心に立てられた梵天の

象徴性が少し浮き彫りとなってこようか。梵天が七十五頭か十二頭であったのかは不明とするほかはないが、中心的神格が山の神グループと土公神であることは動かないだろう。なぜなら山の神から山を譲り受け、土公神から犯土の許しと保護を仰ぐことなしに、白山での行事は達成しえないのだから。

なお白山の荘厳に関する項目(53)「ひな数　三百六拾本」は、白山頭部の天蓋を飾る垂《しで》の数と思われる。前掲の鈴木家本「大土公神経」の末尾に「大土公祭」の「ヘイソクノカゾ《（ズ）》」「三百六拾本」とあるのも関係しようか。また(54)の「へつひぬの百六拾反」は、白山の周囲に張り回した白木綿であろう。

5　顕形の鏡と帯

さて残る問題は(55)「げぎやうの鏡七面」と(56)「げぎやうの帯」である。梵天となる扇子、善の綱と共に「大行事勧請」という最重要な儀礼で招かれた鏡と帯。これらは白山にどのように荘厳され、どのような役割を演じるのか――。まず「げぎやう」という言葉から連想されるのは、『御神楽日記』(d)「御神楽大事」と(g)「諸神法楽大事」に見える二つの神歌である。

面白やかほどに明き世の中ヲ　岩戸ヲ開（キ）ケキヤウノ身神楽
伊勢の国高天の原のここ成れバ　神あらわれてゐきやうしたまふ

一首目は、神楽に誘われてアマテラスが岩戸から現われ出た＝神が顕現された、の意で、「岩戸を開きゲギヤウ（顕形）の御神楽」と解せよう。二首目の「ゐきやう」は「げぎやう」の訛伝とみてよい。

とすれば「げぎやうの鏡」は、アマテラスの魂実《たまざね》というべき、榊の中つ枝に取り懸けられた八咫鏡《やたのかがみ》、もしくはそれに類するものということになろうか。それにしても「七面」という数が気にかかるのだが……。

一方「げぎやうの帯」は、高天原で鏡・玉とともに榊の枝に垂らした垂《しで》に当るものではあるまいか。ちなみに次のうたぐらが伝わっている（「大きやうじの」を「白山の」、「日月の」としたものもある）。

大きやうじの　げぎようの帯は百結び　ごぜより外に　誰がとくべし

神木にとり付けられた鏡と帯。こうした想像が脳裏をかすめたのは、次第書の中の謎めいた言葉が目に飛び込んできたからだ。

天正本の「げぎやうの帯」に当る項が、三沢の明暦本・正徳本次第書では「ぬのをひりやうほうゑ」となっている。これでは何のことやらわからないのだが、下黒川・正徳本には「懸実鏡布帯恵方ゑ」とある。「御鏡・布帯を恵方に懸ける」の意味だろう。

なお「恵方《えほう》」（吉方・兄方）とは陰陽道の歳徳神の宿る方角で、「恵方《アキノカタ》」と呼ばれその年の縁起のよい方角とされる。つまり大神楽の場合、鏡と帯はその年の吉祥の方角を示す「恵方」に懸けられたことになる。では何に懸けられたのだろうか。民間習俗では鴨居に吊るす「恵方棚」[37]の存在が知られるが、大神楽の場合は、どうであったか。その消息はもはや知るすべはないとはいえ、先に述べた神楽の由来、また顕形の鏡のイメージからしてそれは榊（に当る木）がもっともふさわしい。

榊の枝に懸けられた顕形の鏡と顕形の帯。この時白山の一角から、にわかに天の岩戸という天上の祭場の雰囲気が漂い出してくる。

かかる想像をより確信に近いものとしたのは、神祇灌頂の道場荘厳法であった。関白流と三輪流を例にとってみると、道場には「本尊壇」（本壇）、「神器壇」（麗気壇）、「正覚壇」の三つが設けられる。今注目すべきは「本尊壇」である。

一、堂内荘厳。本尊壇ノ高二尺五寸、或三尺五寸也。壇中央ノ奥ニ榊一本可レ立。上枝青幣ミタレニ切掛。中ノ枝ニハ八咫鏡ヲ一面掛。下枝白幣ミタレニ切可レ掛。（『神道灌頂修軌』）

本壇の「本尊」とは、榊の枝に取り掛けた八咫鏡なのだ。その左側（東）には「岩戸ノ本尊」と「天神七代ノ本尊」（七面鏡）が、右側（西）には「御神楽ノ本尊」（「御神楽面」）と「地神五代ノ本尊」（五鏡）が懸けられ、鏡と鏡の間には般若心経や絵馬などが飾られた。

三輪流での詳しい荘厳法は不明だが、壇上には地神五代をあらわす五鏡、天蓋には天神七代をあらわす七鏡を吊るしている。

つまり本尊壇とは、まさしく天の岩戸の祭儀（神楽）の場面を模して作られたものだったのである。そしてそこに荘厳された鏡に向かい受者はある作法を行なうことになっていた。これらの事実は、「げぎやうの鏡」「げぎやうの帯」はもちろんのこと、「浄土の行ない」を考える上で重要な手掛りを提供しているのだが、それは後に述べることにしよう。

3　浄土への旅立ち

こうして荘厳された白山へと立願者《りゅうがん》が入って行くのが「浄土入り」という儀礼である。本節では、先にみた中世的な神楽大事の作法にも目を配りつつ、祭文の解読を最大の武器として、可能な限り浄土入りの構造を復元してみたい。

まず天正本の次第をあげよう。

［A］
(86)屋や入之事
(87)橋のはひけん
(88)じやうど入
(89)出立の喰茶とう
(90)鬼不残出ス　たい松添也

［B］
(91)じやうどの行
(92)七五三の本かい読

(93)じやうどに本尊おかけるべし
(94)出家いんどうする事
(95)打敷のぬの壱反
［C］
(96)志しお出し山を割
(97)山を引べし

このうち［C］は、行事を終えたあと白山を割って撤収する作法だから、「浄土入り」とは、立願者らが部屋入りの作法を終えて白山へと渡るまでの［A］「浄土入り」と、白山に入ってからの［B］「浄土の行ない」に分けることができる。また前半の「浄土入り」には「橋の拝見」（「橋のはい《ひ》けん」とも）、後半の「浄土の行ない」には「注連の本戒」と、二つの場面に対応して二つの祭文が存在しているのが知られよう。

つまり両祭文は、浄土入りに直接的に関わるただ二つの祭文なのだが、「橋の拝見」に対し、「注連の本戒」はほとんど無視されてきたといってよい。

その理由のひとつには、下黒川・正徳本、古戸・天保本や『順達之次第』ではこの祭文は浄土入りの場面ではなく、白山の反閇のあとに読まれている点が考えられる。それもさることながら、これまでの研究がいわゆる「浄土入り」の局面にのみ集中していた傾向も無視できまい。したがってその際に読まれる「橋の拝見」が、浄土入りの中心思想を語る祭文として脚光を浴びてきたのはむしろ当然といえようか。

けれども浄土入りという儀礼の核心は、本当はその向こう、つまり浄土の只中にあったはずである。浄土に見立てられた聖空間で一体何が行なわれたのか。この魅力的な謎と課題に答えきるためには、次第書の記述はあまりにも簡略で、そこでの復元は不可能に近い。だからこそ「神楽大事」にみられるような中世の灌頂作法、また修験の儀礼などを参考とし、何よりも祭文の放つメッセージを受けとめながら、「浄土の行ない」を幻視することが必要となってくる。したがって「浄土の行ない」の一環として読まれた「注連の本戒」は限りなく重要な意味をもつ。

大神楽の浄土入りとはいかなるものだったのか――。その秘密解明の一端は、まさに「注連の本戒」という祭文をどう読み解くかにかかっているのだ。

以下、右の問題意識と方法を踏まえつつ、天正本の順序にしたがって、考察を進めていくことにしたい。

1　「橋の拝見」

ここで一つ注意しておくべきことは、浄土入りをしたのはどんな人々だったのかという点である。『順達之次第』は次のように記している。

(120)扇子笠　○白と赤をまぜたるかつらを渡し金山の加持を三度かけて扇子を笠にかぶる

(121)浄土入のこと　○白いかづらを渡し大峰山上の加持を三度かけてこげ笠をかぶり杖を渡す也

「扇子笠《おうぎがさ》」と「浄土入り」はペアとして扱われているのだ。寛政二年（一七九〇）の上黒川の大神楽記録「神子人数並諸色覚帳」に「扇子笠」は登場しており、伝承からも、「扇子笠」という年齢不問の立願者が「浄土入り」の人々と同様白山に入ったことが窺えるが、これが近世前期にまで遡れるかどうかは疑問である。そもそもこの「扇子笠」という言葉は、『順達之次第』を除いては諸次第書にはまったく見えていない。小林康正や武井正弘も指摘するように、これは年齢階梯とは独立した特殊なもので、「しめ切越《きりごし》」という次第と関係していると思われる(38)。

「しめ切越」は近世後期に作られた次第で（次第書での初出は下黒川の正徳本(41)「しめ切越之事」）、それに参加することで、生まれ子・清まりを果たしていない（もっぱら非神楽組地区からの）立願者が、それらを一時に済ましたものとされ、浄土入りを許された。それが「扇子笠」なのである。すなわち、扇子笠は、しめ切越と同様、非神楽組の人々や病気平癒などの臨時立願を強く望む人々の要望を受け入れるべく、近世後期に新たに作られたものである可能性が強い。

とすれば、「しめ切越＝扇子笠」はあくまで（もっぱら非神楽組地区からの）臨時の立願であり、早川が述べた「人生四度の大願」は誤りであることになる。原・大神楽における年齢階梯儀礼は、臨時の立願者である「扇子笠」を除いた、「生まれ子」「清まり」「浄土入り」の三度でなければならない。実際、安政三年（一八五六）の『覚』という史料には「三度之神楽」と書かれている（小林はこれを生まれ子・清まりが一儀礼で行なわれたことによるとしているが、そうではあるまい。また扇子笠が四度の一なら、神子は人生に二度浄土入りをすることになってしまう）。早川が「四度の大願」と誤ったのは、『順達之次第』(55)「四目切越の事」の注記「人生四度の大願を一度にすます」をそのまま受け取ったためであろう。

さて、浄土入りの装束を整えた立願者たちは、まず「へや入り」をする。この「へや入り」という行事は、天正本では神楽第一日(6)「屋やへ入ル事」と、第二日(47)「屋や入之事」とこの浄土入りの際の、都合三度あり、『順達之次第』(12)「部屋入り」には「御幣を以て五方を拝み部屋へ入る事」と注記されている。ここでは神部屋に入った浄土入りの立願者を前に、禰宜太夫が部屋入りの祭文を読み上げて五方に諸神を勧請し、大神楽の重要尊格・切目《きるめ》（また見目《みるめ》）の王子の唱え言をし、神褒めの殿付《とのづけ》をしたのであろう。

続いて祭文「橋の拝見」が読誦される。『順達之次第』の(122)「橋の拝見」の注記に「御幣を持（ち）との附と分郡《ぶんごおり》を言い其後に橋の拝見をいふ」とあるのは、「部屋入り」の作法に続いて祭文が読まれたことを示しており、天正本の次第に一致する。次に「橋の拝見」の内容を略述しておこう。

娑婆と冥土の境に、広く深い三途川《さんずのかわ》があって、上・下・中の瀬のほかに渡る場所はなかった。

しかし上の瀬には、青・赤・白・黒・黄の鬼が、中の瀬には毒蛇が、下の瀬には烏がとって喰おうと待ち伏せしているため、いっこうに渡ることはできない。

その時亡者（「精霊《しょうりょう》」）は少し上方の瀬に黄金・白金造りの立派な橋があるのを発見した。

ただちに渡ろうとすると、閻魔・帝釈が制止し、以下問答となる。

閻魔・帝釈「おまえは娑婆にいたとき、善根施行《ぜんこんせぎょう》をしたことがあるか」

亡者「わたくしは一切の善行を積んだことはありません。ただ、昔は千石千貫、中頃は百石百貫、当代は十石十貫寄進して、大神楽と申すものを修し、日に千人供養してまいりました」

「では神楽の証拠を示せ」

「十六の花びらを初めとして、九品の浄土の花びらを肌の守りとしこれまでまいりました」

そこで閻魔と帝釈が浄玻璃《じょうはり》の鏡に照らし合わせてみると、亡者の話は真実であることがわかった。

このように「橋の拝見」は、神楽を行った功力《くりき》によって、亡者は三途川を渡ることができたと語る祭文なのだが、注意を惹くのは、花びらを神楽を行なった証拠とするという条りである。

花祭には、大神楽浄土入りの面影を残す儀礼とつとに指摘されてきた「花育て」という次第がある。(39)（三沢山内の花祭のみがほぼ完全な姿を伝えていた。）湯立てが終ると立願者は、立願のために奉納した小湯蓋を被ったり「花の御串」を突いたりして、釜のまわりを「花の浄土でめぐりあう」と歌いつつ回る。確かに浄土への旅立ちを彷彿とさせる儀礼である。ここで用いられる、飾り花をつけた竹製の「花の御串」（本来は立願者が奉納し、太鼓の上の棚に置かれる）は、浄土入りの人々がついた杖と、神楽の証《あかし》の花びらをモチーフとしているのかもしれない。そしてまた、浄土入りを果たした者が、何らかの認証の品を授かった消息をも偲ばせる。

2　枕飯と茶湯

(89)「喰茶とう」とは枕飯に当たるものを食べることで、椀に飯を山盛りにしたのを一本箸で食べたらしい。「茶とう」とあるから、茶湯も飲んだはずだ。修験道で用いた引導作法

花育て（豊根村・三沢山内）　撮影＝柴田庸介

の、霊飯に箸を立てる「霊供《れいく》作法」や、「茶湯次第」も関係しようか。ちなみに現在でも東栄町・小林の花祭では、「花育て」の時に一本箸で粥を食べる。浄土入りの記憶の残存といえよう。

なお『順達之次第』には、(123)「食だい茶湯を持(ち)白山へ行(く)事」とみえる。早川も、浄土入りした者が「定めの席につくと、そこへ膳部が出て、飯と茶が供えられる。これが食だい茶湯である」(『花祭』後篇)としている。一方、辻紋平の聞書によれば、三沢では白山の中ではなく三途川の橋づめで食したという。

> さんずの川の橋の所には、茶碗に飯を山盛りにして、真中に箸を一本立てたのが幾杯となく置いてある(略)。其飯を、一本の箸で、白装束の祈願者に食べさせる。食べ終つた者から、順次、太夫舞人の案内で経文の橋を渡らせる。
>
> (「三河北設楽の村々で行はれた神楽に就いて」)

けれども天正本では「出立の喰茶とう」とあって、浄土入りを前に部屋入りした部屋で行なったのが古態だった。あらかじめ立願者たちは亡者として枕飯と茶湯にあずかり、無明の橋を渡って、白山へと入っていくのである。

それにしても浄土入りの人々はどのようないでたちをしていたのだろうか。次第書からはわからないが、参考までに文政五年(一八二二)の神楽の実体験者おけさの証言(孫・村松清次郎から夏目一平が聞き書きしたもの）を聞いてみよう。

白装束をつけて、六角の金剛杖を持ち「スゲ」の笠をかぶつて（その笠は普通に頂上の藁を切つて用ひるがこの時はそのまゝかぶる）その橋の上を渡つたが経文が一杯敷いてあつた。（これは経文を紙へ書いたもので京都からむかへる。それを幾枚も幾枚もはりつないで一面にはり、それを踏むで進むようになつている）恐ろしくてふるえてころんだりなんぞして歩けぬ者もあつた。

（後藤淑「花祭と雨乞い、日和乞い、大神楽」『芸能復興』九号、一九五六、明善堂書店）

白装束に笠と金剛杖という、死出の旅への出で立ち。それは、本宮浄土を目指した熊野詣の道者たちの姿とも通い合う（本書I―1参照）。

3　鬼の出現

(90)「鬼不残出ス　たい松添也」とあり、ここで鬼が出現する。その際、明暦本の(111)「おにを不残出し　道ニハたいふり人入る」という記述から、舞処から白山までの道中を松明を持つた人に導かれて立願者が渡る光景が浮かぶが、鬼の種類や様態についてはまったくわからない。ただイメージとして重なるのは、「橋の拝見」に登場する、三途川の上の瀬で亡者をとって喰おうと待ち構えている五色の鬼である。（本田安次『霜月神楽之研究』所引、慶長本）

一、上ノセ《瀬》ヲコ《越》サントスレバ、青鬼ト赤鬼ト白鬼ト黒鬼ト黄《キイ》ナル鬼ト五色ノ鬼ガ、大ナルマナコ《眼》ヲミヒラ《見開》キ、トリ《取》フク《服》セント仕ル、コレニテヲモイヨリモ候ズ。

この詞章にもとづくなら、鬼は白山へ渡る人々を妨げるために道の途中に現われるのが似つかわしいのだが、早川が依拠する『順達之次第』や聞書では、一様に鬼は白山の中に登場している。

(123)食だい茶湯を持（ち）白山へ行（く）事
(124)しらやまに絵を掛け　出家を置く事
(125)五色の鬼白山に行（き）梵天を切落す
(126)獅子出で山を割（る）事
（「順達之次第」）

浄土入りのものが、あたかも枕飯の膳についた時刻と言うが、この時当夜出た多くの鬼が、白山の四方の口から鉞《まさかり》を持って飛び入り、浄土入りをしたものの前後左右で舞ったというから、それにあたるらしい。……因みに浄土入りのものは、この時怖ろしさに心も空になって、枕飯が咽喉に通らぬもあり、中には感激と恐怖が一緒になって、嗚咽の声が外まで漏れ聞えたと言う。

（『花祭』後篇）

聞書が放つ迫真力と相まって、浄土入りに関与する鬼の強烈なイメージがここに定着する。だが枕飯の例でも判るように、これが果たして大神楽本来の姿であったかは疑わしい。ついでに辻紋平の聞書も引いてみよう。

橋を渡れた者は、極楽浄土へ行けるといつて、其まゝの姿で白山の中に這入《はい》る。すると其処《そこ》には、悪魔外道《げどう》といふ悪神が住んで居つて、這入つて来たものを、散々にいぢめ、苦しめる。困つて居る処へ、明方になると、山見鬼が大将となり、沢山の鬼がやつて来て、悪神を退治し、苦しめられてゐる者を助ける。かうして、斧で其白山を割り、全部取り払つて、助けた人々を連れて、再び舞土へ帰つて来る。

（「三河北設楽の村々で行はれた神楽に就いて」）

こちらでは、鬼は正義の使者として悪神を退治し、しかも獅子の役目である「白山を割る」所作まで行なっているのだ。さらに、天正本にはその名が見えない「山見鬼《やまみ》」が総大将となって活躍するなど、右の伝聞は浄土入りという儀礼がかなり変容した時期の様相を伝えるものではなかろうか。

天正本（正徳本も）では鬼の次第は第一日にはなく第二日だけで、一回目は禰宜・みこ・おきなが登場する(72)「御能をすべし」という演目のあと、(73)「しし」(74)「おきな出す」に続いて登場する(75)「鬼お出す」）。二回目はここの「浄土入り」の場面である。

ところが明暦本になると、右の二回とは別に「山見鬼」と「榊鬼《さかきおに》」という固有の名称をもった鬼が第一日と第二日の両方に一回ずつ登場している(30)「山み出し」(82)「やまみ出し」、(37)「さかきおに出し」(91)「さかき出し」）。これはどういうことなのだろうか。少なくとも確認できるのは、明暦年間に至る過程で「山見鬼」と「榊鬼」が造型され、彼らをそれぞれ主人公とする演目が新たに加えられたということだ。たとえ原・大神楽の鬼たちの中に「山見鬼」「榊鬼」がすでに存在していたにせよ、独立した次第としては見えていない事実からも、その様態は希薄であったろう。

一方、現存する花祭次第書の中で最古の文禄二年（一五九三）――ただし元禄二年の可能性もある――「花の次第」（下黒川・清川智徳家文書、『豊根村誌』所収）によれば、鬼の次第は、(18)「榊を出す」、(24)「鬼みな出す」の二番しかなく、「榊鬼」の名はあるが、「山見鬼」は見えない。文禄二年の年記が正しいとすれば、天正九年（一五八一）から遠くない十二年後の花祭では、「山見鬼」（少なくとも「山見鬼」という演目）は生まれていなかったことになる。とすれば、明暦二年（一六五六）に至る過程でまず「榊鬼」、次に「山見鬼」の次第が成立・定着していったと考えられよう。周知のように、花祭での鬼の活躍はめざましいものがあり、花祭最大の魅力のひとつとなっている。例年祭としての花祭の開催が逆に大神楽に与えた影響も無視できまい。こうした鬼の存在と演目がクローズ・アップされていく中で、やがて白山の浄土に積極的に鬼が関与するようになったとも考えられる。いずれにせよ、本稿[40]が依拠する天正本では鬼と白山の関わりは見えていないので、この問題はひとまず措くこととし、(B)「浄土の行ない」へと稿を進めていくことにしたい。

4　浄土での行ない――「注連の本戒」を読む

ここでもう一度、天正本の次第を確認しておこう。

(91)じやうどの行《おこない》
(92)七五三《しめ》の本かい読（む）
(93)じやうどに本尊おかけるべし
(94)出家いんどうする事
(95)打敷のぬの壱反

これらの条目は、必ずしも時間的順序に従うものとは限るまい。先の「神楽大事」と同様に、ひっくるめて「浄土の行ない」とみることもできよう。それにしても、次第書はあまりにも簡略で、ここから「浄土の行ない」の姿を再現することは不可能に近い。けれども謎を明かす有力な手がかりのひとつは、予告しておいたように「注連《しめ》の本戒」という祭文の世界に封印されているはずだ。

なお先にもふれたように、「注連の本戒」は、三沢山内を除いては「浄土入り」に先立って(白山の反閇・土公神祭のあと)読まれたせいもあり、祭文と浄土入りとの関係について言及されたことはなかった。

七九　四目の本戒を読む事　これは「しめのほかい」の祭文を誦むことで、山立てに引き続いた「しめおろし」に関連せる次第かと思う。祭文は長文のもので、注連の由来を述べたものである。

(『花祭』後篇)

山立、見目のあそび、こでいのあそび、よなふね等は延年振であり、七五三の本戒、若子の注連・子種招、糸機のこと等は、一種のほかひであり古風な語りであり、且つ今の猿楽能の一つ前の一様式を遺したものであつたと思はれる。

(本田安次『霜月神楽の研究』)

このように両者とも、「注連の本戒」を「注連の寿《ほか》ひ」つまり祝言《しゅうげん》とみるわけで、浄土入りとの関連の指摘はない。しかし、やがて明らかになっていくように、本祭文には浄土入りを支えた信仰と教説とがモザイクのように嵌《は》め込まれているのだ。何よりも詞章が語りかける内容に耳を傾け、そこから浄土入りの宗教思想を再構築していく必要があろう。

1　儀礼としての「注連」

ここで、「注連の本戒」の読解に入る前に、もうひとつおさえておくべき問題がある。それは大神楽における「注連」の位相である。

そもそも大神楽は「志めをろし」から始まっており、「惣志めを張（る）」などの次第も散見されるが、「注連」がもっともラディカルな形で登場するのは「生まれ清まり」の儀礼であった。結論を先取りするなら、「注連」の作法と象徴性に踏み込むことなしに「生まれ清まり」という儀礼の本質はとらえきれないのだ。

奥三河の大神楽はその特色として「生まれ子」「清まり」「浄土入り」という儀礼次第をもっていたわけだが、早川以来、第一日は「生まれ清まり」、第二日は「浄土入り」が中心行事とみなされている。このうち「生まれ子」の誕生式と「清まり」の成年式＝「生まれ清まり」は、慶長本「神楽事」によって、山立て・山尋ね・山の売買《うりかい》・中人《なこうど》の事・つはりものの事・産湯《うぶゆ》引《ひき》・産注連《うぶしめ》・服忌令《ぶっきりょう》を開く・庭注連の事・井戸注連の事・滝注連の事・神（頭《こう》）鬘《かずら》渡しの事・牛王渡しの事などから成る一連の演劇的行事であることがわかる。けれども慶長本「神楽事」は「生まれ清まり」と「浄土入り」に用いられた詞章や祭文のアンソロジーといえるもので、必ずしも式次第の順序に従うものではない。そのため「生まれ清まり」の場合、どの詞章が「生まれ子」で、どれが「清まり」の式に当たるのか判然としないのだ。

そこでまず天正本によって「生まれ清まり」の次第を確認してみると、妙なことに気づく。二日目にもやはり「山立て」―「へんばひ」という一連の儀礼があるが、ただし「御なこう人」や「つはり物」「生まれ子」の儀礼はなく「牛王渡し」が固有の次第として認められることである。これは三沢型の次第書すべてに共通している（〔　〕内は他の次第書から補ったもの）。

▼第一日
(29)山お立て
(30)山おまつるべし
(31)山おたづね
(32)山お売買事
(33)御なこう人の事
(34)津はり物
(35)生子
〔生子にうぶゆひく〕
〔生子のうぶちあらちのしめ〕
(36)滝おり

▼第二日
(77)山お立て
(78)山を祭ル
(79)山おた津ね
(80)山お売買
(81)へんばひふむ

(37)滝しめのこと　　(82)いとしめお開き
(38)にわ志め事
(39)ぶつきりやうひらくべし
(40)若子のしめ　　(83)若子のしめ
※〔こうかづら渡し〕　　(84)しきのごおうわたし
(41)へんばい

この問題はひとまず措いて、今は「生まれ・清まり」の式と「注連」の関わりを凝視することにしよう（以下、詞章は慶長本「神楽事」に拠る）。

第一日の儀礼では一連の山立て次第を経て、「津はり物」で「ザンブリトウマレサセタモウ」「神ノコ」は、「産湯引き」で産湯につかる。女の子ならば鏡を見せよ、男の子ならば「髪ソロイ」をせよと詞章にあるから、男女を見定める作法もあったらしい(41)。

次が「生まれ子」の次第における最初の「注連」＝「産注連の事」である。それは出産で「汚シ申タ　ヲントクヨウ（御毒生）」を祓う作法であった。

次ニウブジメ《（産注連）》ノコト
一、トコロ当所姓《うじ》大神御前ニワ　ウブチ《（産血）》アラチ《（新血）》ヲハシラ《（走）》カイテ　ケガシ《（汚）》申タ　ヲントク《（御毒》
ヨウ《生）》ニワ　カノヲンシタメ《（御注連）》ヲヒライ《（開）》テマイラ《（参）》セ候ケレバ

一、伊勢同　富士同　熊野同　秋葉同　右四ケ所　当所通り

明暦本には、文字通り「生子のうぶち（産血）あらち（新血）のしめ」とある。右の唱え言と所作によって、当所の氏神と、「山尋ねの事」で尋ねた伊勢・富士・熊野・秋葉の山の神が浴びた産血の穢れが清められるわけだ。続く「滝しめ」「にわ志め事」も、同じ作法で在所の滝と祭りの庭（舞処）に「注連」が開かれる。

続く「ぶつきりやう（服忌令）ひらくべし」では、猿・猪・鳥・魚を喰らった「御毒生」の穢れを除くために唱え言によって「注連」を「開く」。「生子の服忌を解くための呪詞」（早川）とみてよいだろう。

次に「神鬘渡し」は「カンキチ《（神父）》ノ　シタイ《（額）》ニアテ《（当）》シカウカヅラ《（神鬘）》　トウ《（当）》ノワカゴ《（若子）》ニカケテ《（懸）》ユツル《（譲）》」という神歌から窺えるように「神の子」として誕生した証《あかし》として神鬘を生まれ子に授与する式といえよう。同種の詞章・神歌は諏訪神楽を始めとする各地の「生まれ清まり」の儀礼に見えている。なお三沢では、次第の項目としては特筆されていないが、慶長本に上記の神歌が記されていることから、ここで「神鬘渡し」が行なわれたと見てよい。

さて「生まれ子」の次第の最後を飾るのが「若子の注連」であった。既述のごとく、この祭文は花の若子の由来を語るものなのだが、ここでようやくそれが「若子の注連」と題されていたことの深い意味を思い知るのだ。「はちすの花の八ツのしめ口」が「開いて」花の若子が誕生したという詞章は単なる表現の綾《あや》に止まるものではなかった。すでに明らかなよう

に、「注連を開く」ことは、触穢を祓い、服忌を解くという意義に加えて、神の子としての聖性を付与されることにほかならなかったのだから。

とすれば「若子の注連」を読誦する作法そのものが、生まれ子のための「注連」ということができよう。その浄祓力によって生まれ子は、花の若子としての認証と祝福を賜わるのである。

このようにみてくると、忌と解除《はらえ》＝清まりの儀礼をくぐり（「産注連」・「服忌令を開く」）、神の子の標《しるし》を授けられた（「神鬘渡し」）生まれ子は、最後に祭文「若子の注連」の功力によって「花の若子」という聖なる出自を獲得したことになろうか。いうなれば「産注連」から「若子の注連」までの一連の次第は、生まれ子にとっての「御注連を開く」という浄化と聖別の儀式にほかならない。

以上、第一日の生まれ子の儀礼を考察してみたわけだが、では第二日に行なわれる類似の儀礼は何であろうか。まず「井戸注連」（「いとしめお開き」）は第一日の「滝注連」「庭注連」の類といえるし、また「若子の注連」が繰り返されているのは、この祭文が、神子に入った者にとって根本的な祭文であるからと理解できる。問題は第一日にはない「牛王《ごおう》渡し」である。

　次ニゴワタシノコト

一、南無謹明帳《（帰命頂礼）》ライ三下《（懺悔）》三下六根シヤウジヤウ《（清浄）》ト　御七五三八大金剛童子、神道加持　三ポイントは、「……お注連に八大金剛童子……」という唱文と「牛王」の授与にある。

ふつう「牛王」といえば牛王宝印が思い浮かぼうか。寺社の修正会《しゆしようえ》や、各地の「おこない」で用いられる牛王宝印は、満行の証やお護りとして額に押す場合と、紙に押して護符のお札として信徒に配る場合があった。烏牛王で知られる熊野の牛王は熊野詣を果たした道者に、梛《なぎ》の葉と共に与えられたのは本書Iで述べた通りである。

このように、寺社が発行した牛王札（御神符）は攘災除疫の護符として家や身のお守り、苗代の守りとされたほか、誓約の呪符として起請文に用いられた。では大神楽の「清まり式」で授与された牛王とはいかなる物で、いかなる用途を与えられていたのか。それは「……お注連に八大金剛童子……」の唱文と関連づけることで初めて捉えることができる。

「南無帰命頂礼懺悔《さんげ》懺悔懺悔　六根清浄　お注連に八大金剛童子」と唱えて加持し、罪穢を懺悔して六根を清浄にすれば、注連に宿った八大金剛童子が守ってくれるというこの唱え言は、実は修験者が登山の際に用いるものであった。榊原家・守屋家に伝わる富士登山の祝詞にも見えている(42)。大峯や出羽三山では、紙縒《こより》を十本ほど束ねて、金剛童子をあらわす結び目を八つ作り輪にし、首に掛けて山に入ったという(43)。

「お注連に八大金剛童子」の唱文と、牛王の授与と生まれ清まりの式。この連関を考える上できわめて示唆に富むのは、湯殿山の表口・山形県東田川郡朝日村大網（現・鶴岡市）で古くから行なわれている修験道儀礼の色濃いしきたりである。(44) それは「護身法加行《ごしんぽうけぎょう》」と呼ばれるもので、ウシ年とヒツジ年の正月に、村中の少年たち（小学生から中学生くらい）が行なうことになっていた。

受者の少年たちは白木綿の着物・白木綿の帯・宝冠（長頭巾《ときん》に当たる）という、八大金剛童子の姿を象った行装で、八日間、朝・昼・夕都合二十一座の行を勤める。

毎座の行は、湯殿山大権現と大日如来の讃嘆文を唱えながら五体投地の礼を行ない、「ナム、帰命頂礼、サンギ、サンゲ、六案罪障、オシメに八大金剛童子の一時に礼拝」を始めとする「オノット」（拝詞）を三遍ずつ唱和してから、仏神の宝号を唱えて五体投地をし、その後般若心経や真言・ダラニの読誦をするといった内容のものであった。こうして八日間の行を終えると受者は執事から九字護身法の秘伝を相伝され、その内容を示した「切紙」のおまもりを授けられて満行となる。

羽黒山・秋の峯入りでは、二の宿最後の夜に新客に九字護身法が相伝されているが、湯殿山の場合では受者が少年に限られている点が見逃せない。つまりこの加行は、明らかに「子供達の成人式として行なわれている」(45) のである。

八大金剛童子を象る白装束で「お注連に八大金剛童子……」の拝詞を唱え、満行の証《あかし》として「切紙」を授与される地域の少年たちの儀礼。大神楽二日目の「牛王渡し」との照応は決定的だろう。

「……お注連に八大金剛童子……」の懺悔文を唱えて加持し、「牛王」を授与するという大神楽の「牛王渡し」とは、十三歳の清まり子のための成年戒・入信式であったのだ。とすれば大神楽第一日の生まれ子の行事に「牛王渡し」がなく、第二日のみにあることが首肯できる。つまり第一日は模擬出産と服忌を解くのをモチーフとする「生まれ子」の儀礼、第二日は修験道儀礼にのっとった「清まり子」の入信儀礼として別々に行なわれたからである。

ではこの時に授与された「牛王」とは寺社が発行するいわゆる牛王の御神符のようなものか、それとも先に見た山伏の用いる紙縒袈裟のようなものであったか。注目したいのは、諏訪神楽歌を集めた『諸神勧請段』の中に文字通り「注連午王」と題する一連の歌が見えることである[46]。

シメ《(注連)》ノゴヲウ《(牛王)》ワアラトオト《(尊)》ヲヨル《(夜)》ワ三シク《(宿)》ヒル《(昼)》ワシメナワ《(注連縄)》ニコシ《(腰)》ヲカケ《(掛)》申すワレラ《(我等)》モア
ラトヲ
ヲシメ《(御注連)》ノゴヲウ《(牛王)》ノアソ《(遊)》ヒスルマ《(間)》ニヨ《(夜)》カフ《(更)》ケル
モ々ムキヨツト《(勤)》メテコソワアソ《(遊)》ヒスルマデ
注連午王《(ママ)》シやう《(請)》シウレシ《(嬉)》トヲホ《(思)》スラム
ヲホ《(思)》スランユキタタイマ《(只今)》ノ花ノキヨ《(清)》メヨ

また山内・花祭の「花育て」では、大花を持つ二人は頭に神蔓を被り、首に輪袈裟状の紙の「懸け帯」を懸けるしきたりだが、あるいはこの懸け帯は大神楽の「牛王」の名残りではなかろうか。

右の二つの事例は、「牛王渡し」の「牛王」が「注連の牛王」というべき紙縒袈裟であったことを強く暗示している。いずれにせよ「牛王」とは、成年戒を受けた認証であり、護身の注連としての役割を帯びるものであったことは動くまい。

ところが早川が依拠した『順達之次第』では、「牛王渡し」は一日目にあり、しかもかなり形の崩れた儀礼となっている。

(52)かうかづら渡し　○生子には赤きかづら。清りには青き可づら

(53)しきの牛王渡し　○みしでの御幣を持たせ産神の加持三度かける。きよまりには薬師観音のたからを持たせて亦産神の加持三度かける

この式次第と注記によれば、「かうかづら渡し」と「牛王渡し」はともに神楽第一日に、しかも生まれ子と清まり子の双方に行なわれているのだ。初期の大神楽からの変貌と言わざるをえない。

なお早川は、「牛王渡し」に関して「『こうかづら』を被った『うまれこ』『うまれきよまり』の者は、それぞれの幣を渡される。これがすなわち牛王の意であったものか、あるいは牛王は別にあったか」と述べている。注記の「薬師観音のたから」を「幣」とみなしているわけだが、これは明らかに誤解である。

御幣を「おたから」と呼ぶ例は多いが、一方牛王も「おたから」と称される場合があった。ただし生まれ子の「みしでの御幣」に対して、清まりが「薬師観音のたから」を持つのは、次第の乱れがあるとはいえ、かつての牛王渡しの痕跡をとどめるものと認めることができよう。

問題は「産神の加持」である。「産神」は在地の神「うぶすな（神）」のことで「生土」とも表記される。ここで「牛王」はその「うぶすな」とみなされているらしい。

そもそも「牛王」という名称の由来は定かではなく、仏典説や牛黄《ごおう》説、牛頭天王説などがあるが、近世の国学者らは、「牛王」の二字を「牛」・「一」・「土」に分解し、「牛王」は「生土」に由来するとして大陸出処説をしりぞけようとした。[47]「順達之次第」の「産神」には、こうした近世流の牛王＝生土付会説の影がちらつくが、「おたから」（牛王）をあくまで「幣」と区別しているのは、かつての「牛王」の伝承が働いているからだろう。

かくて大神楽の、これまで一つとみなされていた「生まれ・清まり」の式は別々に行なうのが原型であること、第二日の「しきの牛王渡し」に象徴される一連の行事は、清まり子の成年戒であることが明らかになった。注連の牛王は、あくまでも清まり子に固有な認証の標《しるし》なのである。この点が明確になると、神子入りと成人式（願果たし）を一度に行なっている場合でも、両者の意義の違いをおさえることが可能になる。

大井川流域（静岡県榛原《はいばら》郡）の田代神楽・梅津（犬間・梅地）神楽には、最近まで神子入りの儀礼があった。[48]病弱な子供が神子になる願掛けをし、願がかなうと次の神楽で願果たしをするもので、その神子の式は、出産―産湯―着衣―御笠山降ろし―御笠山昇る―神返し、という構成をとる。今、梅地に伝わる、嘉永二年（一八四九）「神子之ウタイ掛」[49]によって、問題となる神子式の個所を取り出してみよう（ただし、この史料は三沢の慶長本「神楽事」と同様に詞章と神歌だけを記す）。

「ちゝぶなる、ちゝぶの竹」を父に、「大沢の山」なる母がはらんだ神の子は、「天ひら」き「神口ひら」いて「さらりさツと」生まれると、まず「産湯」につかる。その後、「こうかずら」「石の帯」などを付ける「着衣」の儀のあと、「五方の舞」を舞う。

東方に荒父とあら母とゆの平と、ゆたぶさと、なるすヅをてにとりて一万三千をしめのごをうゐをがむには何連《いずれ》の神も善うまします

東方にさんげ〳〵六こんさんじょけんねん。むりやうのつみとがをさんげ、壱万三千のをしめのごをうへをがむには何連の神も善うけまします

このように大井川流域の神楽における神子式にも「注連の牛王」が登場していた[50]。湯たぶさと鈴を手にした少年たちの舞。それは一万三千の御注連の牛王に対して願がかなった報謝であると共に、あらためてその加護を仰ぐ舞といえよう。けれども神子になる式と願果たしの式が一緒に行なわれるため、成年戒としての側面は希薄になっており、注連の牛王の役割も明確ではない。

ここで目を伊勢に転じてみると――、伊勢皇大神宮（内宮）の別宮・伊雑宮《いぞうのみや》には、かつて、神子入りの式をもつ神楽が存在していた。

旧伊雑宮神楽役・大形家に伝来の二本の神楽歌本と「御註連伐之大事」によれば、伊雑宮神楽では、前日にきわめて重要な「注連切り」（後述）、当日に、神子入りの式が行なわれるが[51]、その神子入りは、生まれ子式に当たる「若子の大事」、清まり式に当たる「山の大事」としてまったく別々に演じられる。

模擬出産の式である「若子の大事」の詞章を見ると、田代神楽・梅津神楽ときわめて似通っており、大井川流域と伊勢志摩地方との神子入りをめぐる交流を窺わせ興味を惹くが、それは他日の課題とし、今は「山の大事」に焦点を絞ってみよう。

「むさしんなる　ちゝぶ乃山を父として　近江なる大いそのもりを母として」生まれた若子が山に入るのが「山の大事」すなわち「山入り」であった。この時「神親、神ヲロシヲ勤ルナリ」とあるごとく、次の「神降ろし」の文言を唱えながら、神親は山の三方より鈴を振って祈禱した。

謹テ申ス日本六十大小ノ神祇八百万ノ神等ヲリサセタマイト申言別テ熊野三所中ニモ那智ノ御山ノシヤクノツカヲリカケヲシカケ祈ルナル神明之本　金剛童子〱
東方ゴザンぜ明王南方グンダリヤシヤ明王西方大トク明王北方金剛ヤシヤ明王中央大小不動明王謹テカンナギ敬テ申ス
（「御註連伐之大事」）

花祭・三ツ舞（月）　撮影＝柴田庸介
大神楽のイニシエーション儀礼は花祭にも受け継がれた。少年の舞う三ツ舞は、つつがなく元服を迎えられたことを感謝する願果たしの舞であり、また祭りの集団への加入を意味する舞である。

唱文の内容をみると、とりわけ熊野三所——中でも那智——が尊ばれており、また「神明《しめ》之《の》本《もと》金剛童子」という唱詞が、「お注連に八大金剛童子……」に酷似していることに気づかされる。大神楽二日目の清まり式と「山の大事」＝「山入り」との照応は決定的であろう。「此山江　たが入そめし此山江　てんぢくのしやくの子ミ子が入やそめける」（第一本「山の大事　山入」）という神歌も端的に象徴するように、「山の大事」とはまさしく成人を迎えた神子たちの入信式＝山入りなのだった。

とすれば「山入り」した神子たちにも、「注連の牛王」に当たる認証の印が与えられたはずである。「那智ノ御山ノシヤクノツカヲリカケヲシカケ祈ル」という箇所、また「なちのおん山の　しやくのつか折かけをし　かけいのるなり神こんごんかえち」（第一本）の神歌がそれを暗示していないだろうか。「しやく」とは「しやく（釈）の子ミ子」の「しやく」であろうか。あるいは「錫杖」の意なのか詳細は不明だが、ここで「山入り」を象徴する「折かけ」の作法が行なわれたと見たい。

また「火の法をむすび　湯の法をむすび　ミずの法をむすび　御神ふばう入参らする」（同右）の歌は、「火の法」「湯の法」「水の法」など修験の呪法の切紙伝授を想像させ、まさに「山入の大事」が峯入りにアナロジャイズされた少年たちの加行《けぎよう》であることを偲ばせる。

あらためて大神楽の生まれ子と清まりの式をみつめ直してみると、前者は「産注連を開く」という産穢の浄化、後者は「御注連＝八大金剛童子の加護」というように、両者とも注連＝清まりを主要なモチーフとする式であることが明瞭となる。

いうなれば、産湯引き・服忌令・神鬘渡し・若子の注連・井戸注連・牛王渡しなどの一連の式は、すべて「注連」の作法であったということができよう。「生まれ子・清まり」の儀礼とは、「注連を開く」という解穢《はらえ》と浄化、認証と加護を獲得する複合的なイニシエーションであったのだ。

ここで想起されるのは先にふれた「しめ切越」という次第である。これは生まれ子式・清まり式を経ていない臨時の立願者・扇子笠が浄土入りをするための儀礼で、江戸中期以降に案出されて新たに大神楽に組み込まれたと思われる。その儀礼内容は不明だが、立願を一度に果たす式が「注連切越」という名称をもつのは見逃せない。また(41)「しめ切越之事」の初めて見える正徳二年の下黒川次第書が、「四目神楽次第」と題されているのも何やら意味ありげだ。

それにしても、三度の立願を一度で済ます儀礼をなぜ「しめ切越」と言ったのだろうか。そもそも「注連」を「切り」「越す」とはいかなる作法だったのか。

「注連切り」という言葉からすぐさま思い起こされるのは諏訪神楽である。たとえば『神楽註』（伝・嘉禎三年〔一二三七〕）によると、諏訪神楽は「注連切舞台次第」と「花神楽次第」の二段構成で、「生まれ清まり」に当たる式は「注連切舞台」に属している。そこでは竹を立てて五方に山立てをした舞台で神子に「智恵渡し」が行なわれたほか、「注連切五度」「竹コス三度」などの所作があったが、実際の作法の様子はほとんどつかめない。

この時、再び伊雑宮の神楽がたぐり寄せられてくる。なぜなら先にもふれておいたように、伊雑宮では当日の「若子の大事」「山入の大事」「内入の大事」などに先立って、前日に何度も「註連伐之式」が行なわれているからだ。また神楽次第が、文字通り「御註連伐之大事」や「御神明軒（斬）之次第」と題されているのも暗示的である。

では伊雑宮神楽における「注連切」とはどのような行事なのか。

二　宮註連伐

御宮へすゝみ列座シて神明串を立しめをかけ御神酒御供ヲ献シ御神酒頂戴シテ
神親カイ祓ヲ唱へ夫より小拍子ニて神明串三ベン回リ神親唱アリ
○あふぞらにミくちひらくハ誰とかや大和子安がミくちひらく
おゝぞらにミくちひらくハたれとかや大和子安がミくちひらく
△コノシメキル小刀ハタレヤノヒトガウチソメシシヤクノ小ミコガウチヤソメケル
△コノシメヲタガキリソメシコノシメヲ天竺ノシヤクノ小ミコガキリヤヤソメル
△ヒキチガヘノシメキリテキルヒトサカヘルウトウワレサカヱル
右之通ニ唱へて小刀ヲ三ベンくゞらしてしめ縄ヲ切ル也
○しめ切リておんなるものハ神の子の天地の神の地へうくる
神明切リて恩なるものハ神の子の天地の神の地へうくる
しめ切リて〳〵しめ串引人ハ〳〵問はやかれ〳〵ト云てしめ串ニ手をかけて回ル也夫

より神親しめ串ヲぬき手に持しめ切リて〳〵しめ串こす人ハ問はやかれ〳〵又持替て
右之通リ也其次ニ神親しめ串ニて神の子の背なで唱ヘアリ
○神明切リてミるもの榊でなでられて神さかへして千代の世をへる
しめ切リてミるもの榊でなでられて神さかへして千代の世をへる

上記の内容から「註連伐」とは、しめ串を立て注連縄を引いたあと、小刀で注連縄を切る、次にそのしめ串を抜き、そのしめ串で神の子の背中を撫でる、という儀礼とみなせよう。

まず前段の「注連切り」によって「天の御口」が「開かれる」。諏訪神楽では「注連切五度」の「テ《天》ヒラク地ヒラク四方ヒラク……」が対応しよう。そして開かれた天（と地）の「御口」から神の子は「天地の神の智恵」を受けることになる（「神明切りて恩なるものハ神の子の地へうくる」）。そして最後に「榊」（＝しめ串）で神の子の背中を撫でることで神の子が祝福される。

つまり、伊雑宮神楽における「注連切」とは、注連を張って聖空間を画定し、それを「切り」「開く」ことで天地の智恵を受けて神の子になるという、一種の加入儀礼の役割を果たしているのだ。こうしたイニシエーションとしての「注連」が、大神楽の「しめ切越」にも反映していると見たい。

以上のような神楽における「注連」の諸相の考察を踏まえるならば、「注連の本戒」という祭文の重要性はおのずと窺い知られよう。しかもそれが白山の中で読誦された「浄土入り」の祭文であるからには、右に見た大神楽の本義をあらわす「注連」の儀とは趣きを異《こと》にする「注連」の秘密が語られているだろうことも。

2 「注連の本戒」

「注連の本戒」は、内容から次の七つのパートに分けることができよう。以下、仮題を付けた各パートごとに、詞章の内部世界へと踏み込んでいくことにする。（本祭文の詞章はテキストによっていくつかの異同があるが、今は慶長本「神楽事」所収のものに従う。）

Ⅰ　天神七代地神五代御神名帳の事
Ⅱ　注連切り
Ⅲ　注連の由来と九品の浄土
Ⅳ　釈迦の浄土への旅
Ⅴ　阿弥陀の浄土への旅
Ⅵ　浄土での行ない
Ⅶ　諸神への敬白《けいびゃく》

Ⅰ　天神七代地神五代御神名帳の事

一、抑天神七代ノ神、御名清事、第一国常立尊、第二国狭槌尊、第三豊斟淳尊、第四泥煮尊、埿土煮尊、第五大戸道尊、大苫辺尊、第六面足尊、惶根尊、第七伊奘諾尊、伊奘冊尊、地神五代神名請、天照皇大神、第二正哉吾勝勝速天忍穂耳尊、第三天津日古火瓊々杵尊、第四日古火火出見尊、第五日古波瀲鸕鷀艸葺不合尊、月読尊、蛭子尊、素戔嗚尊、合十二代ノ御神奉請敬白勧請白弁四目之本戒事謹敬白

すでに述べた『御神楽日記』(a)「七五三切大事」が対応しよう。注連を切るに際し、最初に天神七代地神五代の神が祈念され、勧請されるのである。それは「神の道が開く」ことの象徴でもあった。神楽第二日の「おりいの遊」という行事の詞章にも「注連よ七五三。請じ《（精進）》のお七五三わいく《（幾重）》ゑひく。神道地道諸道みち七ツ」と見える。

Ⅱ　注連切り

(イ)抑神道三開玉ヱテ始四目切時者、一度切玉手ヲアラ《（洗）》ガコトク也、二度切時、六根五体ヲススグが如也、三度四目也テハ神之位ヲヱテ神座ツキ玉也、

(ロ)滝ニテ切時ハ滝四目申也、宮ニテ切時ハ宮四目ト申也、竈《かまど》御前ニテ切時、竈四目ト申也、ニワ《（庭）》ニテ切時ハニワ四目ト申也、

(ハ)竹サカキヲ十六本立、(十)六根御身四目切時ハ下品下生ト切開マイラスル四目也、二十六本立テ二十六根御身四目切時、下品中生ト切開マイラスル也、三十六本立三十六根御身四目切時、下品上生ト切開マイラスル也、四十六本立テ四十六根之御身四目ヲ切時、中品下生ト切開マイラスル也、五十六本立テ五十六根之御身四目ヲ切時、中品中生ト切開マイラスル也、六十六本立テ六十六根ノ御身四目切時、中品上生ト切開マイラスル也、七十六本立テ七十六根御身四目切時、上品下生ト切開マイラスル也、八十六本立テハ八葉ノ御身四目切時、上品中生ト切開マイラスル也、九十六本立テ者九葉ノ御四目ト中也、百舞台之御身四目ト中、九品之浄土之御身四目ト中テ者切時、上品上生切開マイラスル也。

実際に注連を切る時の念誦作法といえよう。このパートはさらに三つの部分に分けることができる。

(イ)では注連切りの宗教的意義が示される。一度切るのは「手ヲ洗ガコトク」、二度切る時は「六根五体ヲススグガ如」く、三度切る時は「神之位ヲヱテ神座ツキ玉(フ)也」と語られている。つまり注連を切る行為は、祭りを担う神人の自清浄をかなえるもので、度数が増えることによって浄祓力が高まり、人はいっそう神の位階へと近づくのである。ここで注連切りによる浄化―滅罪が、浄土入りというドラマの伏線として張られていることに気づかねばならない。

次の(ロ)では、滝注連・宮注連・釜注連・庭注連など、場所ごとの注連の種類を列挙したあと、(ハ)で、注連を切る行為そのものが浄土を顕現させるという象徴的意義が語られる。『観無量寿経』では、阿弥陀の浄土へ往生するに際し、その者の行業の優劣により下品下生から上品上生までの九等の階梯を立てた。竹と榊を十六本立て「十六根御身四目《おみしめ》」と唱えて注連を切るのは「下品下生」の位階が「切り開かれる」という意であろう。以下、竹と榊が十本ずつ増えるごとに、下品中生、下品上生……と位階が上昇し、最後には「上品上生」の最高位へと至る。竹や榊の数を増やす（と念ずる）ことで、いっそう厳重な注連を切ることとなり、より高次の浄土へと至る資格を順次に獲得していく。いうなれば注連切りとは、九品の位階を「切り開く」ものとなっているのだ。この時「切る」と「開く」という二つの言葉は、注連（切）の宗教思想の核心に触れてくる。

　右の点を掘り下げるために、諏訪神楽に目を注いでみよう。茅野家文書『神楽註』「注連切　五度」の項に次の注記が見える。

テ《（天）》ヒラク地ヒラク四方ヒラク八ツヒラク。ナニキル。しめキル。コン《（レ）》ヲコシメ《（召）》セ、ホン《（梵）》テン《（天）》タイシャク《（帝釈）》。キモン《（鬼門）》ノ方ニテキルトキ《（時）》ワ、シャケ《（邪気）》ヲンリセウ《（怨霊）》ノタタリ《（祟）》アルトモ神方ニテ人ン《（ズ）》トキイ《（リテ）》ヲハナシ候。

注連を「切る」作法。それは、直接的には清浄の結界を創出することによって、外道《げどう》や邪魔の侵入を防ぐ。つまり「切る」とは、浄《じょう》と穢《え》、聖と俗を分かつ空間の画定行為なのだ。一方、注連を切り「開く」ことによって、天・地・四方・八方などの空間・方位が現出する。内部からあらたな時空が開かれると、その新次元は祭場——すなわち世界の中心となる。先にみた「七五三切大事」で日本神話の原初の神々が降臨するかのごとく念誦するのも、注連切という作法が、一種の創世記《ジェネシス》を湛《たた》えているからにほかなるまい。

かくして「注連の本戒」という祭文に託された「注連」の重層的な宗教義に思い至るのだ。

第一は、注連を切ることにより神人が浄化されるという清浄義。第二には、注連を切り開く度数に応じて浄土へと至る九等の階梯に達するという九品の往生義。そして第三には、注連切りが浄土そのものを開顕するという九品の浄土義（これは後にふれる、木曾御嶽の祭文「嶽由来記」の「ジャウドノシメキルヒト……」のモチーフとも共通しよう）。「注連切り」とは、それ自体がひとつの「浄土入り」ともいうべき象徴作用を孕んでいることに驚かされる。生まれ子↓清まり↓浄土入りという神子入りの大願を一度（扇子笠）で果たす儀礼が「注連切越」と名づけられたのは、決して偶然ではなかったのである。

Ⅲ　注連の由来と九品の浄土

(イ)凡此御身四目ト申和、釈尊御父ノ上品大王之[六]御為十二、御母摩耶夫人之御タメニ十二度、(〔御身ノ為ニ〕ト脱カ)十二度、合三十三度切玉也、一百三十地獄之苦患ノガレンガ為切初給ヨリ比カタ切奉所也、日本之衆生者十二度身四目切開ガタメ依テ九度ノ御身四目切テ九品之浄土トアテス切開マイラスル。

(ロ)ソレ九品浄土ト申ハ上品上生、中生、上品下生、中品上生、中生、中品下生、下品、即チ九品浄土トワ申也。下品下生ト申者カグラノ事、中品中生ト申者、光元ノ事、上品上生ト申者山元《サン》滅罪《メツザイ》ノ事也。故《カルガユヱ》仁熊野仁手本宮《グウ》（神）楽《カグラ》新宮クワケン、那智仙（法）サレ波《バ》是仁ヲイテ都《ミヤコ》ヱマイル御身四目ト申也。

浄土へ往生するための、九品の階梯に相応した九品の浄土が語られるこのパートは、前半と後半の二つに分けることができる。

前半(イ)では、釈尊の父・浄飯《じょうぼん》大王のために十二度、母・摩耶夫人《まやぶにん》のために十二度、御身のために十二度と、注連切りの由来が天竺に求められ、それは百三十六地獄の苦患《くげん》を逃れるためと説く。ここに釈迦が登場してくるのは、次のパート＝釈迦浄土への旅の伏線だろうが、同時にそこには河原巻物《かわらまきもの》「長吏由来記《ちょうりゆらいき》」などと共通する、聖なる物の天竺出自というモチーフが窺える。

また、日本の衆生は十二度の注連を切るのが困難なので、九度の注連を切り、九品の浄土を切り開くというのは、日本を粟散国《ぞくさんこく》とみる思惟に立って「九度」を「九品」という級数に付会させたのだろう。

後半(ロ)は、上品上生から下品下生までの九品の浄土を列挙したあと、「下品下生」は「カグラ」、「中品中生」は「光元」、「上品上生」は「山元滅罪」とするなど、音写による訛伝が目に付くが、榊原家蔵の別のテクストには次のようにある（『豊根村誌』所収）。

下品下生申者神楽之事、中品中生申者管弦之事、上品上生懺悔滅罪之事也。故熊野而本宮神楽新宮管弦那智懺法也。是法性真如都至御身七五三中也。

「下品下生」は「神楽」、「中品中生」は「管弦」、「上品上生」は「懺悔滅罪」を表わし、それぞれ熊野の「本宮神楽」「新宮管弦」「那智懺法《せんぼう》」に対応するという。つまり神楽と懺法という儀礼行為はそれ自体が九品の位階を象徴しているのだ。熊野信仰がダイレクトに露出した箇所といえよう。

熊野詣は、熊野九十九王子と呼ばれた王子王子を辿《たど》り、本宮・新宮・那智の三山を巡拝するもので、本宮参着を究極の目的とする。道者《どうしゃ》たちは、阿弥陀の浄土と観ぜられた、上品上生の本宮証誠殿《しょうじょうでん》に詣でたあと、新宮から那智へと巡拝すると、ふたたび本宮に戻り、下向の途につくのがならわしであった。祭文の詞章が「本宮神楽」ではなく「那智懺法」を「上品上生」としたのは、「下品」「中品」「上品」を本宮―新宮―那智という三山巡拝コースに配したためだろうが、「注連の本戒」という祭文の宗教的性格も無視できまい。なぜなら「懺法」とは、法華経の功徳により罪障を消滅する、滅罪のための作法だからである。ちなみに百番を越す大神楽の次第は、「せんぼう」（懺法）で終わっている。

ところで、祭文にみられる「本宮神楽・新宮管弦（＝神楽）・那智懺法」とは、熊野で実際に行なわれた儀礼・芸能に由来する。応永三十四年（一四二七）の住心院法印大僧都実意《じつい》著『熊野詣日記』をひもといてみよう。九月二十八日本宮に参着した実意ら一行は、奉幣や申し上げのあと、神楽屋に入った。

御奉幣おハりて、証誠殿の御まへのきりとこにて、申あげあり。……そのゝちかぐら屋に入御、みかぐらいと貴し。かんなぎ一面に立ならびて、袖をふる事やゝ久し。かくて、はやしたてたる笛鼓のをと、身の毛もいよだつばかりなり。すゞのお帯本結せいく〳〵ながげられたり。たくせんたまハる。

「本宮神楽」と称されたおごそかで盛大な有様が目に浮かぶようだ。その際、巫《かんなぎ》は託宣を行なっていたこともわかる。

一行はその三日後に新宮・速玉《はやたま》社に到着した。

申あげの後、かぐら屋に入御、御神楽又常のごとし。たくせんちハヤを給て、これをきつゝ舞事てをつくせり。むかしハ、新宮神楽、那智懺法とておもしろく貴き事に申侍しに、いまは無下にいづれもおとろへたり。

十五世紀の応永年間には、新宮神楽、那智懺法はすでに衰退していたらしい。二日後、下向のために一行は、再び本宮へと至った。

両所の御まへにて御湯立あり。西の御前の御まへの右のわきのしら石に、たゝみ南北行にしきまうく。これにて御聴聞あり。御ゆたての中間に、しめなわに御小袖かけらる。事はてゝの後御下かう、つくり道より地主に御まいりありて、御神楽まいらせる。託宣の殊勝なるよし、みな〳〵かん涙をながします。

一行は、湯立て神事のあと、下向に先立って御神楽に浴し、託宣にあずかったのだった。ここで祭文の詞章に立ち返ると、あらためて興味を惹くのは、本宮神楽・新宮管弦（神楽）・那智懺法そのものが、「法性真如《ほっしょうしんにょ》の都」へ参るための「注連」と説かれている点である。「法性真如」は『大乗起信論』にみえる言葉だが、日本中世では仏国土・浄土を表わす「法性真如の都」という文言として広く流通した。この場合ももちろん九品の浄土を象徴する語として機能している。

滅罪・浄化を果たすための神楽と懺法。それ自体が下品下生・中品中生・上品上生の階梯へと至る「注連」なのである。先の「九品の浄土の御身四目」とともに、本祭文における「注連（切）」の内包する多重でシンボリックな意味相に驚かされる。

かくして注連切りによって自らを浄化し、浄土へと向うべき聖性を獲得し、空間的にも浄土への通路また浄土そのものを切り開き現出させることにより、祭文の中の神子はヴィジュアルな浄土への旅を開始する。

Ⅳ　釈迦の浄土への旅

けれども神子たちは、ストレートに阿弥陀如来のおわす西方浄土を目指すのではなかった。まずは「釈迦牟尼大覚尊の浄土」へと向うのである。

サレバ是（ニ）ヲイテ釈迦無尼大覚尊《カクセン》之浄土須弥頂《シユミチヤウ》之御前《マイ》仁マイラントスレバ、九山《サン》八海《カイ》アリ、サレバ蔵《ゾウ》イハク、第一地《チ》獄山《ザウサン》、第二字軸《チヂユク》山、第三クンボク山、第四善見《センケン》、第五馬耳《ハニ》山、第六毘那怛迦《ビナタカ》山、第七尼民羅《ニミラ》山、第八テチイ山、第九須弥山也。又ユハク、内海外海仁タバユル水者、第一仁甘《カン》水、第二鈴《レイ》水、第三耎《ナン》水、第四軽《キヤウ》水、第五清水、第六不臭《シュ》水、第七飲時《ヲンジ》不《フ》損喉《ソンコウ》水、第八已不《フ》福《フク》水ト申也、第九ノ外《ゲ》海《カイ》ヲバ、甘《カン》水盈《ヤウ》満水ト申、

釈迦の浄土は、世界の中心の山＝須弥《しゅみ》山《せん》であり、そこへの旅は、九《く》山八海《せんはつかい》を越えて行くという。「九山八海」とは一小世界の山と海の総称で、山は妙高《みょうこう》山（須弥山）と七金山《しちこんせん》、鉄囲《てっち》山《せん》の九山、海は七つの内海と一つの外海の八海から成る。

ところで周知のごとく、釈迦の浄土は、ふつうは摩掲《まが》陀《だ》国の霊鷲山《りょうじゅせん》を指す。

○仏は霊山《りようぜん》浄土にて、浄土もかへず身もかへず、始《はじめ》も遠く終《おわり》なし。されども皆是法花《これほつけ》なり。（二二八）
○沙羅林《さらりん》にたつ煙《けぶり》、上《のぼ》ると見しは空目《そらめ》なり。釈迦は常にまし〳〵て、霊鷲山にて法《のり》ぞ説《と》く（二二九）　（『梁塵秘抄』巻第二）

後者の歌謡に特徴的なように、釈迦は入滅後も、常に霊鷲山にあって説法しているとの「常在霊鷲山」の宗教思想が広汎に浸透していた。とすると、釈迦の浄土を須弥山とするのは、きわめて特異な思惟に思われようが、木曾御嶽の祭文「嶽由来記」にもこのような浄土観がいっそうダイナミックに展開されているのを見出すことができる。

「嶽由来記」は、まず『法華経』「方便品」の「若有聞法者、無一不成仏」と、『涅槃経』巻一四の「諸行無常。是生滅法。生滅滅已。寂滅為楽」という二つの句文から語り起こされている。神子は、これらの句文をしっかりと聴聞することで六道を離れ、浄土へ達することができると説くわけだ。事実この祭文には随所に経文が挟み込まれており、唱導《しようどう》的というべき効果をあげているのが特徴である。

続いて「嶽由来記」は、地獄・餓鬼・畜生・修羅・人・天の六道を離れて釈迦の浄土へ参るべしと語る。

イマ（今）アツ（集）マルトコロノカミコタチ（神子達）、ヨク〳〵キ（聞）、タモ（保）チタマ（給）ヱ。六ドウ（道）ヲハナ（離）レテシヤカニヨライ《釈迦如来》ノジヤウド《浄土》エマイル《参》ベキコトヲ、カミコタチ《神子達》ヨク〳〵キ《聞》、タマ《給》エベシ。

以下、「九山」の名を列挙、「九山にひとつの因縁あり」として『法華経』第六巻（「随喜功徳品」）の一節を掲げたあと、「八海」を次のように説く。

ダイ《第一》、チノウミ《海》ヲバ、フゲンモンジユ《普賢文殊》トマウス、コノミヅ《水》ノアヂ《味》ワイアマ《甘》シ（中略）
ダイハ《第八》ノウミ《海》ヲバ、ミヤウホウレンゲキヤウ《妙法蓮華経》トマウス、コノミヅ《水》ノアヂ《味》ハクスリ《薬》ナリ

「妙法蓮華経」（法華経）と名づけられた第八海の下方には「恒河沙《ごうがしや》」があり、上の瀬には剣、中の瀬には毒蛇、下の瀬には鉄《くろがね》の鳥と無常鳥が待ち伏せているため神子は渡ることができない。すると神親は、鉄の三寸の橋をかけ、それでも届かない所は、神親の「たぶさ」（腕ないしはもとどり）を継いで渡したという。先に見た「橋の拝見」や諏訪神楽の祭文「はしさんたん之こと」と共通する説相である。

次の条りで「本地浄光の都」である釈迦の浄土は、この「恒河沙」と須弥山の間にあると説かれる。

コノ川トシユミセン《須弥山》ノアイダ《間》ニ、ホンヂヂヤウクワウ《本地浄光》ノミヤコ《都》アリ、コノミヤコ《都》トマウ《申》スハ、シヤカニヨライ《釈迦如来》ノジヤウド《浄土》ナリ。

こうした釈迦浄土は、中世の本地物語や説経、祭文などの世界に繰り広げられた多彩な浄土観の一面を示すものといえようが、それにしてもなぜ釈迦の浄土が、九山八海の彼方に幻視されたのだろうか。

その理由のひとつは、六道輪廻や地獄廻り、冥界訪問譚などのような、異界巡礼による受苦と救済のドラマが求められたからにちがいない。人々は試練と受難のプロセスをくぐりぬけることで、得脱と往生の切符を手に入れ、この世にありながら成仏＝転生をとげるのである。

さらに大乗仏典、とりわけ『法華経』という経典が強力に発揮した滅罪の功徳があげられよう。神子はこれらの文句をしっかりと聴聞し、その功力をふり仰ぎ身に帯びることによって六道を離れ、浄土へと達することができるわけだ。大神楽の浄土入りで、三途川にかかる無明の橋にはお経が敷きつめられていたというのも、こうした滅罪のための経典という信仰機制が介在してのことであろう。

以上のようにみてくると、「注連の本戒」Ⅳパートには「嶽由来記」と共通の、九山八海をメルクマールとする釈迦浄土観が断片的ながら取り込まれているのを知る。それは浄土入りの宗教思想を支える浄土のイメージが決して単彩なものでなかったことの表明なのだ。本パートが釈迦の浄土、次のパートは阿弥陀の浄土という異なる浄土の併存こそ、端的にそれを物語る。

V　阿弥陀の浄土への旅

又西方無量《ムリヤウ》寿仏浄土阿摩《(ヱ)》伊《(参)》ラントスレバ、三拾ノ六万億ノ国土アリ、五濁悪《チヨクアク》世ノ衆生、イカニマイルベキヤ、カルユヱニ、宝症悟白《ホウシヤウコンハク》善修《シユ》シ、奉仏法僧ヲ帰依シ、五戒十善ヲ持《タモチ》、ナカンゾク今日今夜此御身神楽宝ラク申テマウサク、諸神諸仏日本国中大小神祇、氏神、鎮守村御神トウニイタルマデ勧請申奉、カノ御力《リキ》依、白体《シウタイ》タカラ物、タンコクノモリモノ百味御食御酒御リヤウヲサズケ、万万九千ノタカラワ牛之車ニノセテ、九山八海ノタカキヲバ、般若ノ御舟ニ乗《ノセ》、石橋《シヤクキヨウ》ノシノギノカタキヲハ、実相真如之一念仁コ《(越)》アレバ、弥陀如来ムカイテコレニ引正之ミテヲ受《ウケ》、

まず、濁悪《じょくあく》の世の衆生はどのようにしたら十万億土の彼方にある西方浄土へ赴くことができるのかとの問いに始まる。末世に生きる劣根の衆生にとって悟りの道は遠く、往生への扉は固く閉ざされている。そこで方便として仏法僧に帰依し、戒律を保ち善行を積むことになるが、最大の免罪符こそほかならぬ大神楽の執行であると説く。祭場に勧請した神仏を神楽によって法楽することで神の利生《りしょう》を仰ぎ、「神力」にすがることで浄土往生が約束されるのである。浄土入りを究極のプログラムとする大神楽の存在理由《レゾン・デートル》をヴィヴィッドに映し出した部分といえよう。もちろんそれは、浄土への引導が仏ではなく神の功力に委ねられているという、中世にせりあがってきた神祇信仰のアクチュアリティを祭文として語るものにほかな

らない。

かくして祭文の舞台は浄土の只中へと移る。

Ⅵ　浄土での行ない

カノ神力ニ依テ、浄土マイレバ、諸天才女七宝ノカンムリヲツケイタ、キテ九品蓮台ニムカイトリ玉、五知五仏観頂社《ヤシロ》水ヲス、ギ、悪業煩悩之ア（カ）ヲ除イテ、三身之月ホカラカニ照シ性海《シャウカイ》実知水清スミ玉也。

さて「神力ニ依テ」浄土に到達した神子たちは、きらびやかな七宝の冠をつけた弁才天女ら諸天によって仏の坐す九品の蓮台へと誘《いざな》われる。ここで決定的に重要なのは、「五智五仏観頂社水ヲス、ギ、悪業煩悩之ア（カ）ヲ除イテ」という部分である。「観頂」は「灌頂」の、「社水」は「灑水《しやすい》」の訛伝と考えられるから、浄土に辿り着いた神子は悪業煩悩の垢穢を除くために灑水灌頂を受けると解せよう。

問題は、かかる詞章が文章表現上の綾《あや》なのか、それとも実際に行われた儀礼を反映したものなのかという点にかかってくる。もし後者だとすると、白山の浄土では、何者かの手によって浄土入りを果たした立願者に灌頂作法が行なわれたということになるのだ——。

限りなく想像力をかきたてるその考察は次節で試みるとし、今はひとまず、祭文「注連の本戒」の最後の条りに耳を傾けることにしよう。

Ⅶ　諸神への敬白

南無日本国中之大小之神祇、当所之鎮守、村之御神サン神ノ内、土公荒神、宇賀神将、七曜、九曜、廿八ン宿六キン、三閻神玉女神、今日大旦那、小旦那、モロ〱之施主氏神、ミルメ之王子等、謹敬申ス、再拝〱唸急如律令、七五三ノ本戒以上。

　　林宮太夫書之

今時、慶長十二歳丁未十一月吉日

　ここで祈念されている神の名は、在所の鎮守神のほかに大神楽の重要神格、見目の王子や土公神のグループであり、また閻神《きくしん》や玉女《ぎょくにょ》など陰陽道・宿曜道《すくようどう》の尊たちである。「唸急如律令」という用語もさることながら、これらの神名群は「注連の本戒」なる祭文が、まさに中世的な内容と形式を備えた祭文であることを示している。

　かくして「注連の本戒」は終わる。重層的な「注連」の意味相、二つの浄土観等々。「注連の本戒」は「浄土入り」の宗教思想を語る根本的な祭文だった。本祭文が――おそらく神楽太夫の手によって――白山の浄土の中で読誦されたという事実は、強調しても強調しすぎるということはない。

3　浄土での行ない

「注連の本戒」の読誦が終わると、白山での行事はいよいよ最重要な局面を迎える。

一、じやうどに本尊おかけるべし
一、出家いんどうすること
一、うちしきの布一反(52)

古戸本・下黒川本と『順達之次第』には「絵を掛ける」とあるから、白山の中には、本尊として絵が掛けられ、僧侶が浄土入りの者を「引導」したのだろう。これが次第書から直接に知りうる「浄土の行ない」といえる。
ではその本尊とは何か。また出家による引導とはいかなる儀礼か。もしかするとそれは、「注連の本戒」の「灌頂の灑水を灑《そそ》ぐ」という詞章と関係するのではないか。こうして新たな問いが立ちあがり、限りなく想像力をかきたてる時、有力な手掛かりとして、花祭の祭文「花のほんげん《（本源）》」（『花祭』前篇）の存在が喚起される。

〝花〟の宗教思想を語るこの祭文は、途中から「橋の拝見」と同種のモチーフが奏でられている。

神子《かご》が三途川を渡ろうとすると、上の瀬には鳥が、中の瀬には鬼が、下の瀬には毒蛇がおり、渡ることができない。すると神父神母《かんちちかんば》は、神子を「すがひ」に乗せて三途川を越えさせる。そうして死出山《しでのやま》を通った神子たちが辿り着いた所は――、

その時男子《をのこ》女子《をなご》は
死出の山路を通らせ給へ候て
極楽浄土東方が峯
黄金の曼荼羅堂に着せ給へて
石の御門にそなはり給へて
酒はごくわい飯は宝莱の山とならせて
右の御門にそなはり給へ候
酒はごくわいの海とならせて
左の御門にそなはり給へて
表の御門にびらんすの木とて御入り給へ候
此処にてみやうど達の花帷子《はなのかたびら》とて掛けさせ給へば
極楽浄土とうぼが峯
びらんすの木に掛させ給へて
膳の一膳も箸の一膳も白紙《しらかみ》一枚も
あがえんぴやうのかたふたも

徒《あだ》とは成らせ給へ候はぬ
極楽浄土東方とうぼが峯
黄金の曼荼羅堂に
曼荼羅と申し納まり給へ候なり
黄金の曼荼羅堂にて
又四き又四郎《別本「又四喜又次郎」》と申す仏に
しつかと渡しまゐらせ候
受取り給へや
文字は一字も違ひまゐらせ候はぬ
文字は一字も違はざるらな
習ひ置きたる経なれば
文字は一字も違はざるらな
今日《けふ》今日《こんにち》花の御旦那
皆々よくよく聞きやたもたせ給へや
納まる極楽浄土
黄金の曼荼羅堂に納り給へて
又四き又四郎と申す仏に、しつかと渡しまゐらせ候かろうじて三途川を渡り、死出の山を越えた神子たちが辿りついた場所。それは「極楽浄土東方が峯・黄金の曼荼羅堂」であった。すなわち祭文の詞章を見る限り、白山の中に結構された浄土とは、曼荼羅道場であって、本尊として曼荼羅が掛けられ、「又四郎仏」なる出家が侍坐《じざ》していたのである。

その曼荼羅道場とは、「極楽浄土東方が峯・黄金の曼荼羅堂」とあるから、胎蔵界曼荼羅の道場と思われる。なぜなら、衆生が本具する胎蔵の理を開示する胎蔵界曼荼羅は、東方を発因の位とするため東曼荼羅とも呼ばれるからだ。なお白山の中の浄土が金剛界ではなく胎蔵界にアナロジーされるという点は、ほかに重要な問題を孕んでいるが、それは後述するとし、まず「又四郎仏」なる存在に焦点を絞ってみよう。黄金の曼荼羅堂に入った人々を待ち受けていた「又四郎仏」とは、次第書に見える「出家」に相当しようか。

祭文によれば、神子は「習い置きたる経」を一字も間違えないで浄土の又四郎仏に「しっかと」渡す。それは経文の橋を渡ってきたことのレトリカルな表現だろう。ここにも経文の功力と呪性によって三途川を越えることができたというモチーフが見え隠れしているのだ。

さて「又四郎」とは、ある時期には実在した俗聖のような僧侶、または山伏の名称か。事実は窺い知れないが、この点に関して興味を惹くのは、「部屋入り」の詞章である。

　キルメ《切目》ヲヲジ《王子》クンショウ《勧請》　祓、心経、観音経祭　コレヨリヘヤイリ《部屋入》ノコト

一、コレヨリ東方ヒガシニ　キルメノヲヲジヲシヤウ《請》ジ　トノ《殿》ツケ《付》マイラセ《参》ソンロ《候》イケレ

バ　東方・南方・西方・北方・中央
一、抑々ムカシハ目モ見ヱサセタマヘソン《五方向て候》ロゾ　ナカゴロ《中頃》　カヲ《顔》ニモカザラセタマヱソンロゾ　イマトウダイ《今当代》デハコンジ《金字》ノスダレトナリテ　アマクタリタマヱテ　ゲキヤウシヨウ人ノヘヤ入メサレ　ヘヤ入メサレ　アツパレマタシロウ　マタ四郎ニアヅケモウスヨアヅカリモウス

（慶長本「神楽事」）

天正本の、⑷「きるめの王神祈」⑸「御神酒ヲ献祭」⑹「屋やへ入ル事」という次第に相当しよう。既述のごとく「部屋入り」は祭りを通して三度行なわれるが、詞章[53]は同じものとみてよい。

昔は目にも見えた霊格（切目、見目）だが、今は「金字のスダレ」となって天降る。それを部屋入りした「ゲギヤウシヨウ人」（加行聖人[54]）が又四郎に預けると、又四郎がたしかに「預り申した」と答えるという不思議な内容である。

「最後の、部屋入云々の詞は、一種の神託とも解せられるが、何のことかわからぬ」（『花祭』後篇）と早川も匙を投げたが、たしかなのは「部屋入り」が切目・見目の勧請《かんじょう》儀礼であること、そして「又四郎」とは部屋を守り、祭具などを預り受け管理する者であることだ。とすれば、祭文「花のほんげん」の、「黄金の曼荼羅堂」で神子を待ち受ける「又四郎仏」とは、「部屋入り」における「又四郎」の造型に役割が投影しているとも考えられよう。なお「金字のすだれ」という言葉は、黄金の種子《しゅじ》曼荼羅[55]をイメージさせ、「黄金の曼荼羅堂」

への連想を容易にさせる。

ところですでにみたように、大神楽における「浄土」のイメージとは、単なる阿弥陀の浄土に尽きるものではなかった。「注連の本戒」に、釈迦の浄土と阿弥陀の浄土とが並立して語られていたことも、その徴証だろう。一方、白山の中の浄土を胎蔵界曼荼羅道場になぞらえるという思惟には、また別種のコスモロジーと信仰モチーフが作動している。

修験道にあって大峯という峯入りの霊山は、金剛界・胎蔵界の両界曼荼羅とみなされており、「熊野山胎蔵界、因曼荼羅なり。金峯山金剛界、果曼荼羅なり。」（『諸山縁起』）と語られるように、吉野側半分は金剛界、熊野側半分は胎蔵界であった。このため、大峯に入峰《にゅうぶ》し修行すれば、胎金両部一致の境地を得ることができるとされた。入峰修行。それは死者となって一度擬死し、性交による受胎から胎内での生長―出胎までを擬似体験し、仏となって再生する儀礼ということもできる。

さて今着目すべきは、熊野が胎蔵界にアナロジーされ、熊野詣それ自体が擬死―再生（成仏）というメカニズムを抱えこんでいる点である。本書Iで詳述したように熊野詣とは生きながら浄土へ向かう葬送の旅で、修験においてその意義は、「是レ上ニ詣ルハ死門・入胎ノ義、下ニ向フハ、是レ生門・出胎ノ義」（『小笹秘要録』）と説かれる。「死門」である本宮に詣でることはいったん死んで入胎《にったい》を経ることであり、参詣を終えて下向するのは、「生門」に向かうこと、つまり出胎をあらわしていた。

ここで、白山の中の浄土が胎蔵界曼荼羅道場に見立てられていたことの意味に思い至る。

それは、擬死によって神子が、胎蔵界である母の胎内に入り、新しく仏子として再生するという変身のプログラムでもある。

　このようにみてくると、「出家引導すること」の意味がおぼろげながらわかってくる。「引導（作法）」とは葬儀の時、導師が亡者に即身成仏の印明を授けて成仏させ、浄土に安住させる儀式だから、死装束をつけ、白山に浄土入りした亡者としての立願者を前に、「出家」は浄土に誘引化導する作法を施したに違いない。「僧侶から御経を授けられ」（辻紋平）たとの記憶は、そうした引導作法の名残りと言えるだろう。

　けれども「浄土の行ない」のすべてが、このような仏教流の葬送作法であったとは思えない。換言すれば、大神楽という祭礼にふさわしく、神子結願の儀礼としての個性的な「浄土の行ない」も演[56]じられたはずだ。その手掛かりはすでに指摘しておいたごとく「注連の本戒」の「五智五仏灌頂の水を灑ぎ……」というフレーズにあろう。白山の浄土で浄土入りを果たした神子に灌頂を行なったのだとしたら、その灌頂とは、神子は在俗の者だから結縁《けちえん》灌頂の類であろうか。

　修験道では結縁灌頂の義について次のように説いている。

結縁灌頂ト者、世界之俗人等ヲ引ニ入レ都率ノ内院ニ秘密教法之善縁ヲ令レシ結ハ。故ニ建ニ此壇場四箇所ニ各各本尊安ニ置シ中央ニ遶行ス。様天覆并墻垣ヲ厳密ニス。微細口伝書不レ及。（『修験極印灌頂法』）

「世界ノ俗人等ヲ都率ノ内院ニ引キ入レ」て仏法に結縁させる「結縁灌頂」の特徴は、投華《とうげ》の法にある。

次ニ受者至二敷曼荼羅前一作二覆面一
次ニ授二普賢三昧耶印一
中指ノ頭ニ挟レ花ヲ於二本尊之真上一奉レ打二本尊一。

　胎蔵界の二百二十余尊の中で、どの尊に宿世の結縁があるかを知るため、花を曼荼羅に投じて、打ち当てた尊を本尊と知り供養するのだ。なおこの結縁灌頂では、灌頂を終えて小祇師に手を引かれ受者が出壇すると、壇の外で「臨終之大事」や「月水之大事」「怖魔之大事」などの生活に密着した作法が授与されている。先に述べた「神楽大事」も同様であって、つまりこれらの大事は灌頂プログラムの一環として切紙伝授されたわけである。

　けれども大神楽における「浄土の行ない」に、修験での結縁灌頂をそのまま当てはめるわけにはいくまい。白山という特殊な舞台にかなった個性的な演出があったはずだ。とりわけ、そこには「顕形の鏡・顕形の帯」が荘厳されていたことを思い起こす必要がある。

　ここでタイム・スリップして、時空の彼方に白山を幻視してみよう。虚空をにらんだ十二の龍が守護する白山。中央に梵天が屹立するその内部には、天の岩戸を連想させる顕形の鏡と帯が天上の儀を象徴し、一方には曼荼羅を掛けた密教流の壇が設置されている……。「浄土の行ない」——「出家による引導」とは、まさにこうした祭壇と聖物を不可欠の要素として営まれたことになる。[57]

けれども推論と想像力の及ぶのはこの辺りまでで、白山の秘儀はこれ以上像を結ばないかに思えた時、ふたたび神祇灌頂の世界が強いインパクトを放って接近してくるのを知る。すでに述べたように、神祇灌頂の道場は天の岩戸を模した本尊壇、灌頂を受ける正覚壇、神器を授与される神器（麗気）壇という三つの壇からなり、儀礼も複合的構造をもつ。それは神祇灌頂が顕と密、神道と仏教の絢爛たる複合的イニシエーションであることの表明だろう。

今、本尊壇での灌頂の場面に目を注いでみると、三つの鳥居をくぐり（「鳥居の大事」）、授者より塗香・灑水を受け、普賢三昧耶印を与えられた（「加持次第」）受者は、覆面を付け道場へ導かれる（「引入次第」）。そして本尊壇に向かい、普賢三昧耶印を結んだ中指に花を挟んで、十界を図絵した敷曼荼羅の上に投華するのである。十界は凡夫の迷いの世界（地獄・餓鬼・畜生・阿修羅・人間・天上）と悟りの世界（声聞・縁覚・菩薩・仏）で、右の敷曼荼羅は、四聖界と六道絵を合わせた浄土教美術の十界図に当ろう。では神祇灌頂にあって「投華」の意義はどのように語られているのだろうか。

夫レ投花者十界之敷曼荼羅其上ニ受者打二スル投花一ヲ事、所以者何ナレハ我等衆生於二現世一ニ善根業障之善悪之二一ヲ為レノ令レ知証文也。先悪業深重ノ輩ハ此ノ投華ヲ地獄・餓鬼・畜生・修羅ノ衢ニ打テ来生ニハ三途八難阿鼻ノ那洛、炎ノ底ヲ為レシ栖ト永ク不レ得ニ成仏一事ノ証文ト見タリ。又善根深重ノ輩ハ此ノ投華ヲ九品蓮台ノ上ニ打テ来生ニハ上品上生ノ台ニ住シテ弥陀大日之位ニ等同ナルヘキ証文也。

（『神道灌頂三輪流授書』叡山文庫蔵）

投華の作法。それは受者が善人か悪人かを裁く、神意の顕われであった。「悪業深重の輩」の投華は、六道の中の地獄・餓鬼・畜生・修羅いずれかに当たり、死後は「三途八難」の堕獄の身となって永劫に成仏することができないという。反対に「善根深重の輩」の投華は「九品蓮台の上」に当たり、次生は上品上生の地に生まれることが約束されると示す。（この場合「九品の蓮台」とは象徴的に四聖界を指す言葉であろう。）とはいえ、おおむね受者は「悪業深重」の身であるので、「此ノ神祇結縁ノ功力ニ依リテ必ズ成仏」することになる。

つまりこの神祇灌頂では、投華の法による仏道への結縁が、そのまま開悟―浄土往生を約束するものとなっているのだ。ここに、神祇灌頂が成仏と浄土願生を引導するという驚くべき、しかし「神楽大事」ですでに予感されていた信仰のアクチュアリティと働きをみてとることができよう。

また興味深いことに神祇灌頂での投華法は、仏教の儀則そのままではなく、いかにも神祇灌頂という名に似つかわしい特色を持っていた。たとえば関白流の作法では、紙片の花ではなく榊の葉が用いられている。裏（「腹」）に《ウン》字を書いた二枚の榊を結び合わせ、「南無帰

命頂礼、天照大神日本国中王子諸神、哀愍納受護持某悉地成就・所願成就」と三回唱えて敷曼荼羅に投げるのである。この場合の敷曼荼羅はアマテラスの本地仏＝十一面観音を図絵したもので、投華が尊像の目や口に当たると「吉」とされた。

ここで見逃せないのは、神祇灌頂には敷曼荼羅ではなく、天蓋に吊るされた鏡に対し投華を行なう場合があったことだ。先に述べたように、神祇灌頂の道場にはしばしば天蓋に天神七代をあらわす七鏡を吊り、下の本尊壇には地神五代をあらわす五面の鏡が置かれた。この場合受者は、天蓋の七面の鏡に向かって仏への結縁と浄土往生の証《あかし》への祈りをこめて投華する。

この作法とイメージは、かの白山の恵方に掛けられた七つの顕形の鏡をめぐる幻の秘儀とのあざやかな類想を呼び起こす。いかなる作法であったのかもはや知るすべはないが、神の現《うつ》し実《ざね》というべき七面の鏡と帯を前に、浄土入りした神子たちは、神（仏）に縁《えにし》をとり結ぶ儀礼をひめやかに演じたのだった。

*

大神楽――。それは、ここでは触れることさえできなかったきわめて多彩な行事を持つ、とてつもなく大きな複合祭礼であった。本論は中でも重要な位置を占める「生まれ子・清まり・浄土入り」という「人生三度の大願」を果たすイニシエーション儀礼を、その最大のイベント「浄土入り」を中心として考察してきた。わずかに残された次第書と周辺資料の背後から、擬死を経た立願者が神の功力で浄土へ至り、灌頂を受け、神子（仏子）として成仏―再生するというドラマが浮かびあがる。しかもそれは、祭文「注連の本戒」の告げる浄土のイメージが多彩であったように、決して一元的で単純なお籠りと再生の儀礼ではなかった。

その実態はもはや確かめようがないが、殯《もがり》の装置たる白山という外被を剝がすと、そこに出現したのは、梵天を中心のシンボリズムとし、高天原に繫がる天上世界と、胎蔵界曼荼羅道場から成る重層的な聖空間であった。神の天空と仏の彼岸。かかる舞台装置の上で演じられた数々の行ない――。それは異なる信仰儀礼・象徴行為の相互作用と拮抗の総和といえようか。

擬死と再誕（成仏）。逆修と願果たし。中世末期の奥三河に生まれた大神楽「浄土入り」とは、それらの要素が巧みに織りなされた、変身と救済の一大ページェントなのだった。

III 本覚の弁証法

龍女の成仏——『法華経』龍女成仏の中世的展開

動物園でぼくは考えはじめるのです。信仰とは静まりながら押しよせてくる波、その波の滑走が種であると。この世にかくも多くの獣たちが存在するのは、それぞれに別個の神を見ることができたからなのだと。

フレーブニコフ「書簡」(一九〇九年六月十日)

1　幻の「龍畜経」を求めて——『平家物語』「灌頂巻」から

1　龍種と化した平家一門

『平家物語』には「灌頂巻《クワンヂヤウノマキ》」と称される別立ての巻がある。[1] この巻は、平家滅亡の後に大原の寂光院に入った建礼門院の、一門の菩提を祈る日々からその往生までの関係記事を集めたもので、平曲では秘曲として特別な崇敬を受け、厳重に伝授された。

この「灌頂巻」のなかで、いま注目したいのは「六道之沙汰」(覚一本『平家物語』)の段である。寂光院を訪れた後白河院を前に、女院は自身の栄光と失意の半生を六道輪廻(天上↓人間↓餓鬼↓修羅↓地獄↓畜生)になぞらえて滔々と物語る。そのうち、最後の「畜生道」の場に耳を傾けてみよう。

源氏の武士に捕われて都へ上る途中、わたくしは播磨の明石浦[2]で夢を見ました。内裏も及ばないほど美麗な宮殿に先帝の安徳天皇をはじめとして平家一門の人々が威儀を正して並んでいたのです。わたくしが「ここはどこですか」と尋ねますと、二位尼と思われる人が「龍宮城」と答えましたので、「すばらしい所ですね。ここには苦しみはありませんか」と聞きました。すると「そのことは龍畜経の中に見えております。ねんごろにわたくしたちの後世を弔ってください」と言ったところで夢から覚めました。

そして「其後はいよ〱経をよみ念仏して、彼の御菩提をとぶらひ奉る。是皆六道にたがはじとこそおぼえ侍《さぶら》へ」（覚一本『平家物語』）との言葉で、女院の長い六道語りは結ばれている。

さて右の畜生道の語りでもっとも興味を惹くのは、「龍畜経」という異様な名称をもった経典である。『源平盛衰記』の一本には「龍軸経[3]」とみえる。

……是は龍宮城と答えしかば、「有り難かりける所かな、此《ここ》には苦はなきか」と問ひ候ひしに、「争か苦なくて候べき、龍軸経の中に説かれて候。能々御覧じて、後生弔ひましませ」と申すと思ひて覚め候ひぬ。

（巻第四十八「女院六道輪廻物語」）

「龍畜経」の中に書かれていた苦患とは、もちろん『長阿含経』などの説く、龍属における「三熱（三患）の苦」であろう。源信著『往生要集』の「畜生道」の場面にも、「諸龍ノ衆ハ、三熱ノ苦ヲ受ケテ昼夜ニ休ムコト無シ」とみえる。なお「三熱の苦」という語句は中世に広く流通した。なかでも神の姿形を龍蛇にみなし、「神の三熱の苦」として用いた例が注目される。たとえば中世の神楽は、かかる神の三熱の苦をとり除くための法楽という意義も備えていた（本書Ⅱ-1-4参照）。

かくて荘厳華麗とみえた龍宮とは、今や苦患の地と化した。壇の浦の水底に沈んだ平家一門の人々は、おぞましい龍属となり果て、辛酸の日々を余儀なくされていることを、女院は夢想と「龍畜経」によって知ったのである。

「龍畜経」。平家物語の注釈家を悩まさずにはいない幻の経典。だがこの「龍畜」という忌わしい名を負った経典を探りあてることこそが、畜生道の語りの意味、ひいては「灌頂巻」の存在理由《レゾン・デートル》を証すことになるはずだ。

さて女院は「龍畜経」を読むことによって、一門の人々のために後世菩提の行業に励むことになる。なぜなら女院が見た「龍畜経」には、龍畜の身と化すことの因縁譚のほかに、その苦患からの得脱の方便が説かれていたにちがいないから。

それにしても、前世で犯した悪業の報いを受けて龍畜と化した人々の後世を祈念する女院の行ないを、いわゆる亡魂供養や鎮魂仏事としてあっさりと片付けてしまうことはできない。なぜなら一門の死霊は成仏できずに中有をさまよっているのではなく、龍宮という異界に、龍形として転生したと信じられているからだ。「穴無《あなむ》慙《ざん》や。さては此の人々、龍宮城に生れにけり」（『源平盛衰記』）という女院の言葉が端的にそれを告知していよう。だからこそ「龍畜経」なる特別な経典が〝必要〟であったのであり、その説法の功力と方便にすがることによってしか救われえないことを、今や龍種である彼らはいやというほど知りぬいていたにちがいない。
かくして女院は、次のように語りおさめる。

雪の朝の寒きにも、峯に登って花を摘み、嵐烈しき夕にも、谷に下って水を掬《むす》び、難行苦行日重なり、転経念仏功積りて、仏に祈り申し候へば、さり共今は此の人々、龍畜の依身を改めて、浄土菩提に至りぬらんとこそ覚えて候へ。 （『源平盛衰記』）

では女院が、龍形の貴紳・女人らのために読誦・転読した経典とは何であったのだろう。覚一本『平家物語』や『源平盛衰記』では特記されていないが、延慶本『平家物語』によればそれは『法華経』であった。

法華経をよみ、弥陀の宝号を唱へて訪《とぶらひ》候へば、さりとも一業はなどか免ぜざらむと憑《たのも》しくこそ侍れ。されば是にまされる菩提の勤《つとめ》あらじとこそ覚へ侍れ。
（第六末　二十五「法皇小原へ御幸成事」）

ここは『法華経』であることが決定的に重要である。「龍畜経」との関係も気になるところだが、何よりも『法華経』の功徳を仰ぐことによって「龍畜の依身を改め」ることができると信じられていた点が見逃せまい。つまり「龍畜の依身」からの救抜——異類の成仏と、念仏との兼修による浄土往生への引導という働きが『法華経』そのものに備わっているとみなされていたことになる。[4]

ところで『法華経』を基とした儀則による天台の法要といえば、第一に法華懺法《せんぼう》があげられよう。法華懺法は、天台大師智顗《ちぎ》が六根懺悔の儀式を定めた法華三昧に依る行法で、滅罪生善・後生菩提を目的とし、叡山では慈覚大師によって広められたと伝える。〝朝の懺法・夕の例事作法（念仏）〟として定着したこの法華懺法は修験山伏によっても実修され、中世の熊野詣でも道中作法の重要な要素をなした。右の畜生道の語りにみえる『法華経』の信仰機制との関連において、十五世紀とやや時代は下るが、『法華懺法聞書』の次なる箇所が注目される。

一別抄、山伏道ニ懺法ヲ読ム事。役ノ行者ノ時起ル云々。大峯ノ不動ノ峯ト云フ処ニテ七日断食シ懺法ヲ読ム。其ノ時餓鬼来ル。此ノ餓鬼ノ云フ様ハ、此ノ懺法ニ依テ餓鬼ノ苦ヲ離レ、仍テ天ニ生ズ。重ネテ人間ニ生ル、事ハワルケレドモ、先生《せんしょう》人間ノ時、懺法ニ依テ天ニ生ズル故ニ、役ノ行者ニ給仕ヲ致ス。サテ此ノ鬼、懺法ノ時ハ外へ行クト見ヘタリ。其ノ謂《イハレ》ヲ鬼ニ問フ時鬼ノ云フ様ハ、懺法ノ時ハ仏菩薩、行者ノ前ニ来集スル故ト云々。

「懺法ニ依テ餓鬼ノ苦ヲ離レ、仍テ天ニ生ズ」という説相には、『平家物語』の「龍畜の依身を改」むと共通して法華滅罪なるモチーフが働いていよう。同時に、両話には微妙な相違がある。右の話では、法華懺法の功力により餓鬼は天人道へ生まれ変わることができたのだが、「灌頂巻」は、仏事・修行に励めば、一門の人々は龍畜の身から脱することができるだろうと女院に語らせているだけだ。それまでの六道語りでは饒舌とみえた女院も、この畜生道の場では言葉の運びが飛躍しがちで、「龍畜経」の秘密を明かさないばかりか、龍畜の身を改めるとはいかなることなのかを黙して語らない。はたして龍形と化した平家一門は、異類の姿を脱して成仏することができたのだろうか。この究極的な問いの生起を封印するかのように、ここで女院の六道物語は終ってしまうのである。

けれども続く「女院死去」の段の掉尾、つまり『平家物語』「灌頂巻」の最後が、次のフレーズで結ばれていることに深い意味が隠されていた。

> 遂に彼人《かの》々は、龍女が正覚の跡をおひ、韋提希夫人《いだいけぶにん》の如くに、みな往生の素懐を遂げけるとぞ聞えし。
> （覚一本『平家物語』）

女院の往生をみとった女房らも、跡を追って往生を遂げたという。そして彼女らの往生を徴証すべく以下、『法華経』「提婆達多品《だいばだったぼん》」の〈龍女成仏《りゅうにょじょうぶつ》〉と、『観無量寿経』の韋提希往生が持ち出されている。けれども、ここでの女主人公は畜生道の語りをした建礼門院その人であって、問題は〝女人往生〟一般ではない。一門の龍畜身からの得脱と浄土願生を祈念した女院も、自ら龍女として往生したという点が重要なのだ。こう考えてくると『法華経』という経典、とりわけ「提婆達多品」の語る〈龍女成仏〉に照準が絞られてくる。もちろんそれは、どこまでも「龍畜経」という姿なき経巻との親密な交渉のなかで問われなければならない。そしてもしその謎の一端を解き明かすことができたならば、女院の六道語りと往生を中心とする巻が、なぜ「灌頂巻」と名づけられたのかという秘密にも触れうるはずである。

そこで以下本稿は、問題の核心ともいうべき「龍畜経」なるものを幻視しつつ、『法華経』〈龍女成仏〉の世界へと踏み込んでいくことにしたい。

2　海底に喪われた宝剣

『平家物語』の中には、龍宮や龍神にまつわるいくつかの説話がみえる。そのうち「灌頂巻」との関連で今取りあげておくべきは、宝剣喪失伝承だろう。

平氏によって安徳天皇とともに持ち去られた三種の神器は、寿永四年（一一八五）三月、壇の浦の合戦で海に沈むという運命を辿る。結局、内侍所《ないしどころ》（鏡）と神璽（玉）は海中から拾いあげられるのだが、必死の探索にもかかわらず宝剣はついに戻らなかった。

神器の受難、そして宝剣の喪失。この未曾有の出来事は安徳天皇の悲劇と相俟って、人々に時代の危機を象徴的に告知するものでもあった。たとえば慈円は、末世という時代における不可避の運命を感受し、そこに武士の時代の到来という歴史の転変を予料している（『愚管抄』及び『慈鎮和尚夢想記』）。

ところが、『平家物語』は、「龍神是を取りて龍宮に納めてければ遂に失せにけるこそ浅猿《あさまし》けれ」（延慶本『平家物語』）のように、龍神が宝剣を取り返したためついに人間の手に戻らなかったとみなした。

ここで『平家物語』諸本の宝剣説話中『法華経』が重要な役割を演じている『源平盛衰記』の伝承を紹介してみよう（巻第四十四「老松若松尋ㇾ剣」）。

――壇の浦の海中に沈んだ宝剣はいくら探しても杳として行方が知れなかった。ある日、後白河院に「宝剣は壇の浦の老松・若松という海女に探させよ」という夢想があり、院の命を受けた海女の母娘は海に潜る。やがて浮上した母の老松は次のように語った。

我が力にては叶《かな》はず。怪しき子細ある所あり。凡夫の入るべき所にはあらず。如法経を書写して身に纏ひて、仏神の力を以つて入るべし。

そこでただちに高僧が集められ、如法経が書写されると、老松はその経を体に巻いてふたたび海中に潜った。二日目にようやく海から上がってきた老松は都へ赴き、海中で見てきた一部始終を院の御前で報告する。老松の話によれば、龍宮城には口に剣をくわえ、小児を抱いた巨大な大蛇が棲んでいた。その大蛇は、宝剣は「日本帝の宝に非ず。龍宮城の重宝也」と宣言し、スサノオノミコトに奪われた剣を奪い返すために、出雲国簸川上《ひのかわかみ》の八岐《やまた》の大蛇《おろち》が安徳天皇と生まれ変わって、源平の乱を起こし、その結果龍宮に取り返したのだと告げたという――。

この伝承には王法対外道（異類）というモチーフも窺えるが、本稿にとってポイントとなるのは、如法経（『法華経』）と龍宮との強力な結びつきだろう。如法経とは、一定の規則にしたがって浄写されたお経で『法華経』であることが多い。この如法経は、天長年中に慈覚大師円仁が叡山の横川で草庵を結び、三年の間六根懺悔の行法を営む間に、石墨・草筆・聖水で如法（法式通り）に『法華経』を書写したのを濫觴《らんしょう》とする。このように浄写された『法華経』を身に巻いた老松はその聖性と経文の法力によって、龍宮という異界を訪問することが可能となったのだ。

さて老松に一切を語り終った大蛇が「見よ」と言いつつ御簾を巻き上げると、そこには平家一門の人々が居並んでいた。このときの大蛇の言葉に留意したい。

汝に見すべきに非ず。然れども身に巻きたる如法一乗の法の貴さに、結縁の為に、本の質《すがた》を改めずして見ゆるなり。尽未来際《じんみらいさい》まで、此剣《このけん》日本に返事《かえすこと》は有べからず。

「本の質《すがた》を改めずして見ゆる」ということは、本当はすでに彼らは龍身になり果てていたのであり、龍宮という異界の属と化していることを証していよう。だが『法華経』との結縁によって、老松は元の「法師」「気高《けだかき》上﨟」などの姿を仰ぐことができたのだった。ここにも龍宮―龍種と『法華経』との浅からぬ因縁が示唆されていよう。そしてここでの『法華経』とは、もちろん「提婆達多品」を措いては他にないのである。

3 身体の内なる龍

ここで少しく龍宮とその主《ぬし》・龍神をめぐる中世の言説や伝承を眺めてみよう。光すらとどかぬ暗黒の海の底。そこに棲息する龍属の群れ。中世びとの思念の涯《はて》の龍宮は、経典の注釈や、いわゆる龍宮城のイメージを凌駕して、とてつもない異世界の深奥へと私たちを連れていくはずである。

その糸口となるのは、仏法が滅びるとき経巻や教法は龍宮に納まるという言い習わしが存在したことだ。十四世紀に天台密教の事相を集大成した書『渓嵐拾葉集』は、この習いにいくつかの興味深い解釈を付している。

何故ゾ法滅ノ時、経巻ノ如キハ龍宮ニ納ムルヤ。一ニハ龍宮トハ尽癡ノ室ナリ。尽癡ノ源ハ無明ナリ。故ニ仏法・法性滅シテ無明ノ本源ニ帰スナリ。（巻第百八「真言秘奥抄」）

同様の記事が巻第三十六「弁財天法秘決」部の「龍宮、諸ノ教法ヲ収ム事」の項にもみえている。[5] これらの記事によれば、「生死ノ沈没ヲ表ス」海底の龍宮に教法が収まることは無明・煩悩の本源に帰すことを意味した。そこでは龍神とは愚癡や無明の表象であり、本体なのだが、こうした認識の背景には次のような経典中の伝説も与って力があったはずである。

千五百歳至乃、悪魔波旬及ビ外道衆踊躍歓喜シ、競ヒテ塔寺ヲ破リ、比丘ヲ殺害シ、一切ノ経蔵皆悉ク流移シテ、鳩尸那竭国ニ至リ、阿耨達龍王悉ク持チテ海ニ入ル。是ニ依リテ仏法滅尽スルナリ。

（『摩訶摩耶経』）

悪魔・外道が跳梁する世、阿耨達《あのくだつ》龍王が聖教類を手にしたまま海中深く潜ってしまったために、仏法はついに「滅尽」したという。先の『平家物語』における宝剣喪失譚もそうであったように、仏法に支えられた分明なる世界の終焉が、経典の龍宮への隠没によって象徴される。仏の叡智や光明またその結晶である聖教類は、光の届かぬ暗黒の領分に帰入してしまったのだ。

ここで思い浮かぶのが『保元物語』の記す崇徳院にまつわる伝承である。保元の乱の敗北により讃岐に流された崇徳院は、後生菩提のために指の血で五部の大乗経を書写する。けれどもその大乗経が入京を拒絶されたため、院の罪の意識は憤怒と妄執へ反転し、写経が終わると「日本国の大魔縁となり、皇を取て民となし、民を皇となさん」という呪詛の祈誓をなすに至る。注目すべきは次の条りである。

御舌のさきをくい切て、流るる血を以て、大乗経の奥に、御誓状を書き付けらる。「願くは、上梵天帝釈、下堅牢地神に至る迄、此の誓約に合力し給えや」と、海底に入れさせ給ひける。

こうして『保元物語』の一本は、血染めの大乗経が崇徳院の手によって海中に沈められたと伝えるが、事実は、院の遺児・元性法印の元にひそかに蔵されていた。ではなぜこのような写経沈めの伝承が発生したのだろうか。それは、危機の世に経典は海中深く龍宮に委ねられるという説が、崇徳院の怨念と結びつけられたからにちがいない。海底に沈められ、龍宮の宝蔵に預け置くことで初めて、呪いの大乗経に託された世界の転覆と乱世の出現が可能になると信じられたのだ(6)。

ところで右に見たような龍宮にまつわる言説は、実は龍宮が世界にとって根源的なトポスであることをも示唆している。ここに次なる依報《えほう》・正報《しょうぼう》の二報による第二の説が生起する由来があった。

「依報」とは衆生の心身の依止《えじ》としての世界・国土・事物などをいうが、ここでは依報として水大＝大海＝龍宮が、次のように語られる。

一ハ大海トハ水大ナリ。此ノ水大ハ𑖪𑖽《バン》字ナリ。𑖪𑖽字ハ即チ金剛界ノ智体ナリ。故ニ龍宮ハ即チ一心ノ本源ナリ。（『渓嵐拾葉集』「真言秘奥抄」）

物質の世界を構成する地・水・火・風の四大のうち水大の種子《しゆじ》は𑖪𑖽《バン》（鑁）字だが、それは智慧の表示で金剛界大日如来の種子でもある。したがって大海中の龍宮は、万有の実体真如である「一心」の本源であるという。

此ニ正報ニ約スル時、我等ガ水輪ノ中ニ本初ノ龍神有リ。此ノ龍神トハ、我等ガ遍知分別ノ全体ナリ。此ノ一念ニ三千ノ経巻ヲ納ムルナリ。何ナル一代ノ教法モ、行者ノ心地ヲ現スト云フハ此ノ事ナリ。故ニ自然ノ理トシテ仏法龍宮ニ納マルナリ。（同右）

「依報」としての世界に対し、「正報」とは過去の業因によって受けた心身をいうが、この正報たる心身は龍神として認識されていることになる。なお「水輪」とは世界を成り立たせる四輪の一つで、空輪の上の風輪のそのまた上に八十万由旬の厚さの水層が生じたものを指す。ここでは、かかる世界生成の基層ともいうべき水輪は、人間の身体の構成層とも観念されている[7]。

さて右の記事では、体内の水輪中に龍神が棲息しており、その龍は遍く一切法を知る智慧

（「遍知」）と、さまざまな事理を思量し識別する（「分別」）力を具有した存在であると規定している。よってこの認識に立つ時は、「遍知分別」なる龍の「一念」に「三千の経巻」が収まることになる。依正二報観を基盤に、まさしく「一代の教法」は「行者の心地を現す」というアナロジーにより、仏法が龍宮に収まることは「自然の理」としてポジティヴに受容されているわけだ。

　人間の水輪中に棲みついている龍。いたく想像力を刺激するこの言説に、もっとも重要な問題の鍵がひそんでいることが予感されてよい。そこで小さな龍の像容と意味作用を尋ねようとするとき、次の詞章が待ち伏せている。

　我等ガ水輪中ニ肺臓有リ。其ノ中ニ金色ノ水有リ。其ノ中ニ三寸ノ蛇有リ。我等ガ第六ノ心王ナリ。肺臓ハ西方ノ妙観察智ノ所在ナリ。妙観察智ハ第六識・邪正分別ノ識ナリ。是我等ガ思量ナリ。其ノ種子ハ[梵字]《ウン》字ナリ。此ノ字即チ弁才天ノ種子ナリ。所詮我等ガ無作本有ノ体ハ蛇形ナリ。蛇曲ノ心ナリ。（同右）

　肺臓は体内の水輪中にあるという認識は、人間の五臓を五大また五如来と観じて即身成仏する五臓三摩地観に基づこう。そこでは[梵字]《バン》字（水大）は蓮華部・肺を宰《つかさど》り、また西方阿弥陀如来を表わすとされるからだ。なお右の文では肺臓は阿弥陀ではなく妙観察智《みょうかんざっち》に比定されているが、密教では五智の一つであるこの智を西方無量寿仏の智徳に配しているからだろう。

ところで密教儀軌の記す五智五仏観に立脚しながらも、肺臓中の金色の水に蛇が棲み、それを人間の「第六の心王」とみなす点は注意されてよい。唯識論でいう八識のうち第六位の意識を第六識というが、その意識作用を「第六の心王」と呼称しているのである。同じく肺臓に所在ありとみなされている妙観察智は、凡夫の第六識を転じて仏果に至る智であって、その「邪正分別」の「我等ガ思量」は弁才天の種子𑖮𑖳𑖽《ウン》字に標徴されるということになる。

また蛇体としての「第六の心王」に対し、それを転じる働きを有する妙観察智は弁才天と同じ𑖮𑖳𑖽《ウン》字を種子とするため、蛇と弁才天とは、ひとつの無作本有《むさほんう》なる当体の、いわばドッペルゲンガーという関係にたつ。

行者がこの第六識の心王をコントロールできないとき、それは「魔王」や「天狗」という外道と化し人間に敵対すると信じられた。そのことは、荒神や外道、魔王といった実者的なるものの様態の秘密を、一端においてかいまみせるものといえよう。

> 当《まさ》に知るべし。魔王は一切衆生の形に似たり。第六意識反りて魔王となるが故に魔王の形も又一切衆生の形に似たり。
>
> （延慶本『平家物語』第二本）

4　女人成仏を超えて

以下本稿は、これまで述べてきた問題意識を抱えながら、『法華経』の語る龍女成仏の世界の只中に入っていくことになる。

『法華経』は二十八章から成るが、問題の「提婆達多品第十二」は、天台大師智顗のころに新たに加えられたものだという。この経品には、往昔、釈迦が法華経を聴聞するために提婆達多の前身阿私仙人に仕えたこと、提婆達多は三逆の罪を犯して無間《むげん》地獄に堕ちるが、後に成仏して天王如来と号すること、八歳の龍女が文殊菩薩の化導により、南方無垢世界で成仏することが説かれる。

悪人成仏と龍女成仏を説相とする「提婆品」は、日本では『法華経』の一名所として特別に尊奉され読誦されてきた歴史をもつ。いま「提婆品」後段を構成する龍女成仏のシークェンスを描出してみよう。

（海中の教化を終えた文殊菩薩は霊鷲山《りょうじゅせん》に詣でる。釈迦と仏弟子に拝礼した文殊は、智積菩薩の問いに答える形で海中教化を報告する。）

文殊　私は海中でただひとえに法華経を説いてきました。

智積　この経は甚深微妙で希有なものです。はたして衆生の中にこの経を修め成仏した者がおりましょうか。

文殊　おります。サーガラ龍王の子の、智慧のすぐれた八歳の娘です。この娘は刹那の間に菩提心を発《おこ》して悟りを得ました。

智積　釈尊ですら、長い年月にわたって難行苦行し、その結果覚りを得られたのです。なのにどうして龍女が瞬時に悟りを得たと信じられましょうか。

（——言い終らないうちに龍女が現われて偈を誦す。）

舎利弗　龍女よ。おまえが刹那に正覚に達したとは信じられない。なぜなら女人とは五障のある穢れた存在だからだ。そんな女人がどうして速やかに成仏しえようか。

（その時龍女は、手にしたひとつの宝珠を釈尊に献上した。）

龍女　わたくしが宝珠をさし出しますと、釈尊はお受けとり下さいました。それは速やかではありませんでしたか。

智積・舎利弗　たしかに速やかに納受された。

龍女　ではわたくしの成仏を見て下さい。きっとそれよりも速いはずです。

（その時世間のすべての人々は、龍女が忽然として男子となり——変成男子《へんじょうなんし》——、南方の無垢世界に赴き、宝蓮華に座して覚りをひらき、十方衆生のために妙法の教えを説くのを見た。）

このように「提婆品」の後段・龍女成仏の説相は、変成男子と南方無垢世界での成道をハイライトとしている。かかる龍女成仏という命題は、古来、日本の仏教史はいうに及ばず、宗教文芸に広く浸透し、流通した。たとえば『梁塵秘抄』「巻二法文歌」には、次のような龍女を主題とした歌がみえている。

○娑竭羅王《しやがらわう》の女《むすめ》だに、生《む》まれて八歳といひし時、一乗妙法聞きそめて、仏の道には近づきし（一一三）

○女人五《いつ》つの障《さはり》あり、無垢の浄土はうとけれど、蓮華し濁に開くれば、龍女も仏になりにけり（一一六）

また『源氏物語』では、明石一族の話や宇治十帖、謡曲では『海人《あま》』や『現在七面』などがすぐに思い浮かぼう。そのほか多くの釈教歌や願文《がんもん》・表白《ひようびやく》の類に龍女成仏は歌い込まれ、讃仰された。このような龍女成仏に取材した宗教文芸は、存在そのものに罪業を割りつけられた女人が、いかにして救済されるかという女人成仏をライトモチーフとするものといえよう。したがってこれらのテキストにおける龍女成仏の位置付けは、おおむね法華信仰と女人往生という流れに沿ってなされてきている(8)。

もちろん「提婆品」龍女成仏の文言がありていに告げるものは、女人成仏という説相であろう。けれども中世の宗教思惟と切り結んでいったとき、龍女成仏というテーゼは、経文のくびきを離れ、女人救済というモメントを超出して、とある途方もない世界を開示していった。その曙光と予兆は、すでに『平家物語』「灌頂巻」のなかに見てきている。

龍畜の身と化した一門の人々を弔い、ついには「灌頂巻」の最終場面で龍女として成仏した建礼門院。これらの人々の成仏を引導したのは、『法華経』「提婆品」と「龍畜経」なる経巻であった。つまり異類の成仏こそが畜生道の語りの深層に隠されていた最大のモチーフであったことになる。一方、叡山における言説や所伝の解読を通してそこに浮上してきたものは、宗教思想の基底部に巣喰い、身体論にまで浸潤した龍宮と龍神のおそるべき姿にほかならない。それがどのように「提婆品」龍女成仏と交渉していくのか。山門の教学における「提婆品」の受容と解析に立って、中世的な龍女成仏の宗教相を探っていくことにしよう。

2 龍女の原像——「提婆品」の彼方へ

1 龍女の即身成仏

龍女成仏の中世的展開を考察するにあたり、もっとも刺激的なテキストとしてすでにたびたび引文した『渓嵐拾葉集』が浮かびあがる。この書は、叡山の黒谷慈眼房光宗《こうしゅう》が天台密教に関する山門の口伝記録類を百十三巻に集成したもので、文保二年（一三一八）に完成した。本節では、密部の巻第二十七「法華法」にみえる「提婆《だいば》達多《だった》品《ぼん》」の記事を軸に、その他「弁財天法秘決」など関連する記事を渉猟することになろう。とはいえ、集録された記事口伝とそれに付された編著者・光宗のコメントは、多くが断片的で、その上きわめて難解である。けれども、ひとつひとつに目を凝らして、その言説を支える行法と信仰的土壌をいくばくかでも探りあてることができるならば、私たちは龍女成仏を通して、複雑な魅力とエネルギーに満ちた中世的世界を目のあたりにすることになるはずだ。

「密教ノ肝心、大師ノ御意ハ、提婆品ヲ規模トスル習ナリ」。この一文から『渓嵐拾葉集』

「法華法」の「提婆品」解釈は始まっている。そして「三逆」の罪を犯した「調達《じょうだつ》」（提婆達多のこと）が、即座に来世は天王如来になるとの授記に与ったこと、「三毒」具足の「龍女」が速やかに南方無垢世界で成道を果たしたことは、他の経品に類をみないと、「提婆品」の特異性を称揚したあと次のように述べる。

　龍畜ノ苦法即チ法身ト顕ハレ、龍女ガ三毒ヲバ煩悩即般若ト転ジ、調達ガ三逆ヲバ業即チ解脱ト示ス者ナリ。

　天台では、早く宋の知礼が「二物相合の即」・「背面相翻の即」・「当体全是の即」という三種の「即」を説いたが、ここでは煩悩道・業道・苦道の輪廻三道が、大涅槃所具の三徳（法身徳・般若徳・解脱徳）と「即」すなわち不二・不離の関係にあるというのだ。

　ところで提婆達多と龍女におけるこの「三道即三徳ノ妙理」は、中世に流通・浸透した本覚思想の成熟の一端を示すものだろう。たとえば恵心僧都源信に仮託された『真如観』は、鎌倉時代に成立した天台本覚論[9]を代表する書物といえるが、そこでは「本覚真如ノ理ニ帰スル」事をメルクマールとして、煩悩即菩提・生死即涅槃や三道即三徳が説かれている。

　真如ノ理ト云ハ、広ク法界ニ遍ジテ至ラヌ処ナク、一切ノ法ハ、其ノ数無量無辺ナレ共、真如ノ理ヲ離タル者ナシ。亦万法ヲ融通シテ一切トナセバ、万法一如ノ理ト名ク。

サレバ煩悩モ即菩提ナリ。生死モ則法身ナリ。悪業モ則解脱ナリ。サレバ我等ガ一切衆生ノ身ノ中ノ、煩悩業苦ノ三道、此モ仏ノ法身・般若・解脱ノ三徳ナリ。亦是法報応ノ三身ナリ。我等ガ身ノ中、三道既ニ三身ナレバ、我等則仏ナリ。三身則チ三道ナレバ、又我等衆生ナリ。

こうした認識に立って『真如観』は、文殊菩薩の説いた『法華経』を、龍女が「諸法実相ト云フ詞ノ下ニ、我則チ真如ナリ我仏ナリ」と悟ったことと解する。ここでは龍女が畜種であることは絶対的な与件ではなく、「畜生ノ身ナレ共、法華経ノ諸法実相ノ一句ヲ聞テ」正覚を成したとあっさり語られる。いやむしろ龍女は「最上利根ノ者」であるがゆえに、「此ノ身ヲ捨テズシテ」成道できたのであって、「鈍根」なる「我等」に比べてその頓証菩提は讃仰の対象となる。

ともあれ『真如観』は『法華経』の説く「万法一如ノ理」によって「我心即真如」という内証の開悟を龍女成仏のポイントとみるわけだ。つまり龍女は、かかる即身成仏の証人なのである。このような三道即三徳の相即論によって、「本覚真如」の徴証を龍女成仏に求める方法は光宗にも継承された。

又「遍ク十方ヲ照ラシタマフ」ト云フ故ニ提婆ト龍女ノ三道ニ局セズ、一切衆生ノ三道、皆是《コレ》法身如来ノ荘厳ナリ。故ニ一切衆生ハ又是《コレ》法身ノ如来ナリ。（「法華法」

かくして龍女（と提婆達多）における「妙理」は、あらゆる衆生に内在する煩悩中の真如すなわち「如来蔵」を開示するものとなる。

なお右の『真如観』の作者に仮託された源信は、『即身成仏義私記』なる書を著わしている。「提婆品」の本文に沿いながら、『法華文句』や『法華玄義』、また『法華文句記』などを引文し、問答体によって天台における即身成仏の意義を述べたものであった。[10]

そもそも天台では早くから、龍女の即身成仏をめぐって論義が行なわれてきたが、その中で、龍女が成仏したのはどの段階・位であったのかという論題がある。天台や華厳では、おおむね菩薩乗五十二位中で十住の第一を表す「初住」の成仏と解されている。文殊菩薩が龍女について「刹那ノ頃ニ、菩提心ヲ発シテ、不退転ヲ得タリ」（「提婆品」）と語る箇所の、「発菩提心」を「初住」の位にみなすわけだ。

ところがその後龍女は霊鷲山に詣で、仏菩薩らの眼前で「変成男子」（第3節で後述）を遂げると、南方無垢世界へ往き、「等正覚ヲ成ジ」た。ではこの如来十号の第三「等正覚」（三藐《さんみゃく》三菩提。正遍知とも）と「初住位」はどう関係するのか。たとえば『法華玄義』は「菩提心ヲ発シ」「等正覚ヲ成ス」ことを「即チ是《コレ》涅槃ト発心ト、畢竟二ニ別レズ」と判釈した。また文殊が龍女について語った「志意和雅ニシテ、能ク菩提ニ至レリ」という箇所の「能至菩提」を、「後位」の「妙覚之位」と把え、「即チ知リヌ。一生中、先ズ初住ニ入リ、後ニ妙覚ニ入ルナリ」と評した。

このように天台の教判では、概して龍女の海中の成道を初住の成道とし、無垢世界の成道を妙覚の成道と見、その上で両者の関係を権・実二義や能化・所化といったオーソドックスな方法概念によって統一を図った。『即身成仏義私記』での源信の立場もあくまでこの枠内にあるといえよう。だが『渓嵐拾葉集』では、そうした正統的注釈史の流れを汲みながらも、一方で大きな意味の変容が生じてきている。

龍女成仏妙覚成仏ノ事。示シテ云ク。龍女ヲバ天台等ニハ初住ノ成道ヲ唱フト云云。今密教ノ意ハ、龍女ノ成道ハ妙覚究竟ノ成道ナリト習フナリ。其ノ故ハ、龍女ハ実ニハ真言教ノ五相三密行ニ依テ成仏ス。（同右）

南方無垢世界における龍女の成道。それは密教の「五相三密」による成道と把えられているのだ。「弁財天法秘決」でも「龍女ノ正覚ハ五相成身観ト習フナリ」とあり、ここからにわかに龍女成仏は顕教の「八相成道」に対し、密教の「五相成身」という様相を帯びるようになる。もちろん背景には、五大院安然《あんねん》の『教時問答』や智証大師円珍の『講演法華儀』における龍女・真言成仏説があろうが、後述するように、そこには中世的というべき宗教思惟が流動していたのである。

2　三毒の当体

　ここで、密儀において成仏を遂げたという龍女のドラマに入っていく前に、龍女なる存在をあらためて凝視してみよう。娑竭羅（サーガラ）龍王の娘である八歳の龍女。この小さな女主人公《ヒロイン》の像をどう摑まえるかによって、「提婆品」後段の龍女成仏はまったく異なった様相を帯びてくるはずだ。そのスリリングな展開を『渓嵐拾葉集』の中に見出すことができる。たとえば『即身成仏義私記』では龍女にさほどの関心が払われていないのに比して、『渓嵐拾葉集』は執拗なほどにその劣悪な存在の与件を摘出する。そこに源信の生きた平安期とは異なる、思想的契機と宗教情動を感じないわけにはゆかない。

　さてなによりも、八歳の龍女とは、畜類／女／幼少という、三つのネガティヴな属性を身に負う存在であった[11]。

> 然ルニ此ノ龍女等三毒之ヲ持ス。男女中ニハ女身ナリ。貪愛ヲ以テ体ト為ス。諸趣中ニハ蛇毒身、大瞋ヲ以テ体ト為ス。六道中ニハ畜生道ナリ。愚癡ヲ体ト為ス。又蛇身三毒等持ツ形ナリ。ヲソロシキハ瞋恚ノ相ナリ。執著ノ相、貪愛ノ相ナリ。汚穢ノ相ハ愚癡ノ相ナリ。男女ノ中ニ女身ハ愚癡ナリ。年齢幼少ハ愚癡ナリ。此ノ愚癡ハ無明ヲ体ト為ス。無明ハ是諸煩悩ノ根本ナリ。
>
> （「法華法」）

女人とは成仏しがたい五障（梵天、帝釈天、魔王、転輪聖王及び仏身になることができない）の存在であることは、早くから経典類の語るところであった。けれども右のように、龍女を三毒（貪《とん》・瞋《じん》・癡《ち》）の凝結した当体とみなすとき、その像容は〈女〉であることよりも、〈畜類〉という属性において把えられているのが見逃せない。もちろんそこには、「此ノ三毒通ジテ三界一切ノ煩悩ヲ摂ス。一切ノ煩悩能ク衆生ヲ害ス。其レ猶毒蛇ノゴトシ。亦毒龍ノ如シ。是ノ故ニ龍ヲ喩ヘテ名ヲ毒ト為ス」（『大乗義章』「五・雑衆」）のような経典説も影響していたはずだ。

このように龍蛇形を煩悩や三毒に擬《なぞら》える比喩が八歳の龍女と結びついて、中世の叡山では、龍女は十六丈の蛇形であったとの言説が派生した⑫。

一、龍女霊山ニ詣デル形ノ事。霊山ノ聴衆ノ見レバ、八歳ノ龍女ナリ。釈尊見ルニ十六丈ノ蛇形ナリ。（「真言秘奥抄」）

なぜ釈尊には「十六丈の蛇形」と見えたのだろうか。ここから龍女における実存の新しい扉が開かれる。

其ノ故ハ、一切衆生ノ無作本有ノ形態ハ蛇形ナリ。此ノ無作ノ体ヲ改メズ本有ノ法身ト開クナリ。一切衆生ノ理性ノ海中ニ三寸タラズノ蛇形有リ。（同右）

釈尊が龍女を蛇形と見たということ。それは龍女を媒《なかだ》ちとして人間存在の根源性がえぐり出されたことの象徴である。なぜなら一切衆生における、因縁の造作無き無作本有《むさほんう》の体《たい》は蛇形であって、まさにその証《あかし》として衆生の体内の水中には三寸ほどの蛇が棲息しているのだから。

ここで前節で述べた、法が滅するとき経巻や教法は龍宮へ収まるという言説がブリリアントに甦ってくる。それは無明の本源たる龍宮への回帰であり、その龍宮の主である龍神は、無作本有を己れの当体としていた。三毒の形象《フォルム》としての龍蛇形(13)。それはまた、衆生のあるがままなる無作本有の姿でもあった。

かかる思惟と教説が、ここでは『法華経』の龍女成仏という説相を通してよりヴィヴィッドに語られているわけだ。龍女の存在性が開示する世界。それは決して『法華経』注釈史のリニアーな延長上に派生したものではなかった。その証左を、次の詞章にも端的に見出すことができよう。

問フ。神明ノ垂迹必ズ蛇身ニ現ズル方如何。答フ。神明トハ和光同塵ノ体ノ故ニ、凡夫ニ似同シ給フナリ。凡夫トハ、三毒等ノ分極ノ成体ナリ。三毒極成・無作本有ノ形体ハ必ズ蛇体ナリ。（巻第六「山王御事」）

一、神明必ズ蛇身ニ現ズル事。和光同塵トハ、三毒権成（ママ）シテ凡夫ニ同ゼンガ為ナリ。而ニ三毒極成ノ体トハ蛇身ナリ。共ニ小野ノ四十帖決ニ云ク。一切ノ神義（ママ）迹化ハ蛇類ニ帰スト云フ。虫類トハ蛇身ナリ。（『真言秘奥抄』）

仏が神となって濁世に垂迹し、衆生を化導する「和《わ》光同塵《こうどうじん》」とは、神が「三毒極成ノ凡夫」に同化するためで、その「三毒」の体は蛇という形象をとる。よってあらゆる神の垂迹の姿は蛇形である、という三段論法である。実はここに、思弁を超えた〈信〉のメカニズムがかいま見える。何よりも無作本有の、三毒の形象（蛇）という認識の磁場で、『法華経』の龍女と神祇信仰が、思いもかけない交渉を遂げていることに気づく必要があろう。この点について光宗は、右の「迹化ハ蛇類ニ帰ス」という習いを準用し、次のように説明する。

云フ意ハ、一切ノ神祇冥道ノ垂迹ハ、皆蛇形ナリ。其ノ故ハ、一切衆生ノツクロハザル本有ノ念体ハ蛇曲ノ心ナリ。サレバ凡夫衆生悉ク蛇身ヲ感得スルナリ。マサニ之ニ同ゼンガ為ニ、垂迹ノ神明ハ蛇身ヲ現ジ給フ。仍テ蛇類ニ帰スト釈シ給フナリ。

（巻第三十六「弁財天法秘決」）

衆生の「ツクロハザル」本有の体は、くねった蛇の形であること、だから衆生は蛇身をよく感得しうるのであり、神はそれに呼応して蛇体で示現すると説いているのだ。言うなれば神は、衆生の姿に似せて己れの姿を作り変える。そして人は、己れの本性の対他的存在として、蛇体なる神を〝発見〟する――。龍蛇形をシンボルとする無作本有という実存が剔き出しとなった今、両者を分かつものは祀る者と祀られる者という位相の差異でしかない。

ところで右の「迹化ハ蛇類ニ帰ス」という宗教思惟は、中世における本地垂迹説の展開を見定める上でも重要な意味を持っている。中世にはさまざまな神々や精霊などを概念化・類別化することが行なわれたが、中でも「権者《ごんしゃ》」と「実者《じっしゃ》」という権実二類論が広く流通した。「権者」が濁世の衆生を済度するために仏菩薩が神明として示現したものとされるのに対し、「実者」は死霊・悪霊・蛇鬼などの類で本地仏を持たない存在とみなされた。権者に比して低級な実者の神が、蛇や鬼という劣悪な姿で現ずること――それは、辺土日本の末世という時代のさなか、仏道に結縁するすべを知らぬ「愚癡の族を利益する方便」（『沙石集』）なのであった。この実類の神は、密教における等流身《とうるしん》、また荒神グループの様態とも共通しており、そこに仏を上位とした本地垂迹説を転倒させる神祇信仰の新しい波をみてとることができる。(14)『渓嵐拾葉集』の語る龍蛇神もその一環に連なるといえるだろう。龍蛇は、自身のペルソナである衆生の本性に同化を企てるに至り、「無作本覚ノ体」という存在規定性をも獲得したのだった。

其ノ意ヲ云ハバ、龍畜ノ迷心ヲ改メズトハ、無作本有ノ念体ヲ不動ノ無作本覚ノ体ナリト示ス処ヲ云フナリ。蛇心ハ無作ヲ表ス。十六丈ハ十六生ノ正覚ヲ顕ハスナリ。年少ハ愚癡ノ体ヲ不動本覚ナリト顕スナリ。サレバ不動法ヲ習フ時、肥満童子ト云フ事コレ有リ。其レトハ十五歳已前ノ童子ノ未ダ煩悩ヲ修起セザルノ時ノ念体ナリ。是即チ本覚無作ノ体ナリト習フナリ。是ヲ無作ノ断惑ト名クルナリ。龍女ガ幼稚ニテ正覚ヲ唱フハ此ノ意ヲ顕スナリ云云。

(「弁財天法秘決」)

思い起こしてほしい。『平家物語』「灌頂巻」では、龍種と化した平家一門の人が「龍畜の依身を改めて」浄土菩提へ至ろうとしたことを。けれどもここでの龍女は「龍畜ノ迷心ヲ改メズ」正覚しうるのである。それは「不動ノ無作本覚ノ体」と説明されているように、まさしく煩悩即菩提という本覚のシミュレーションなのであった。

また蛇体の「十六丈」を「十六生ノ正覚」、つまり十六三昧の成就を以て円満の大覚を証すことにアナロジーしている点は、龍女成仏と行法との繋がりを示すものだろう。事実、不動法実修の際に「肥満童子」という習いがあるというが、それは煩悩未発の存在である「童子」の本質に関わる口決であろうか。ただし台密の行法を集大成した『阿娑縛抄』「不動法」の項には「肥満童子」のことはみえていない。

なお『大日経疏』の不動明王の形像に関する記事に「其ノ身卑クシテ充満肥盛ナリ」とあり、それは明王ではなく従僕の相と注している点を踏まえれば、「肥満童子」は明王の使者に関する習いとも考えられよう。そもそも不動明王は、成仏後もその本誓によって初発心の形を現じ、童子形で行者に給仕する「不動使者」でもある。中世の叡山における「肥満童子」の口決と行法は今のところ不明とするしかないが、中世における童子や児《ちご》の両義的性格はすでに多くの人が説くところである。叡山では「一児《ちご》二山王」(15)の習いが有名だが、ここの「肥満童子」は無作にして断惑のラディカルな存在として把えられているわけだ。

さて龍女とは、畜類／女身／童子という三つの属性を具有している存在であった。即自的にはこれらは劣機の表象なのだが、同時に本覚の弁証法にあってそれは矛盾的統一体として自己を止揚する。そのうちの龍種という劣性は、人間存在の当体を龍蛇に形象化する作用を通じて、はからずも神祇信仰のニューウェイヴとの熱い連帯をかたちづくることになったといえよう。

3　弁才天との交渉

ところでこの蛇形と神祇信仰をめぐっては、いまひとつ見逃しえない問題がある。それは弁才天にまつわる教説である。

中世の叡山には智慧を宰《つかさど》り、音声を当体とする「妙音弁才天」のほかに、福徳を宰る、観音の化身の「宇賀弁才天」がいた。経軌には見えない宇賀弁才天とは、体は白蛇で、顔は老翁の相という異様な形貌の持主であった。ではなぜ白蛇の姿であったのだろうか。

其ノ垂迹ヲ云フ時、白蛇ヲ以テ体ト為ス。蛇身是《コレ》三毒極成ノ体ナル故ニ、三悪道ヲ摂スルナリ。　（「弁財天法秘決」）

ここにもう一人、「三毒具足ノ当体」の主がいたことになる。とすると、この宇賀弁才天は龍女と関わりがあるのではないかという想像が脳裏をかすめよう。いまや忽然と登場した感のある宇賀弁才天だが、この尊格は叡山に伝えられた祭文や偽経、また行法の実修を通して生長した。もちろんその様態は、中世における宇賀神・荒神信仰の伝播と流通という広いパースペクティヴにおいて考察する必要がある。

これらの問題は、別稿で詳細に論じたので割愛するが、さしあたり注目すべきは弁才天と龍女の接近、また習合の場面だろう。次節で述べるように、そのポイントのひとつは宝珠に絞られてくる。左の手に如意宝珠を持つ弁才天は、その三昧耶形を宝珠とすることで知られた尊である。当然その如意宝珠は、龍女が釈迦に献上した宝珠との類想を呼ぶ。

いまひとつは、蛇体なるものを介しての習合だろう。肺中の蛇を「第六ノ心王」とするとき、それを転じる識別作用が弁才天に委ねられていくメカニズムは、すでに1–3でみてきた。注目すべきは、叡山でそれが「生身《しょうじん》弁才天灌頂」として相伝された事実と、灌頂の口決にこれまで述べてきた、龍女を含む龍蛇形なるものの無作本有説がとり込まれていることだ。

生身弁才天灌頂決　秘決云
宝珠何在性海之底　恵日高照心空之境已上

性海  肺蔵

一切衆生肺蔵中ニ有二リ八葉蓮華一。中ニ有二リ金色之水一。中ニ有二リ不三寸之蛇形一。是則第六識主宰也。我等之是非思量此蛇形之所為也。
小野卅（ママ）帖決四弘法大師一切神祇迹化帰虫類云云。口伝云。一衆生無作本有之心体者三毒具足蛇形也。仍一切ノ神明ノ垂迹形者蛇身也。然間八歳龍女詣於鷲峰之時十六丈龍体也。是為顕無作之身也。不改本体也云云。
（叡山文庫蔵『弁才天秘密要集』）

かくして叡山の信仰圏における『法華経』の龍女は、弁才天との親密な交渉によって、また異なる貌を自身の中に抱えこむことになっていくのである。
以上、畜種／女／幼少という三つの存在規定性をもつ龍女の姿を『渓嵐拾葉集』を中心に追い求めてきたわけだが、そこでもっとも強い光彩を放っていたのは龍畜という属性であった。裏返せば、現身の女人が背負う罪業というモチーフにさほどの関心は払われていないの

であって、それはかかる龍女成仏の習いが、女人によって担われたのではないことを示してもいよう。

龍女という存在の深奥を照射することで焙《あぶ》り出されてきた世界――。それは中世叡山における本覚思想の爛熟を物語る。劣機なるものが正覚に達するという覚醒の逆立構造である。と同時にそれを可能にしたのは、龍蛇神を象徴とする実者の擡頭という神祇信仰の大いなる変貌であることに気づかされるのだ。

ここまできて私たちは、『平家物語』「灌頂巻」に登場していた謎の経典「龍畜経」の正体に思い至る。龍種となり変った平家一門の人々と龍女を演ずる建礼門院が頼るべき絶対の聖典「龍畜経」。それはもちろん『法華経』「提婆達多品」を措いてはあるまい。その一方で、いまひとつの「龍畜経」が時空の彼方に像を結ぼうとする。〝真正〟の「龍畜経」。そんなものがもしあったとしたら、そこには本稿でこれまで述べてきたことのエッセンスのすべてが記されていたはずであると――。

「提婆品」龍女成仏の原文はきわめて短いものだが、それをめぐる山門学僧の教理と観念の運動は驚くべき深みと行程を示した。いわゆる女人往生という視点や正統的教学の範疇では決して把えきれない世界であることを、幼い龍女に纏わりついた存在の秘密を解き明かすことによって知らされたわけだ。なぜなら、『渓嵐拾葉集』が思弁する龍女像の背後には、中世の宗教世界をエキサイティングに変貌させてきた宗教思想的契機が作動していたのだから。『平家物語』における「龍畜経」の案出も、そうした思潮とは無縁ではなかったのだ。

3　成仏のドラマトゥルギー

1　変成男子法

「提婆品」龍女成仏は次の場面をクライマックスとする。

　女の言わく「汝の神力をもって、わが成仏を観よ、またこれよりも速やかならん」と。当時《このとき》の衆会《しゅえ》は皆、龍女の、忽然の間に変じて男子と成り、菩薩の行を具して、すなわち南方の無垢世界に往き、宝蓮華に坐して、等正覚を成じ、三十二相・八十種好ありて、普く十方の一切衆生のために、妙法を演説するを見たり。

問題のポイントは二つだろう。すなわち㈠〈変成男子《へんじようなんし》〉とは何か、㈡南方無垢世界での成道はどのようなものなのか。龍女をめぐる中世的ロゴスの旅もここからいよいよ〝成仏〟を中心に展開されることになる。

変成男子とは、女人を変じて男子となすの意である。五障のある女人はそのままでは成仏できないから男身を得ることによって成仏するという。ただしこの変成男子は、『法華経』「提婆品」のみが説いたものではない。たとえば光明真言と薬師法に関わってみえている。

光明真言は大日如来の真言で、一切諸仏菩薩の総呪にあたり、これを受持・読誦すれば仏の光明を得て魔王の群類を焼滅できるほか、己れの一切の罪障が消除され速やかに往生できるとされた。ちなみにこの真言を用いる土砂加持法は、亡者をも得脱させると信じられ、中世では醍醐山清滝権現の秘法が有名である。この光明真言に関する『毘盧遮那仏説金剛頂経光明真言儀軌』は日本で作られた偽経だが、その中に変成男子の項がみえる。

若シ女人有テ女身ヲ厭ヒ、好男子ヲ得ント欲スル者有テ、此ノ真言ヲ誦持スル者ハ、女身ヲ転ジテ大梵天王ト成ルヲ得ン。若シ貌形醜陋ナル女人、此ノ真言ヲ誦持シ一万返ニ満テバ、必ズ端正ノ形貌ヲ得テ世間ノ諸人ノ為ニ愛敬セラルルコト疑ヒ無シ。

女であることそれ自体を呪い、性の転換を望む女。醜い容貌を厭い美貌になろうとする女。女人の罪業性と現実的欲求に呼応した変成男子のマジックではある。なお、五障の一つである大梵天王に来世で転生できるというのは、光明真言の呪能の強さを示すものだろう。

また薬師法での変成男子は、『薬師本願経』の説く薬師の十二大願中、次の第八願にもとづく。

第八大願トハ、若シ女人有リテ女身ヲ捨テント願ヒ、我名ヲ聞ケバ已テ一切皆女ヲ転ジテ男ト成ルヲ得テ菩提ヲ証得セン。

こうして変成男子とは、女人の切実な希求に立脚する限り、それは成就のための行法となって実践されることになる。日本では王朝期以来、変成男子法がしばしば修せられたが、来世で男子に生まれ変わることを目的とする法のほかに、未生の胎児の、胎内における女から男への転換を目的とするものも多くあった。それは烏枢沙摩《うすさま》明王を本尊とする烏枢沙摩法によるもので、叡山の慈恵大師良源によって始修されたと伝える。烏枢沙摩明王は不浄を転じて清浄とする働きを持つため、この法は変成男子法に限らず出産時には広く用いられた。

伝ヘ聞ク。慈恵大僧正、変成男子ノ為ニ之ヲ修セシメ給フ云々。未ダ日記ニ見ズ。其ノ後中絶シ了ヌ。而ニ阿弥陀房供奉真静伊予守知章ノ婦ノ産祈ノ為ニ之ヲ修セラル。七日ノ内ニ産生ス。霊験掲焉ナリ云々。

（『阿娑縛抄』「烏枢沙摩」）

これらの記事によれば、変成男子法は、皇后・中宮をはじめとして貴族の女性が、皇子（男子）の出産を祈念し体内の女児を男子に変える法で、烏枢沙摩法のほかに民間呪術などの行なわれたこともあった[17]という。変成男子法はこのほか修験道の切紙にも見えている。

以上の変成男子法は、おもに女人罪業観や現実利害にもとづいた女から男への性の転換を企図するものであったといえよう。では『法華経』「提婆品」が説く龍女の変成男子は、中世の叡山でどのように受容され、また行法として実践されていったのか。ここでふたたび『渓嵐拾葉集』の記事がたぐりよせられてくる。また時代は下るが、いわゆる直談《じきだん》物と呼ばれる法華経注釈類の一書で、天文十五年（一五四六）以前に、栄心によって編述された『法華経直談鈔』も参照することにしよう。同書をはじめとする一群の直談系の注釈書には、当時流布していた多くの説話や釈義が引文されており（その中には『渓嵐拾葉集』中の記事と重なり合う部分もある）、中世天台における龍女成仏の解釈の幅を見極めるのに格好の素材といえるからだ。

さて「提婆品」の変成男子をめぐって『法華経直談鈔』は四つの説をあげている。

①女人が男子となって成仏したことを意味しない。成仏すれば必ず仏の十号を具足することになるが、そのうちの「丈夫ノ相」（第八号の「調御丈夫」のこと）を得たことを変成男子という。

②五大院安然《あんねん》の唱えた胸中蓮華不同説。一切衆生の胸の中には八葉の蓮華がある。男子の蓮華は上を向いて開いているが、女人のは下を向いて萎えている。けれども龍女が成仏した時には胸中の蓮華が上を向いて開いた。これを変成男子という。

③仏性を悟ったものを「丈夫」または「男子」という。女人でも「己心の仏性」を「開

発」すればそれは男子である。よって龍女は変成男子を遂げた。

④娑婆世界には変成男子の義はない。南方無垢世界で成道し仏になることを「変成」というのであり、成仏すれば皆男子となる。

一方『渓嵐拾葉集』では、変成男子法は「法華法」に関わるとし、次の四種の口伝があげられている。

問フ。変成男子法ハ何ナル法ニ依テ之ヲ修スヤ。示シテ云ク。法華法ニ付テ習フ事ナリ。之《コレ》ニ付テ重重之有リ。一ニハ仏性ヲ知ルハ男子ト為ス。仏性ヲ知ラザルヲ女人ト為スト云云。二ニハ理智不二ノ智恵ナリト云云。三ニハ満字ノ卍ト習フナリト云云。四ニハ向下ノ蓮花向上ニ成ルト云云。已上四種ト習フ事口伝ナリ云云。（「法華法」）

『法華経直談鈔』と共通する一説と四説のうち、何といっても四の心蓮花向上説が注目される。（なお三の満字説も、「秘秘中極極」の「卍字秘決」として叡山に相伝された(18)。）

早くから密教には、衆生の肉団心（心臓）を胎蔵界では八葉の蓮華と観じ、金剛界ではこれを月輪と観じるという説があった。八分の筋脈のある心臓は、花弁を閉じた合蓮の形に類似している上、その未開敷《みかいふ》の状態は胎蔵界の因中含理の意と考えられたのである。また月輪は菩提心の円明《えんみょう》の体を表わすものとされ、そのため金剛界果智の標徴にみなされた。

ところで、心蓮は男子の場合は上を向いているのに対し、女子は下向きだという説は早く『大日経疏』[19]にみえるが、それを『法華経』の変成男子に結びつけたのは、中古の日本天台であった。台密の学匠池上阿闍梨皇慶《こうげい》が大原の長宴に口決で伝授したものを長宴が輯録《しゅうろく》した、十一世紀半ば成立の『四十帖決』に変成男子がみえている。

寛徳二年四月二十三日
菩提心論ニ云フ。「凡夫ノ心ハ合蓮、仏ノ心ハ満月ノ如シ」云云。師曰ク。凡夫ノ心中ニ肉団ノ蓮有ルノ故ナリ。仏心ノ自潔清浄ノ義ヲ観ルガ故ニ、仏心ニ於テ之ヲ観ルナリ。女人ノ心蓮下ヲ向ク。心蓮ニ於テ仏等ヲ観ルノ時、反ジテ心蓮ヲ観ルニ上ニ向ク云云。
永承三年壬正月
男ノ肉ハ上ニ向ク。女ノ肉ハ下ヲ向ク。下ヲ向クガ故ニ是法器ニ非ズト云フナリ。妙法ノ心蓮台ニ非ズ。開敷シテ仏位タルベキニ非ザルガ故ナリ。故ニ将ニ等正覚ノ時ニ、必ズ蓮反ジテ上ヲ向クガ故ニ変成男子ト云フノミ。
（十三「月蓮」）

かくして、龍女の変成男子とは蓮華の向上（＝等正覚）なりという叡山の教説は、密教の心合蓮華観の上に生起したものであったことが明らかとなった。ただしそれが法華法という修法と結びついていったのはもう少し時代が下ろうか。

なお変成男子法は秘事口伝であったためか『阿娑縛抄』の「法華法」には記されていない

が、『渓嵐拾葉集』「法華法」にかろうじてその痕跡をとどめている。そこではまず、法華の宝塔は顕教の義では「本迹不二ノ観心ノ義」、密教の意では「境智不二ノ表示」と示され、続いて𑖀《ア》字の塔婆と𑖪𑖽《バン》字の塔婆の二種をあげたあと、光宗は次のような私註を加えている。

　私ニ云ク。慈恵大師、変成男子ノ秘法行ヒ始メシメ給フノ時ハ、此ノ𑖪𑖽字ノ塔婆ヲ三十七立テラレタリ。

この記事によれば慈恵大師は、既述の烏枢沙摩法のほかに法華法によって変成男子の秘術を修していたことになる。それは三十七本の塔婆を用いるもので内容は不明だが、後に述べるように『法華経』の龍女と塔婆（宝塔）とは、不思議な縁《えにし》をとり結んでいたのである。

以上、龍女における変成男子という習いの展開を、山門の教説の中に追跡してみた。それは心蓮・心月に象徴される菩提心――すなわち即身成仏をめぐる釈義の上に派生したものといえるが、修法・秘術という実践を媒介することで肉体を得て、言説としても自立していったにちがいない。一見狭い教団内の教理とみえるものも、中世にあってその多くは宗教的実践としての修法と結びつき、鍛えられていくプロセスを経由しているのだから。

2　南方無垢世界での成道

変成男子を遂げた八歳の龍女は、南方の無垢世界に往き、宝蓮華に坐して等正覚を成じたという。なぜ龍女は〝南方〟に赴いたのか。この点をめぐって『法華経直談鈔』は四つの説をのせている。

①南・北の方位は陽・陰で表わされる。男は陽、女は陰だが、龍女は変成男子したため、陽である南へ赴いた。

②経典によれば、龍女は昔、観音に仕えていた。南方は観音の方位（補陀落山）であるから、観音の給仕のために出向いた。

③東西南北のうち南は夏の方位である。龍は水の精で、本来水は冬に配されるが、寒い時は物の役に立たない。だから水の精である龍女は、南（夏）に赴く。

④四方を五大に配する時、南方は「火大」の方でその種子は「塵垢不可得ノ𑖨𑖽《ラン》字」である。火は物を焼く働きを備えている。だから𑖨𑖽字の火によって、女人の塵垢を焼き焦がす意味で、南の「火大」の方に行って成道した。つまり女人の垢穢を悉く焼き尽して清浄の身と成したためにその国を「無垢世界」と名づけたのである。

右の四説のうち取り上げるべきは④の説だろう。この説は『渓嵐拾葉集』に見えており、龍女成仏をめぐる山門の教説の中でもひとつの核をなすものといえるからだ。

龍女ノ南方無垢世界ノ成道ヲ唱フ深意知ルベシ。龍女ノ三毒ハ是〓《ラ》字ノ種子、宝珠ハ是三昧耶形。南方無垢世界ノ成道ハ是尊形ナリ。即チ宝生尊ナリ。（中略）〓ノ字ノ字相ハ煩悩塵垢ナリ。字義ハ即チ塵垢不可得ナリ。故ニ無垢世界ト云フハ、是〓《ラン》ノ字ノ三摩地ナリ。南方ハ火ノ方ナリ。相応ノ意知ルベシ。宝珠ニ又無垢ノ徳アリ。迷位ノ時、第七四煩悩塵垢〓ノ字ノ字相ナリ。開悟ノ時ハ、平等性智無垢ノ体〓ノ字ノ字義ナリ。

（「法華経」）

こうした解釈の土壌をなしているのは、密教の五大観である。密教では次のように地・水・火・風・空の五大を五方の五仏に配した。

東	地	（黄）	阿閦《あしゅく》如来	発心	大円鏡智
西	水	（白）	弥陀如来	菩提	妙観察智
南	火	（赤）	宝生如来	修行	平等性智
北	風	（黒）	不空如来	涅槃	成所作智
中	空	（青）	大日如来	方便	法界体性智

つまり「火大」は南方の「宝生尊」に比定され、修行の位を占め、一切の差別を滅して平等一如たる「平等性智」を表わす。そして火の燃焼力ゆえに南方に配され、赤色が相応するとされた。

さて火大の種子である𑖨《ラ》（囉）字は「塵垢ノ𑖨字」と称されたが、光宗は龍女の三毒をこの字に擬《なぞら》え「煩悩塵垢」ととらえた上で、転じて開悟の時は「無垢世界」「平等性智無垢ノ体」と見、これを「𑖨𑖽《ラン》ノ字ノ三摩地ナリ」と解した。なぜなら𑖨字に大空点を加えた𑖨𑖽（覧）字は、煩悩塵垢を焼除した慧火を表わすと密教では観じているからだ。

かくして龍女の成道とは、はっきりと密教における成道であり、それは南方宝生尊の平等性智の三昧に達することと打ち出されてくる。

龍女南方ノ成道モ宝生尊ノ三摩地ニ入リ給フヲ以テ南方無垢成道ト名クルナリ。
（「法華法」）

南方無垢ノ成道トハ五相三密ノ行相ナリ。……密教ノ意ハ平等性智理智不二ノ宝部ノ三摩地ナリ。
（巻第二十二「求聞持法」）

なお『法華経直談鈔』では𑖨字の「塵垢不可得ノ義」によって女人の罪障が消滅するとし、それをもって無垢世界とみなしていた。つまり垢穢なる女人の往生というモチーフが保存されているわけだが、光宗は「離塵垢」の義を「修行ノ方」と結びつけ、普遍的な「断迷開悟・断惑証理・滅罪生善」の顕現と認識するのである。

成仏ハ必ズ修行劫ニ依ル。修行ハ必ズ煩悩ノ塵垢ヲ離ル。塵垢ヲ離レバ必ズ道ノ証理ヲ得ルナリ。（同右）

ここでにわかに脚光を浴びるのは、宝生仏だろう。金剛界曼荼羅南方の月輪に住するこの尊は、既述のように密教では毘盧遮那《ビルシャナ》如来の平等性智を宰《つかさど》り、修行の徳を表す。また福徳の宝を生ずるために、宝生と名づけられ、密教五部（仏部・金剛部・宝部・蓮華部・羯磨部）中、宝部の主とされた。

龍女はこの宝生尊の三摩地に入ったとみなされたのだが、この命題は、宝生仏の宰る平等性智が「灌頂智」ともいわれること、この尊は福徳無辺を表す「宝部」の主であること、その三摩耶形は三弁の宝珠であることにおいて、さらなる展開を遂げていく。

ところで、龍女の即身成仏に重要な役割を担っていたのは文殊菩薩であった。文殊が説法した『法華経』によって龍女は刹那の間に菩提心を発したという〝海中教化〟の場面を想起されたい。『真如観』ではそれを「実相真如」の一語に解していたわけだが、『渓嵐拾葉集』では虚空蔵菩薩の真言であったと述べる。

文殊ノ入海トハ、龍女ヲ化センガ為ナリ。海中所説ノ一乗トハ、虚空蔵菩薩ノ真言ナリ。之ヲ以テ龍女ニ授ク。龍女之ヲ守護シ無垢世界ノ成道ヲ唱フルナリ。凡ソ虚空蔵菩薩トハ、宝部ノ菩薩ナリ。（「山王御事」）

龍女は、虚空蔵菩薩の真言を誦持したことによって南方無垢世界の成道——すなわち宝部の三摩地に入ったというのだ。なお虚空蔵菩薩は、金剛界曼荼羅では南方の宝生仏所具の尊ともみなされること、また金剛界は即智門であることから、宝生尊と文殊菩薩との一体説も説かれている。だが何よりも重要なのは、虚空蔵菩薩の秘法＝求聞持《ぐもんじ》法[20]との関係だろう。なぜなら、龍女が文殊より授かったという虚空蔵菩薩の真言とは求聞持の真言であったとされるからだ。

今ノ龍女ガ成道ハ求聞持ノ事相ノ秘事ナリト相伝スルナリ。（「求聞持法」）

求聞持法。それは本尊・虚空蔵菩薩を念じて記憶力の成就を求める秘法である。天台・真言、また各流派によってその法式は異なるが、『渓嵐拾葉集』の伝える中世山門の求聞持法は、龍女成仏の習いと密接な関係をもっていたことになる。

ちなみに天台大師智顗は、釈尊一代の説法を五時に分類し、教化の方法と内容を化儀の四教・化法の四教とする、いわゆる五時八教という天台の教判を立てた。日本天台の求聞持法は、この五時の説相を、牛乳から醍醐に精製される過程に配当する。

壇上に安置した葉上僧正（栄西）伝来の「秋八月ノ霧」の如き「秘乳」[21]が、「乳酪」―「生蘇」―「熟蘇」―「醍醐」と次第に「五味ノ調熟」を経て醍醐味の法華に会入するのをこの法の成就の相とした。そのとき壇上の乳から光明が放たれるのは、「法華ノ諸法実相・遍照法界ノ相」を表わしているのだという[22]。

右の顕義に対して密義では、求聞持の真言＝五智の真言の加持力によって五味の調熟がなされ、五相成身・五智円満の全体が成熟されると説く。

真言ノ不思議ノ加持力ニ依リテ、無明ノ血乳反ジテ法性ノ智光ヲ生ズ。是ヲ醍醐味ト名ケ、是ヲ一乗法華ト名ク。（「弁財天法秘決」）

無明が転じて法性となるという本覚のセオリーが行法において語られ、先に述べた龍女の五相成身は「五味ヲ具足セル」体と解されて、顕密一致の習いを得る。こうして、虚空蔵菩薩の入海教化を求聞持の真言の授与とみなすことにより、山門の求聞持法に龍女成仏の習いが取り込まれていったとき、この法は次のような役割を演じることにもなった。

故ニ龍女ノ成道ニ限ラズ、我等ガ本有無作ノ成正覚ノ相ヲ、此ノ行法ノ中ニ修メ顕スナリ。（同右）

なぜなら、「釈尊一代ノ開悟ノ機用ハ龍女一人ニ窮ル」のであり、その龍女における速疾成仏はとりもなおさず「一切衆生成仏ノ手本」であるから。

3　求聞持法と龍女灌頂

かくして求聞持法と『法華経』の龍女とは深い関係をとり結ぶのだが、それは教理のみならず行法の中にも姿を現わしている。その際に注意すべきは、この法の「一一ノ表事」が「皆灌頂ノ事相ナリ」と指摘されていることだ。(23)たとえば、山門の求聞持法は閼伽《あか》水を汲む作法を「最極ノ秘事」とするが、それは「灌頂一箇ノ大事」という口伝によるものとした。この水は「悉地成就ノ地」「明星来下ノ地」「明星ノ影ヲ写ス地」のいずれかの水と定められていたが、興味深いのは聖水を汲み出すべき時間である。その時間とは、龍神が水を吐き出す刻限であった。ちなみにこの所伝は、仏に花や水を捧げる「花水供」の因縁譚になっている。

一、取水時分ノ事。示シテ云ク。丑ノ終リ寅ノ一点ニ之ヲ取ルベキナリ。凡ソ寅ノ時トハ、龍神ノ水ヲ吐ク時分ナリ。仍テ難陀・跋難陀ノ二龍、須弥最底ノ大海底ニ居シテ水ヲ吐クナリ。故ニ寅ノ初ニ成レバ大海ノ水、波ヲ生ジ音ヲ発スルナリ。水生ズル時ハ花開クガ如シ。故ニ水ニ花サクトハ云フナリ。花水供ノ因縁是ヨリ起レリ。（「求聞持法」）

続いて「灑水《しゃすい》ノ秘決」という書をあげ、「灑水灌頂ノ大事」に言い及ぶのだが、この灑水灌頂という作法に関しては、巻第七十七「十八道」の記事を見よう。

一、壇ノ上ニ香呂ト洒水ヲ置ク事。（略）灑水灌頂ト云フ事アリ。凡ソ灑水灌頂トハ、滅罪生善ノ義ナリ。灑水ト者𑖨𑖽𑖪𑖽ノ二字ヲ以テ加持スルナリ。𑖨𑖽𑖪𑖽ハ去垢義ナリ。是則チ断惑ノ義ナリ。

滅罪生善・降魔成道を目的とする灑水灌頂は、必ず香炉を灑水器と並べて壇上に置く。それは、「塵垢」をあらわす「火大」で𑖨𑖽《ラン》字の具有する「去垢」の効能を持つ香が、灑水器の「水大」の𑖪𑖽《バン》字と和合することで「断惑」、ひいては両部理智の法門を表わすからなのだ。こうした教説に絡み合うかのように、龍神と香炉にまつわる実に象徴的な伝承が発生している。

ある時一人の比丘がいた。この者は自分が所持していた「水瓶《すいびょう》」にひどく執着したために「龍畜ノ依身」となってしまった。己れの業障を懺悔すべく香を焚こうと思いたった

「龍神」は諸仏が来集している所へ、尾には「水瓶」を巻きつけ、頭には「香炉」を載せてやってきた。この因縁で諸仏を勧請するときは、必ず香炉を用いることになっている。（同右）

執着心のゆえに「龍畜の依身」と化した者の業障懺悔・滅罪生善というモチーフが、山門の灑水灌頂の由来譚であった。ほとんど同じ説相を、私たちはすでに『平家物語』「灌頂巻」の中に見てきている。建礼門院による畜生道の語り。それはまさに「龍畜の依身」となった平家一門の人々の救済と後世菩提を己が身において果たそうとするものであった。とすれば、女院の六道語りとその往生を物語る巻が「灌頂巻」と題されたことの秘密の一端に、ここで遭遇したといえないだろうか。それを示すのが、右にみた龍神と「水瓶」との切っても切れない因縁であったのだと。そしてこの時、弁才天も水瓶と深い関係を有していたことにはたと気づく。

弁才天法は、弁才天の三摩耶である「賢瓶」（水瓶）を壇具のひとつとするが、この水瓶を棲《すみか》として弁才天が出入りするという興味深い伝承が山門にあった[24]。共に水をエレメントとする龍神と弁才天の類同性はすでにみてきたが、水器を介しても両者は強く結びついていることが知られよう。また灌頂の際に用いる灑水器は、灌頂とは南方宝部の三昧に入ることから、宝珠形であることも注意される。

こうして、第一節から時に露顕し、時に伏在していた「灌頂巻」の謎[25]が、今や龍神とダイレクトに切り結んで再登場することになった。言うなれば問題は、「龍畜の依身」の滅罪灌頂という様相を呈してきたのだ。

　ところで龍神が灌頂、また戒を授かったという伝承が『渓嵐拾葉集』巻第三十七「弁財天縁起」にみえている。空海から灌頂を受けた善女龍王が、記念に金色の鱗を献じた話と、受戒のために良達房上人の所にやってきた龍神が、上人の水指（戒指、薬指）をくわえることで戒を授かった話である。龍神が灌頂や戒を受けるというモチーフもさることながら、それが弁才天（法）に繋がる点が重要だろう。この問題をさらに追い込むためには、ふたたび山門の求聞持法に目を凝らす必要がある。

　既述のごとく宝部の行法としての求聞持法は、「火大」𑖨《ラ》字の南方宝生尊が開悟のときに𑖨𑖽《ラン》字の平等性智を具足するため、無垢界の成道とみなされた。その求聞持法実修の時、火が行者を悩ませることがあった。火の幻覚によって行業が妨害されるのである。

> 此ノ法修行ノ時、火事発リテ留難ヲ成スナリ。其ノ由ハ、此ノ法ハ南方宝生尊ノ智火ニ宰《つかさど》ル故ニ、𑖨𑖽字ノ智門開カントスル時、無始ノ古業発リテ、火事出現シ行業ヲ妨グルナリ。此ノ如キ相現前スル時、驚動スルベカラズ。猛利強盛ノ信心ヲ起セバ、必ズ悉地成就ヲ得ン云云。（「求聞持法」）

「火」はもちろんのこと、「水」の統御もこの行法にとってひとつのポイントをなしていた。

師ノ口伝ニ云ク。此ノ法修行ノ時、道場ノ内ニ大海ノ水ヲ観テ行業ヲ妨グ。其ノ由ハ此ノ法ハ宝部ノ秘法・駄都ノ根元ナリ。其ノ所証ヲ云ヘバ、𑖪𑖽ノ一字ニ極マル。𑖪𑖽字ハ即チ如意宝珠ノ種子ナリ。故ニ南方ヲ以テ灌頂智ノ法ト習フナリ。仍テ悉地成就ニ近付ク時、無垢ノ故業現ニ起リ、大海水ト成リテ行菩薩ヲ妨グルナリ。（同右）

道場に海水が満ち溢れるのは、求聞持法が駄都《ダト》秘法の「根元」であるからという。本章1-3でも述べたが、水大𑖪𑖽《バン》字は、「万法種子教法ノ源」（「真言秘奥抄」）であって、それゆえ法滅の時に経巻や教法が龍宮に納まるのは、𑖪𑖽字に帰すと考えられた。如意宝珠も「万法能生」の徳を有するため𑖪𑖽字で表わされ、宝珠（舎利）法の一種の駄都秘法と結びつく。

山門相承の駄都法（舎利法）は、鉢を如意宝珠と習うもので、弁才天法実修の際には鉢が壇上に安置された。そして悉地成就の時に、その鉢を龍神が戴いて、檀那や行者の元に米や銭などを運んだと伝える。弁才天と龍神、そして如意宝珠がくっきりとひとつの連環をなしているのがみてとれよう。

凡ソ弁才天ハ水神ナリ。龍神ハ是レ水大ノ精霊ナリ。故ニ龍神ハ大海ノ最底ニ居ルナリ。龍神モ水輪ノ精ナリ。如意宝珠ハ水輪ヨリ生ジテ、万法能生ノ根源ナリ。故ニ龍神ハ舎利ノ精ヲ以テ水ノ魂魄トスルナリ。鉢ハ如意宝珠ノ三摩耶ナルガ故ニ、龍神是ヲ頂キテ虚空ヲ飛登スル故ニ、空鉢ノ法ト名ルナリ。（「弁財天縁起」）

ここまできてようやく、龍女が霊鷲山で釈尊に捧げた一顆の宝珠が、弁才天を本尊とした駄都法における如意宝珠と重ね合わされてくる。そしてこの時、龍女に関わるもうひとつの灌頂の表相が浮き彫りとなるのだ。

一。顕密一致ニ習フ事、天台所伝ノ五箇ノ印明ノ中ニ心中心呪ノ印アリ。此ノ印ハ宝珠印ト名ケ、白蛇印ト名ク。龍女海中ヨリ出テ霊山ニ詣ル時、一嚢ノ宝珠ヲ捧グル印是ナリ。此ノ印ハ密ニハ灌頂ノ印、顕ニハ無価ノ宝珠実相ノ印ナリ云云。（「真言秘奥抄」）

龍女が宝珠を捧げたときの印。それが「宝珠印」「白蛇印」と称されたことは、龍女と弁才天の習合を色濃く語るものといえよう。なおこの印が、密意では「灌頂の印」と相伝されたことに、龍女の灌頂というモチーフが察知されねばならない。すると『法華経』の龍女の世界で、灌頂をめぐり顕・密が一致するという展開が予想される。

4　顕密冥合の世界

「凡ソ灌頂トハ不二ヲ以テ体ト為シ、前仏ノ智水ヲ後仏ノ頂ニ灌グ」と簡潔に定義したあと、『渓嵐拾葉集』は顕・密両義にわたる灌頂の意味を説いてゆくのだが、まずその〝場所〟に驚かされよう。なぜならそれは「提婆品」ではなく、「見宝塔品《けんほうとうほん》」であるからだ。「見宝塔品第十一」は、「提婆品」の前に位置する経品である。多宝如来の坐る宝塔が空中にそそり立つと（宝塔涌現《ゆげん》）、釈迦は地上から空中の宝塔へと座を移し、多宝如来と並び坐る（二仏並坐《びょうざ》）。すると諸方に散らばっていた釈迦の分身《ふんじん》仏が来集して（分身来集）、釈迦に帰一し、また諸世界は通じて一仏土となる（通一仏土）。

右の説相のいったいどこで灌頂の義が語られるのかというと、それは釈迦と多宝仏が宝塔の中に並び坐るという「二仏並坐」の場面なのだった。

凡ソ密教ノ意、今日ノ龍女ガ正覚ノ相貌ハ、悉ク密教灌頂ノ表示ナリト習フナリ。釈迦・多宝ノ二仏ハ両部ノ大日ナリ。此ノ両部理智ノ法門ヲ金剛薩埵ニ授クルナリ。

（「弁財天法秘決」）

釈迦・多宝の二仏を両部の大日如来に配し、金剛薩埵《さった》に比定された龍女に、理と智が分かち難く一体となった法門を授けることを以て密教の灌頂の表示とみるわけだ。

もう一つの密義は、多宝仏を「法身」、「釈迦」を「報身」、宝塔＝塔婆を「不二ノ尊形」とする解釈である。ここで重要なのは、「宝塔ハ不二ノ宝珠・塔婆ナリ」と解している点だろう。すなわち宝塔は宝珠に一致し（不二）、よって宝珠は「境智冥合ノ体」という密教灌頂のシンボルと化したのだった。「宝珠ヲ以テ灌頂ト名ク」という秘密がひとつ証《あか》されたことになろうか。

では次に顕義による灌頂の解釈を聞こう。

顕ノ意ハ、宝塔ニ二仏並坐スルハ、不二一乗ノ法門ヲ以テ龍女ニ授ク。（同右）

「不二一乗ノ法門」「本迹不二ノ観」を二仏から授けられたことで龍女が開悟したならば、それは成道したことを意味するのではないだろうか。こんな疑念は決して見当違いではなかった。なぜなら、驚くべきことに、龍女は本当は南方に赴いたのではなく、宝塔の南面で正覚を果たしたというのだから。

龍女ノ南方無垢界ノ成道ト云フモ、実ニハ南方ニ行クニハ非ズ。宝塔ノ南面ニテ正覚ヲ果スナリ。……修行断惑スル時ハ、設《たと》ヒ余方ニ行クト雖モ、必ズ南方無垢界（ママ）ト云ハルルナリ。仍テ西方ヘモ行キ、東方ヘモ行ク。不二自証ニ帰シテアラバ平等大会ノ法花ノ修行ナリ。仍テ龍女ガ成道ノ時節ハ宝塔品ノ時ナリ。（同右）

南方の修行とは「平等大慧」の法華の修行であり、龍女が成道したのは、本当は「宝塔品」の「時節」であったという。ここで前に予告しておいたように、提婆品と宝塔品、龍女成仏と宝塔の法門が不二の関係として相対することになり、ふたたび法華の世界で龍女成仏の秘密が語られることになる。

ではどのようにして龍女は、「二仏並坐」の場面で成仏を果たしたのか。

宝塔ハ東方ヨリ来ル故ニ、多宝仏ハ西ニ向キ給ヘリ。釈迦ハ西方ヨリ東方ニ向キ給ヘリ。サテ二仏並座ノ時ハ、クルリト西方ヘ両尊ムキ給フ。其ノ間東ヨリ南方ニ向キ、次ニ正シク西方ニ向キ給ヘリ。釈尊南ニ向キ給フ時分ニ、龍女ハ正覚ヲ成ス。故ニ速疾ノ開覚ナリ。　（『真言秘奥抄』）

多宝仏と釈迦が宝塔に並坐したあと、「クルリ」と宝塔が東から西へ廻る間の、釈迦が南を向いたわずかな一瞬をとらえて龍女は正覚を遂げたという。こんな奇抜な着想はどこから生まれたものか、いまのところその根拠は不明とするしかないのだが。

かくして顕教の意では、宝塔に二仏が並坐するのは「不二一乗ノ法門」つまり「始覚本覚不二ノ義ヲ顕ス」教えを龍女に授けるためとみなされたのだった。それは「龍畜ノ迷心」を改めず、無作本有の体を表示することが成仏となるという、本章2-2で述べた言説に照応していよう。

と同時に、かかる「宝塔品」においてあらためて密義への通路も探られる[26]。そして究極には、法華の法とは「宝部増益ノ習」であることが示される。なぜなら宝塔品は「宝塔ヲ開ク」ことによって密教の五字門を明らかにするものであること、また龍女の宝珠を釈迦が納受したこと、龍女が宝蓮華に坐して等正覚を成じたことは、すべて「妙法蓮華経」が「宝部ノ意」を示していることの証であるのだから。このとき、第2節で述べた、提婆達多と龍女の三道は三徳と相即するという本覚のセオリーが、多宝・宝生・宝塔に通底する「宝性」という徳性によって表示されることになる。

> 是多宝・宝性《（ママ）》・宝塔ト云ハ、即チ是三道即三徳秘蔵ノ宝聚門ナリ。顕レタル徳ヲ見ルニ五輪ノ功徳聚レバ、是宝塔ナリ。万徳出生ノ仏菩薩ト見ル時ハ、宝性《（ママ）》ナリ。此レ万徳ノ出生ヲ得ルノ故ニ、無尽ノ宝徳有ルヲ多宝トハ云フナリ。……此ノ種三尊ハ全ク是レ衆生ノ煩悩業苦ノ三道ノ法身般若解脱ノ三徳ト転ズル体是也。
>
> （「法華法」）

以下その証明を種子によって導き、三道を具足しているゆえに、一切衆生は即ち多宝・宝生・宝塔であること、したがって宝塔の出現は、ひとえに衆生の当体が「万徳荘厳の宝塔」であることを顕わすためとの認識に至る。

こうして『法華経』「提婆品」のハイライト＝龍女成仏の習いは、中世叡山の世界にあって「提婆品」と「宝塔品」を往還し、顕・密の不思議な交渉の果てに不二の冥合を夢みることとなった。ここまで辿り着いたとき、私たちは次のような習合説が単なる教理上の産物ではありえないことを知るのだ。

一、龍女ト弁才天ト一体ノ事。龍女ハ如意輪観音ナリ。弁天ノ本地モ又如意輪ナリ。此ノ尊ニ三身ノ習ト云フ事アリ。南方宝生尊ハ法身、如意輪観音ハ報身、龍女ハ応身ト云フナリ。此ノ三身共ニ如意宝珠ヲ以テ三摩耶形ト為ス。此ノ宝珠ハ境智冥合ノ体ナリ。
（『真言秘奥抄』）

なかでも龍女と弁才天が宝珠をシンボルとし、龍蛇形なるものの本質を分掌しあって、時に重なり合い、また競合し合う関係は、問題の深さと密度を雄弁に物語っていよう。

＊

以上本稿は、『平家物語』「灌頂巻」を論の起点とし、『渓嵐拾葉集』に代表される叡山の教説・所伝を解読しながら、龍女成仏の中世的位相の一端を照射してみた。幼い龍女の見え隠れする姿に導かれるようにして、その成仏のメカニズムを追い求めてきたスリリングな旅もひとまずは終わる。

そこに立ち現われてきた異貌の龍女像は、水をめぐる諸尊の類想を呼び、龍女が演じた即身成仏化儀のドラマ＝異類の成仏は、中世における灌頂の多重な意味と深遠な世界像・人間像の構築力をかいまみせてくれた。(27) もちろんそこに結晶していたのは、ただならぬ中世びとの精神《スピリット》なのだった。それは『法華経』の龍女成仏という説相を、中世の宗教宇宙のなかで鍛えあげ再生させた人々の思念と情動、また実践そのものだともいうことができる。

IV
人獣の交渉

異類と双身——中世王権をめぐる性のメタファー

かがやく乙女の足が
金色の髪におおわれ
金の髪の冠、
そのなかに足の宮殿はかがやく。
金色のマントで
不動の玉座がおおわれたかと見えた。

フレーブニコフ「森の乙女」

はじめに

灌頂《かんじょう》（アビシェーチャナ、アビシェーカ）。水を頭頂に灌《そそ》ぎ祝意をあらわすことで一定の地位に即《つ》く儀礼である。もとはインドの国王や立太子の儀式に行なわれた。『大日経疏』八からその骨子を取り出してみよう。

四大海の水を四つの宝瓶に盛る。太子を獅子の座にすわらせ、種々の珍宝を供える。師は飾り立てた象の背中に乗り、宝水を牙の上から太子の頂に灌ぐ。終わって三唱し、祝言を述べる。

このようにインドにおいては、国王が支配すべき四大海の水を、太子の頂に灌ぐことをもって、王種の継承儀礼としたのだった。その由来は転輪聖王の物語に始まる。転輪王は王位に即くとき、天から金・銀・銅・鉄の四輪を感得し、それを次々と転じて自然に四つの洲を領したという。したがって転輪王に模した代々の国王の即位は、四海の水を頂上に灌ぐことによって、「四海統領」の宗教的威力を身に帯びることに核心があろう。

ところでこの転輪王は、即位に先立って出現した象徴的な輪＝輪宝のほかに六種、合わせて七つの宝を有していた。輪宝・象宝・馬宝・珠宝・女宝・主蔵臣宝・兵士宝の七宝である。象と馬、宝玉と女、大蔵大臣と兵士。まさにここには、王権に必要なすべての要材が揃っているのだ。

なお右の七宝のうち、「象宝」と「女宝」に注意したい。先にみた古代インド王の即位灌頂は、「象宝」である象の上から水を灌ぐため、ここに王権と聖獣というテーマが立ち現われてくるのが予感される。一方「女宝」は王に近侍する女（后・側女）であり、王権と女性（性）というラディカルな課題が、遠く古代インドの聖王伝説にすでに孕まれていたことを認知しておこう。

さて水を頭頂に灌ぐことをもって位に即くという世王の即位灌頂は、やがて大乗仏教に取り入れられ、密教では阿闍梨の位を嗣《つ》ぐ時に壇を設けて灌頂の式を行なうという重要な宗教作法となり、数々の灌頂の種類と作法を生んだ。密教の本尊＝大日如来が自然に「四智」を具足し、法界に遍照する、大日如来の灌頂として儀軌化されたといえる。

ここで日本王権へと目を転じると、――かつて天皇にも即位灌頂が実修されていたのだった。

天皇の就任儀礼としては、即位礼と大嘗祭がすぐさま想起されよう。そのうち、天皇の聖性付与の秘儀としては、これまで大嘗祭のみが脚光を浴びてきた感がある。けれども近年になって新たな視座が次々と提出され、天皇の就任儀礼をめぐる研究は、新しい段階に入りつつあるといえよう。本稿での問題関心は、大嘗祭ではなく、中世に即位礼の一環として行なわれた即位灌頂にある。[1]

　では即位灌頂とはどのような儀礼で、いつ頃始められたのだろうか。明応九年（一五〇〇）に当時関白の一条冬良が、父兼良の筆録を写した『即位灌頂印明由来之事』[2]（内閣文庫蔵）という資料がある。次にその内容を抄出してみよう。

即位灌頂は、治暦四年（一〇六八）七月二十一日、後三条院の即位に際し、成尊法印が授与したのに始まる。天皇が高御座《たかみくら》に着御の時、「――印」を結んだと匡房卿記に見えている。その後即位灌頂の儀は無かったが、弘安十一年（一二八八）伏見院即位の際、関白二条師忠が天皇に授けたとの伝聞がある。永徳二年（一三八二）後小松院即位の時、摂政二条良基が六歳の幼主に授けて以来、二条家の「秘蔵ノ事」となった。その後即位灌頂は行なわれない時もあったが、二条良基―一条経嗣―一条経輔（兼良の兄）―一条兼良と相伝された。

その作法は、印は「――印」、明は「――――明」で、御即位に際し執柄は後房で手と口を灌いで天皇に授ける。天皇は御手に印を結び、心中に真言を唱えたあと高御座に就く。

即位灌頂の事は、東寺・山門にも「重々ノ儀」があるが、当流では用いない。この「一印一明」の儀は断絶の恐れがあるので、子孫のために記し置く。

上記の内容から、すべてが史実とはいえないまでも、かなりの信憑性を伴って摂関家（主として二条家）伝来の即位法（印明《いんみょう》伝授）の存在が浮かびあがる。[3] それは、天皇が大極殿の高御座に着御するに際し、摂籙《せつろく》の臣が「一印一明」を授ける作法といえる。けれども肝腎の「一印一明」は「──印」「───明」として記されていない。なぜなら、「一印一明ノ事ハ、唯授一人ノ口訣タルニ依リ、閣筆シテ之ヲ記サザル」（冬良の識語）性質のものだったから。

ところが宝永六年（一七〇九）の中御門天皇即位に際して、前摂政一条冬嗣が写した神宮文庫本『御即位灌頂印明事』[4] では、「印者智拳印、明者胎蔵界大日五字明也」と明記されている。これを信じるなら天皇は、金剛界大日如来の根本印・智拳印を結んで、胎蔵界大日如来の真言・アビラウンケンを念じたわけだ。

後述するように慈円もその著述で、「世間ノ国王ノ即位」には「智拳印ヲ結バシメ給フ」の伝があると記している。転輪聖王にちなんだ智拳印の授受を旨とする、シンプルな即位法が相伝されていたと認めてよいだろう。

けれども「東寺・山門ノ軌範、重々ノ儀有リ」（『即位灌頂印明由来之事』）の如く、東寺と山門（比叡山）に相承された即位法はさまざまな口伝・言説を生み、独自の発達を遂げていった。

東寺方はダキニ天の印明授受、天台方は『法華経』四要品の授受を眼目とするが、両者は相互に影響し合って、即位法は顕・密一体の複雑な構成をみせる。今、三千院蔵『天子即位灌頂』(5)によってそのエッセンスを取り出してみよう。

(1)　五種印の奉授
(2)　智拳印の奉授
(3)　ダキニの真言の奉授
(4)　四海領掌印の奉授
(5)　『法華経』四要品（方便品、安楽行品、寿量品、普門品）と印の奉授

仏の五眼をあらわす(1)五種印の授受のあと、上記の(2)智拳印を結ぶ。この印は金剛界大日如来の結ぶ印で、即身成仏を表わし、仏智に入る独一法身の印である。密教の灌頂に倣《なら》って天皇はそれを受けるのだ。

一方、(4)の「四海領掌印」の伝授は、天皇の即位法が「輪王灌頂」でもあることを端的に表明していよう。つまり天皇はこの印を結ぶことによって輪王の位に座るわけだ。

最後に(5)『法華経』四要品が伝授されるが、これは即位灌頂なるものの一流が、日本天台方によって相伝されたことを示していよう。後土御門天皇の文明六年（一四七四）に、前天台座主大僧正公承が無品堯胤法親王に授けた『鎮護国家秘密十条』によれば、伝教大師最澄が嵯峨天皇に、慈覚大師円仁が清和天皇に授けたという。その真偽のほどを確かめるすべは

ないが、いずれにしても、現伝する即位法のテキストは、それが右にみたような顕教と密教双方の行儀と宗旨が合体した顕密一致の灌頂であることを示している。

ところで即位灌頂の最大の謎と魅力は、(3)のダキニの真言を唱える点にあろう。いうなればダキニ天は、即位灌頂の秘すべき本尊なのである。

ダキニ天（吒枳尼天、荼吉尼天）。夜叉鬼の一類で、六ヵ月前に人の死を知り、その心臓をとって喰らうが、吒天法を修する者には自在の通力を与えるという。そして何よりも見逃せないのは、このダキニは、日本では狐霊と習合していることだ。

ではなぜ即位灌頂は、ダキニの真言を不可欠なものとしたのだろうか。それは、中世即位法の世界が、転輪聖王に由来する輪王灌頂では飽き足らずに、日本中世独特というべき演出をほどこしていったことの証《あかし》だろう。その背後にひそむダキニ天の影。この時、中世王権の深奥から、〈異類〉の匂いが立ちこめてくる。人獣交渉史というスリリングな課題にとって、おそろしいほど魅惑的な……。さながらそれは、中世王権の秘密の花園といわんばかりに、妖しい光芒を放ってわたしたちを誘なう。

そこで本論は、即位灌頂に流れ込み、それを成熟させていった中世の宗教思想と作法を、〈性〉と〈異類〉という問題に絞りつつ考察していくことにしたい。

1　双身の神智学

1　慈円の夢想から

世に『慈鎮和尚夢想記《じちんかしょうむそうき》』また『夢記』と呼ばれる記録[6]がある。摂籙家（九条家）出身で天台座主に四度補任、天皇の護持僧も務め、歴史書『愚管抄』や歌集『拾玉集』でも知られた慈円《じえん》（一一五五―一二二五）の著述である。この「夢想記」は、慈円が建仁三年（一二〇三）六月二十二日の暁に見た霊夢を啓示とし、その解析を試みながら三種の神器説を構想し、王法を支える仏法の奥旨《おうし》を開陳したものであった。

この記録に目を凝らしてみよう。すると慈円という一人の中世びとの精神誌を通して、中世王権にまつわる宗教思想の先端に触れることができるはずだ。なぜなら『夢想記』は、即位灌頂という中世王権の秘法の一端を吐露した、最初の告白なのだから。

又世間ノ国王ノ即位トテ高御倉ニ令付給儀式ニハ、即此、大日所変ノ金輪王ノ義ヲマネヒタマヒテ、智拳印ヲ令レ結給フナトハ云伝タルナリ。

かくして即位灌頂なるものは、初めて日本宗教思想史上にその名を現わすことになったのだった。では問題の霊夢とはいかなるものだったのか。

建仁三年六月廿二日暁夢云、国王御宝物神璽宝剣ノ神璽ハ玉女也。此玉女ハ妻后之体也。王入二自性清浄玉女体一ニ、令交会給ヘハ、能所共ニ無罪歟。此故、神璽者清浄ノ玉也ト夢想之中ニ覚知之訖。

（国王の宝物の神璽《しんじ》と宝剣のうち、神璽とは「玉女《ぎょくにょ》」であり、王妃の姿をしている。そこで王が自性清浄な玉女の体に入り交会しても穢れの罪はない。それゆえに神璽とは清浄の玉であると、夢の中で覚知した。）

宝剣と神璽（玉）とが王と王妃として交会《こうえ》するというヴィジョンである。慈円は、このきわめてエロティックかつ象徴的な夢想について、さまざまに思いをめぐらし、夢判断を試みていく。

まず慈円は、この「交会」とは不動明王の根本印である「刀鞘印《とうしょういん》」を表わすものではないかと解釈した。つまり「刀」＝宝剣は王で、「鞘」＝神璽は后（玉女）であり、両者の交会は「刀鞘印」の成就する相であると。ここには安鎮国家法における不動明王信仰が介在するのだが、それは措いて、慈円の思索の跡を追ってみよう。

又思惟云。神璽者仏眼部母、乃玉女也。金輪聖王者一字金輪也。此金輪仏頂、又仏眼ニ交会シタマフ義歟。

慈円は考えた。神璽とは「仏眼部母《ぶつげんぶも》」、すなわち「玉女」であり、金輪聖王とは「一字金輪《いちじきんりん》」である王である。であれば自分の見た霊夢とは、王の象徴としての「一字金輪」と、后の象徴である「仏眼部母」との「交会」を意味しているのではないか、と。それを簡単に図示すれば、

（交会）
宝剣―一字金輪―金輪聖王―天皇
神璽―仏眼部母―玉女―――皇后

となろう。

さて先にみたように、即位灌頂においては王は転輪聖王の座に昇るわけだが、さらに王が五仏頂尊の一つ「一字金輪」（金輪仏頂・一字頂輪王）に比擬されたのは、そもそも転輪聖王に頭頂から出生したという性格があるからだ。ここから輪王灌頂は一字金輪を供養する法

である「金輪法」という様相をも帯びてくる。一方、王に授けられる大日如来の「智拳印」は一字金輪の結ぶ印でもあり、また一字金輪は日輪に住む大日金輪とする説、金剛界大日如来とする説もある。

それでは、なぜ后[7]は「仏眼部母」に見立てられたのだろうか。ここから慈円を媒介に、山門における仏眼信仰が浮かび上がってくるが、この問題は、実は『瑜祇経《ゆぎ》』という経典の受容と注釈活動に深く関わっている。『金剛峯楼閣一切瑜伽瑜祇経』。それは本有と修正の不二を明かし、両部不二の深旨を説く秘経である。全部で十二品から成り、経品のそれぞれに「教主」があるとみなされた。たとえば東寺流は、「愛染王品」の「愛染王」を教主にした。天台宗の、智証大師を祖とする寺門流（三井の園城寺）は「一切如来大勝金剛頂最勝真実大三昧耶品」の「大勝金剛」を一経の総体にみなすが、慈覚大師相承の山門（叡山）流は、一経はことごとく「仏眼」の三昧を説くとし、「金剛吉祥大成就品」をその典拠としたのだった。

なお真言密教（東密）の金剛界・胎蔵界の両部に対し、天台密教（台密）は金剛界・胎蔵界・蘇悉地《そしつじ》の三部を立てて、「胎・金不二」の蘇悉地灌頂を最極の秘法とした。このとき注意すべきは、仏眼部母が、不二の「妙成就」というべき蘇悉地の本尊とされている点である。ここに『瑜祇経』の独自な受容をひとつのバックボーンとして、胎・金の二灌頂に対する、胎・金・合一の三灌頂が日本の密教史に屹立することになる。

ふたたび夢の解析をめぐる慈円の思索軌跡を辿ると――。

続いて慈円は仏眼と金輪をそれぞれ胎・金両部に配し、それを陰と陽の交会に比定した。

（交会）
金輪―金剛界―陽
仏眼―胎蔵界―陰
蘇悉地＝両部不二

つまり金輪は男性原理、仏眼は女性原理を表わしているのであり、その交合を両部不二の蘇悉地とみたのだ。仏の五眼の徳を主《つかさど》る仏眼部母は、元は女尊ではないが、「仏眼明妃」などとも呼ばれ、諸物化生の源とされる過程で、女性性を体現するようになったのだろう。

それにしてもなぜ慈円は、仏眼部母を「玉女」としたのか。そもそも「玉女」とは何なのか。ここで思い出されるのは、転輪聖王が具有する七宝の中の「女宝」である。女宝は「天人宝」「玉女后」「玉女宝」とも訳され、容姿端麗で五官の働き絶妙な女という。「若シ女人有リテ能ク王ノ心ヲ知レバ、即チ是レ女宝ナリ」（『涅槃経』[8]）と語られたように、王の傍らに侍り、王と王権を守護する美しき奇蹟の女。それが「玉女」なのである。

かくして慈円が見たセクシュアルな夢の構図は、仏眼部母―玉女―后という連想へと慈円を導いた。

仏眼部母である「玉女」。慈円にとってそれは、王妃のメタファーであった。金輪聖王である天皇は、后との性交によって、本質的には世界の母たる仏眼部母と交わるのである。かかる陰陽の合一こそが、王権を支える宗教的エネルギーだと言わんばかりに。
このような交会をめぐる〝霊〟的発見と宗教哲学的解釈は、次なる問いへと慈円を駆りたてる。
「一仏の大日如来とは、胎蔵界の大日か、金剛界の大日か。またそれは女身なのか、男身なのか」。胎・金両部の大日如来は女なのか男なのか、という性別が慈円の心を把えているのだ。続いて慈円は、胎蔵界は「理相」、金剛界は「事相」で「事理倶密」としての台密の奥旨を述べ、両部は「一身」であると結論するが、注目すべきは、その証拠が「神道」にあるとして語る次の一節だろう。

伊勢大神宮（天照大神）は「女身」であるという。「日本記」にも女を本体とすると書いてあるが、毎年朝廷から神宮へ献ぜられる神服は男性用であるという。そこで親経卿が送ってくれた「日本記」の本文を見ると、大神宮はまた男となって現われるとある。「日本記」の文は難解だが、その意義は仏教と同様に奥深い。

この時慈円は、初めて『日本書紀』を読み、またいわゆる中世日本紀の解釈にふれたわけだ。アマテラスが男身としても女身としても現われることに驚きながらも、慈円はその〝事実〟が、胎・金両部不二、仏眼・金輪一双の徴証となるとし、次のような認識に至る。

一仏ノ身ハ非レス男ニ、非レス女ニ。只無ニキ両根一之身也。随レリ縁ニ、赴レキ機ニ、令ニ現作一也。今密教者、以ニ胎金一、為レ本歟。

一仏の本身は、男でも女でもなく、性差の無い存在で、機縁によって男身・女身を現わすのだという。けれども、慈円のロゴスの底にたゆたうひそかな情動は、神仏が男身としてまた女身として現われるという〝現象〟にこそ向けられていたはずだ。そうでなければ、宝剣である王と、玉女である后が交会するというショッキングな夢想が、突如慈円を襲うはずはない。

慈円の霊夢とその神学的解決。それは慈円というひとりの〈知〉と〈信〉の問題[9]を超えて、中世王権とそれを取り巻く宗教哲学が、〈性〉を自らのモチーフとして抱えこみ出した時代のひめやかなマニフェストなのである。

2　双身歓喜天と双身毘沙門天

もともと、男身・女身が一対となった天尊がいる。双身歓喜《そうしんかんぎ》天《てん》と双身毘沙門天である。まず、中世王権と性というテーマを考える上で緊要な、双身歓喜天を取りあげてみよう。

元徳元年（一三二九）に後醍醐天皇は、幕府の悪行を退けるため、双身歓喜天を本尊とす

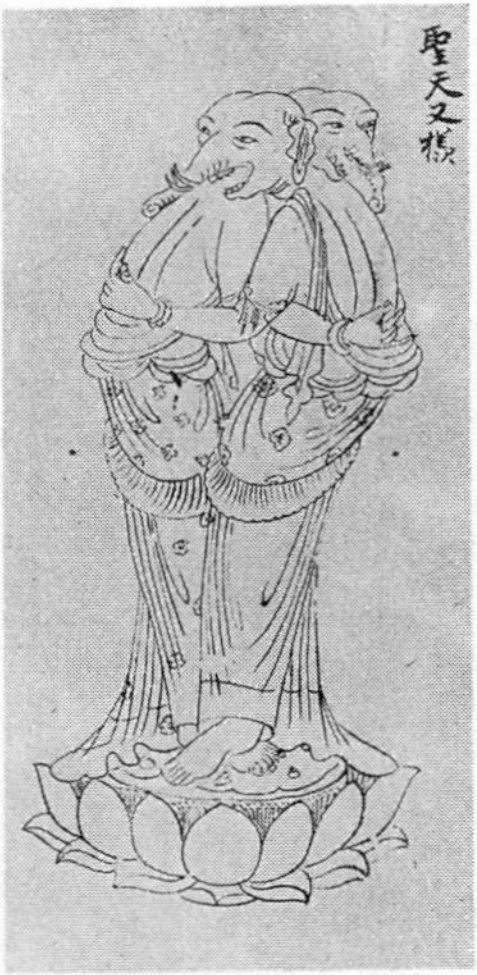

双身歓喜天（『諸尊図像巻』より）

る「聖天供《しょうてんく》」を自ら行なっている。[10] 網野善彦は「自然—セックスそのものの力を、自らの王権の力としようとしていた」[11] と評したが、果たして後醍醐天皇が獲得しようとした聖天のパワーとは何だったのか。こと問題は、「双身」と異類に関わって考察されねばなるまい。

大聖歓喜天《だいしょうかんぎてん》（聖天、歓喜天）は、梵名を「誐那鉢底《ガナパティ》」また「誐尼沙《ガネーシャ》」といい、大自在天の軍を統帥する大将である。また障礙神《しょうげしん》で「常随魔」とも訳される「毘那夜迦《ビナヤキャ》」と同体視された。形像には象頭人身の単身二臂、単身四臂などもあるが、ここで取りあげるべきは、象頭人身の男天と女天が抱き合っている「双身抱合」の像だろう。『大聖歓喜天供養法』はその由来を次のように説く。

大自在天には三千子があった。左の千五百子は毘那夜迦王を長子とし、諸々の悪行を働いたが、右の千五百子は、扇那夜迦持善天を長子とし善行を修めた。観音の化身であるこの尊は、毘那夜迦の悪行を鎮めるために一類を生み、兄弟・夫婦とし、「相抱同体」の形を示現せしめたという。

双身歓喜天の形相。それは障礙神である男天が、観音の化身たる女天に抱着し、その歓心を得て暴悪を鎮めるというものであった。

ちなみに双身歓喜天の抱合の姿は、経軌に「六処愛」として説かれる。一、鼻が互いの背に触れ、二、互いの胸を合わせ、三、手で腰を抱き合い、四、腹を合わせ、五、足を重ね、六、敬愛を表わす赤色の衣を纏う。行者がこのような「六種の愛敬像」を造り供養すれば、その人は必ず「国王・大臣ノ后妃・綵女」を手に入れることができるという（『大聖歓喜双身毘那夜迦天形像品儀軌』）。

双身歓喜天とは「象頭人身」であった。とすれば聖天供が発揮するパワーには、抱合の双身に孕まれた愛敬《エロス》の力のほかに「象」という動物の力が相乗されていたはずである。「象王」は「瞋恚《しんい》強力」の一方、養育者や調教師に従順だった。聖天も障礙身を現ずるとはいえ、帰仏者に従順なので「象頭」と説かれる（『毘那夜迦含光軌』）。

性における精力絶倫と、師への絶対の服従。象という動物が生来備えた相反するこの二つの本性こそは、聖天を本尊とする修法を行なう行者が仰ぐべき威力だったろう。鎌倉末期に叡山黒谷の学僧・慈眼房光宗《こうしゅう》が、密法に関する山門の口伝記録を編纂した『渓嵐拾葉集』には、象はたとえ肝を焼かれようとも、命ぜられるままにどんな熱い鉄の玉でも吞む。だから聖天は、行者の所願に従って、どんな「非法悪行」をも成就させる、と記されている（巻第四十三「聖天秘決」）。後醍醐天皇が幕府の悪行退散を願って修した聖天供も、このような象の性向というべき絶対の納受力を仰いだのではないだろうか。

ここで双身歓喜天にまつわる縁起を覗いてみよう。それは「鼻長大臣」を主人公とした密通をモチーフとする物語である。

南天竺国に「意蘇賀大臣」という名の大臣がいた。「鼻長大臣」とも呼ばれていたこの者は、王妃と密通した。それを聞きつけた王は怒り、「象の肉」を混ぜた毒酒を大臣に飲ませ、殺そうと図った。大臣と通じていた妃は、「象肉を服したからには、一晩たてば必ず死ぬでしょう。すぐに鶏羅山に行って油を浴び、蘿蔔《らふ》の根を煎じて飲みなさい」と告げた。教えのままに実行すると、毒は消えて大臣は命を取りとめることができたのだった。

さてこの時大臣は瞋《いか》りを成し、一切衆生のために「大障礙神」となろうと誓願し、荒神「毘那夜迦」に身を現じた。そして大勢の眷属を率いて王宮に乱入し、王族らを脅かした。すると、妃は王に語った。「あの大臣は私と通じています。私が彼の大悪心をとどめましょう。」

そして大臣の許に赴いた妃は、「悪心を翻えして、慈悲の心を生みなさい」と勧告した。大臣は乞われるままに従ったので、妃は大臣に身を任せた。大臣は歓喜して妃を抱いたという。

だから聖天の体相は、二人が抱合している姿である。また歓喜のゆえに「歓喜天」といい、この本縁によって常に一双であるため「双身」という。[12]（『渓嵐拾葉集』「聖天秘決」）

目を惹くのは、鼻長大臣と王妃との密通がストーリー・ラインを運んでいることだろう。つまりこの縁起には、王権の犯しというモチーフが織りこまれているのだ。それは、聖天供を修すると「王妃・綵女」を得ることができるという、経軌に記されたおそるべき功能を王妃と大臣の密通劇として語ったものといえようか。ちなみに河原院に祀られた聖天像は、右大臣某の姫君の守護尊で、供物を献じ祈念したところ、この姫は宇多天皇の后となることができたとのエピソードが伝わっている（『覚禅鈔』「聖天法」）。

さて第二の「双身」像は「双身毘沙門」である。双身毘沙門とは、毘沙門天（多聞天）と吉祥天の二天が合体している尊をいう。けれども聖天と異なってこちらの双身は両身とも男天であり、しかも背中合わせの形像である。また双身毘沙門とその行法は、正規の儀軌を持っていない。双身毘沙門は台密によって造作され、双身毘沙門法として供養された、独自の尊なのだ。

では、なにゆえに毘沙門は「双身」で、しかも「相背」しているのだろうか。『渓嵐拾葉集』の語るところを聞こう。

まず多聞天は天部の諸尊の中でも、浄刹に引導し無上菩提を約束するという「出世の事」を主《つかさど》る尊とされる。一方、吉祥天は、世俗の福報などの「世間法」の主である。このように世間法と出世間法の尊として両者は表面的には相反するため、形像は「相背」する形をとるが、実は両者は不二一体で、出世の無上菩提を祈念すれば、自然に世間の福徳も成就すると説く。

ここには、現実界こそがそのままに究極の真理とみなす天台本覚思想が脈搏っていよう。かかる思惟の構造は、双身毘沙門本縁譚のヴァリアントというべき「半天婆羅門」(13)の縁起と言説に端的に現われてくる。いうなればそれは、無始無明の体がとりも直さず本覚の法性との本覚論を「双身」によってシミュレートするものなのだ。

昔、毘沙門天と半天婆羅門は同時に発心した。毘沙門天は精進苦行したため速やかに福智を得ることができたが、半天婆羅門は懈怠《けたい》楽行のせいで凡地にあった。そのため「強盛の瞋恚《しんい》」を起こして多聞天の所へ行き、障礙神に成らんと誓願したという。

(『渓嵐拾葉集』巻第三十八「多聞天秘決」)

注目すべきは、この縁起に付着した次の言説だろう。

所詮多聞天ハ法性ヲ表シ、半天ハ無明ヲ表ス也。無明・法性ハ相双ノ法ノ故ニ、此ノ双身ハ相背セリ。

無明・法性同体之故不ニ相離一也。法性無レ体。全ク依ニル無明一ニ。無明無レ体。全ク依ニル法性一ニ。
深ク可レ思二合之一ヲ。（同右）

愚癡《ぐち》を表わす「無明」と真如である「法性」をそれぞれ半天と多聞天に象徴させ、両者は不即不離と説く双身観。それは、異貌の双身というべき女天双身の縁起と教理にも色濃く投影されてくる。

吉祥天は瑞厳美麗の天女で、赴く所々でめでたい事ばかり起こった。一方、「黒闇女《こくあんにょ》」は醜く、行く先々で災いが競い起こったため人々は彼女を厭んじた。しかし黒闇女は言った。「私は吉祥天の姉である。だから彼女の赴くところへは必ず随行し、少しも離れ

双身毘沙門天
（『阿娑縛抄』「双身法」より）

ることはない」と。　（同右）

美しい妹（吉祥天）と醜い姉（黒闇女）という女天双身は、「善悪の二法」「無明・法性の義」の体現者にほかならない。

以上本項では、抱合する双身歓喜天と、背馳する双身毘沙門という二つの双身の像容と教説をとりあげてきたが、その向う側にかいま見えてきたのは、「双身」また「一双」なるものへの熱い関心である。

双身毘沙門。それは本覚思想の擡頭を背景に、負なるものの価値がせりあがり、世界全体がその動容によって活性化されることを象徴する。負なるものに充塡された否定のエネルギーは、正なるものの覚醒の力に累乗されるのだ[14]。そして双身歓喜天は、象という異類の精を自らのエレメントとし、さらに抱合する男身・女身の敬愛《エロス》の力を「双身」として形象化した。

ここまでくると「双身」とは、きわめて広大な射程をもった、中世的なるひとつのキー・コンセプトとして提出されてもよいだろう。「双身」は二つにして一つの「一双」なるものであり、本稿のテーマに即すならば、男性性と女性性の合体、雌雄相乗の力の表象といってよい。慈円が見た霊夢のエロス。それは、意識と無意識の境界で慈円が追い求めた、双身の幻出でなくしてなんだろう。

かくして対なるものは、陰と陽、胎蔵界と金剛界の両部曼荼羅へと配されることにより、やがて宇宙的なレベルにまで高められていく。そのスリリングな構造は、のちに神祇灌頂の中にみてとることになろう。いうなれば「双身」の神智学は、中世世界の最深部に澱《おり》のようによどみながら、やがてひとつの渦となり、確実に宗教思想とその実践の世界を揺り動かしていくのである。

3　愛染王／そのポリティクスとエロス

ではなぜ男・女の双身に象徴される性的モメントが、中世にあってにわかにせりあがってきたのか。ひとつには、先に見たように『瑜祇経』という秘経をめぐる注釈活動があげられよう。

このとき華々しく登場してくるのは愛染明王である。なぜなら愛染明王とは、先に述べたように『瑜祇経』を本軌とする尊であり、またその修法は中世にあって王権と深く結びついているからだ。

愛染明王（ラガラージャ）。恋愛染着がそのまま浄菩提心につながることを示す明王で、大日如来また金剛薩埵《コンゴウサッタ》を本地とする。形像は、多くは三目六臂の忿怒暴悪の姿で、弓箭《や》などさまざまの器仗を手にしている。

愛染明王を本尊とする、もとは自行法の愛染法が、公家の御祈として行なわれるようになつたのは院政期のことであった。(15) 後冷泉天皇の時代、東宮の地位にあった後三条院のために小野の成尊《じょうそん》が七日間修したのを濫觴《らんしょう》とする。以後、東密の小野流を中心に愛染法が隆盛を極めていくが、とりわけ王家との関係で注目されるのは如法愛染法(16)という秘法であった。けれども愛染明王信仰とその修法は、東密だけではなく実は中世の叡山にも受容されていった。それは『瑜祇経』「愛染王品」の注釈活動をひとつのインパクトとするものと考えられる。

そこで山門穴太《あのう》流の泰斗・伝法和尚澄豪《ちょうごう》（一二五九―一三五〇）が著した『瑜祇経聴聞抄』を開いてみよう。ここに集められた『瑜祇経』をめぐる密教の口決の中から、中世における愛染明王を通して〈性〉と〈王権〉の関係がかいまみえてくるはずだ。

さて最初に問題とすべきは、「馬《メ》陰蔵《オンゾウ》ノ三摩地《サマヂ》」に住した大日如来が愛染法を説く箇所である。まず『瑜祇経』「愛染王品」の原文をあげよう。

爾ノ時世尊復《マタ》入二馬陰蔵ノ三摩地一。一切如来幽陰玄深ニシテ、寂静熾然ノ光明アリ。

「馬陰蔵」とは、仏は、馬の男根のように性器を腹中に陰蔵するという意だが、ではいったい「馬陰蔵」の「三摩地」（精神統一した状態＝定）とは何なのか。それをめぐって『瑜祇経聴聞抄』には興味深い二つの解釈が見える。

第一説は天皇と愛染明王の関係として説くもので、愛染明王が『瑜祇経』をなかだちとしつつ、中世王権においていかなる役割を演じたのかを考察する上で重要な解釈である。まずこの説から考察してみよう。

以二馬陰一ヲ為レ譬ト事ハ、今ノ愛染ノ住二日輪一ニ即日天子ト同体也。日天子ハ乗二八馬《ハツメ》一ニ故ニ馬陰ノ譬有レ便歟。

愛染明王は、燃えさかる太陽に住む（「熾盛輪ニ住ス」）と『瑜祇経』は説く。一方、十二天の一つ、日天子も太陽を宮殿とし、八馬の曳く車輅に乗ると『大日経疏』にみえている。とすると右の「馬陰の譬」とは、愛染明王は日天子であることの隠喩ということになろう。ところで愛染明王＝日天子説のさらに向こうにあるものを追いかけるためには、愛染王の形像のうち、六臂の器仗に注目する必要がある。第一の左手は「金鈴」、右手は「五峯杵」、第二の左手は「金剛弓」、右は「金剛箭」を持つが、問題は第三手の左と右に持つ物である。『瑜祇経』は次のように述べている。

左下手ニ持レシ彼ヲ、右ニハ蓮如二シ打カ勢一ノ。

第三手は左に「彼」なるものを持ち、右の蓮花で打つ格好をとっているのである。ではこの「彼」と表現されたものは何なのか。「古ヨリ尋諍ノ事ナリ。異義之有リ」（『阿娑縛抄』

「愛染王」）とあるように、種々の説が生起し、したがって行法の意図も多様であった。

慈円の解釈をあげてみよう。元久二年（一二〇五）四月十九日、慈円は弟子の慈賢に「三重ノ浅深」の義として説いている（『四帖秘決』第二）。

第一の「浅略」の意によれば、左の「彼」は「所求ノ事」で「染法」を、右手の蓮は、「浄」の意を示し、両者によって、「染浄不二ノ義」と「成就速疾」をあらわすという。

第二の「深秘ノ習」では、「彼ヲ持ス」とは「元品ノ無明ヲ持スル意」で、それは『瑜祇経』「大勝金剛心品」の説く「自我所生ノ障」とみる。つまり明王は、「彼」に具現された惑障を「断除」するために、右の蓮で打つ形をとるのである。

注目すべきは、第三の「秘中ノ深秘」説だろう。

> 三、秘中深秘ニハ、元品無明トイフハ是衆生ノ以二婬欲一ヲ為二ス其本一ト。愛染王トイフハ是金剛薩埵ノ妻ト女ハ是定ナルカ故ニ、恵
> イフ定ノ義也。以レ女ヲ顕二ス婬姓一ヲ也。以二此義一ヲ故、定手ニ持二ス彼煩悩一ヲ。
> 手ニ取レテ蓮ヲ打レツ彼ヲ。出二テ煩悩ノ泥濁一ヲ、令レ表二妄染清浄義一ヲ也。

第二の義にみた「元品無明」とは、実は「婬欲」が本体であると明かしているのだ。さらに愛染明王は金剛薩埵の「妻」で「定」をあらわすとし、右の慧（恵）手の蓮で打つのは、「大染ノ煩悩」なる婬欲を浄めるためだと説く。

愛染明王—女（妻）—定—妄染
金剛薩埵—男（夫）—慧—清浄

こうした第三の習を「猥リニ演説スベカラズ」と慈円が戒しめているのは、そこに金輪（王）と仏眼（妃）の交会という夢想と同様の、性の妙理が見え隠れしているからにちがいない。ちなみに愛染王を女に、金剛薩埵を男とし、両者の交会を定慧《じょうえ》不二の法門とするのは、後述する立川流の所論であった。

以上、慈円の解釈でも明らかなごとく、この第三の左手にこそ、愛染明王法のエッセンスが握られている。それは、中世王権にまつわる宗教相の秘密の一端を示すものといってよい。

愛染明王（『大蔵経図像部巻十二』より）

では、実際の修法ではどうだったかというと、問題の左手はふつうは虚拳なのだが、行者の所求によってそれを象徴する「三昧耶形《さんまやぎょう》」を持たせたのだった。それゆえこの手は、「成就手」とも呼ばれたという。息災・増益・調伏・敬愛の四種法によりその手に持たせる物は実に多彩であった。たとえば敬愛法では、男が女の愛を得ようとした時には「雌字」を、女が男を求める時には「雄字」を持たせたなどの例もみえる。

しかし何といっても極めつきは「人黄《にんおう》」なる物だろう。「人黄」とは「人之精霊」「命根」で、いわば生命の源なのである。行者は自分の人黄を、明王の手中に隠し持たせると観ずることにより、所願は成就し、惑障は降伏されるという。ここで「人黄」にまつわる興味深い事例をあげておこう。

先に述べたように、愛染明王法の公家における最初の実修は、東宮であった後三条院の意向を受けて小野の成尊が修したのを先蹤《せんしょう》とする。ではそれはどのようなものだったのか。

令レ奉三後三条院障コ礙後冷泉院一以二右蓮一ヲ令レ打也。所持之彼ハ後三条院之心性也。上ニ〓親仁ト書ク。後冷泉院ヲ令レ打調伏スル也。此最秘〻〻。（『覚禅鈔』「愛染王法」下）

その法とは調伏法であった。成尊は、第三の左手に即位を祈念する「後三条院ノ心性」＝人黄を持すと観じ、「〓《調伏》親仁」と書いた紙を握らせ、右手の蓮で後冷泉院を打たせて調伏したというのだ。その効験あってか、後冷泉院はまもなく病悩のため崩御、東宮は宿願を果たし即位したと語り伝える。

　ところで、まさに「成就手」というにふさわしい第三の左手に握らせた物のうち、最も注目すべきは「日輪」であった。ここに、先にみた愛染明王＝日天子説が新たな展開の中に浮上してくる。『瑜祇経聴聞抄』が穴太流の相伝として語るところを聞こう。

又サテ日輪ノ中ニ三足ノ烏有ルヲ令レ持作事有レ之。此日輪ハ国王也。即人皇也。国王ニ赤烏トイフ御名アリ。此ノ赤ハ日輪也。烏ハ日輪ノ中ノ烏也。天照大神ヲハ日天子ト習レ之。即日輪也。国王又天照大神ノ末葉也。故ニ赤烏ト云也。

　古代中国に発祥する三本足の烏《カラス》と太陽の結びつきは、『延喜式』など日本でも早くから見受けられる。(17) 一方、天照大神《アマテラス》には、大日如来を本地仏とする説と観音を変化身とする説が中世までに成立していた。そして古くから日天子は観音の応化《おうけ》とみなされたことから、日天子＝アマテラス説が生まれたといえる。そもそも日天子には、赤色で、右手の蓮花の上に三足の烏のいる日輪を具し、左手に蓮の茎を受ける形像が多い。

　三足の赤烏を描いた日輪。それはここでは「国王」＝「人皇」の象徴であり、また人皇は人黄に重ね合わせられてもいる。赤烏をシンボルとして日天子＝アマテラス＝国王が同体化され、国王は「赤烏」という符牒で呼ばれたのだ。

　では、国王のシンボル＝赤烏を描いた日輪を第三の左手に握った愛染明王は、何を目的とした修法に用いられたのか。一体誰が何を求めたのだろうか。

穴太秘伝云。八幡ハ月天子。天照大神ハ日天子。賀茂ハ星宿也。関白請ノ時ハ令レ持二赤烏一也。関白ハ国王ノ後見ニテ国王ヲ手ニニギツテ天下ヲ可二執行一故ニ令レ持二日輪一秘事也。

赤烏の日輪。それは穴太流の秘口伝によれば、関白補任を祈念する愛染明王法に、用いられたのだった。なぜなら関白は、国王の後見として「国王ヲ手ニニギツテ」天下を治めるからだという。とすれば修法者は、摂籙家である藤原一門の者と推測されよう。天皇のシンボル＝日輪を手中に握った愛染明王を本尊とする愛染法の実修。それは摂籙家による、天皇輔佐に名をかりた天下統領の目論見でなくして何であろう。このことは中世王権とは何かという命題が、実は摂籙の臣を主体とした天皇輔佐論という視角において把え返されなければならないことを告知していよう。またそれは、当時天皇がしばしば幼帝であった事実と深く絡み合ってもいるのだ[18]。

ここで藤原氏による愛染明王信仰の一大拠点として浮かびあがってくるのが、藤原頼通が創建した宇治の平等院である。そもそも「平等院」とは、愛染王を「平等王」と習うことから命名されたという。

一、平等院号事　……愛染王ハ平等王ト習フ也。手ニ有情ノ霊精ヲ拳テ、平等ニ天下ヲ接領スル也。摂禄ノ天下ヲ掌中ニ拳テ万人摂伏スル事、深可レ思レ之。

（『渓嵐拾葉集』巻第九十二「雑記部」）

「有情の霊精」とはもちろんかの「人黄」であり、したがって「人皇」の意味を隠し持つ。とすると「人黄」＝「人皇」を掌中に握る平等院の愛染明王は、摂籙の臣が「平等」に天下を治めることを保証する存在にほかならない。

愛染王の内証の標幟《ひょうし》である三昧耶形は如意宝珠だが、それは如意自在な万宝能生の働きに由来する。よって本体である愛染王も「四海ヲ自然ニ通領スル」という「平等」の験力を持つため「平等王」とも呼ばれる[19]。ここで注意すべきは「平等王」とは、国王ではなく摂籙に冠せられていることだ。世を自在に統べる平等王＝愛染明王の力を仰いで、日本国の平等王たらんとしているのは天皇ではなく摂籙の臣なのである。

以上、「馬陰蔵の三摩地」をめぐる『瑜祇経聴聞抄』第一の解釈説を端緒に、愛染明王と王権の関係をたぐり寄せてみた。するとそこに現出してきたのは、第三の左手に天皇を掌握し、実質的な治国の王たらんとする、摂籙家の人々によるおそるべき愛染明王信仰と修法の姿であった。即位灌頂において印明を天皇に与えるのも摂籙の臣という事実ともども、中世王権における摂籙家の意味があらためてクローズアップされてくる。

さて『瑜祇経聴聞抄』の記す第二の解釈説は、「馬陰蔵の三摩地」を文字通り、男女の性交にアナロジーされた赤白《しゃくびゃく》和合の形と把える。

「爾ノ時世尊復タ馬陰蔵ノ三摩地ニ入リタマフ。一切如来幽陰・玄深ニシテ、寂静熾然ノ光明アリ」という文中の問題の箇所「幽陰・玄深」には、「女欲・男欲」の説ありと澄豪は語っている。それは男女の性器による交接（「内証入玄」）をほのめかすものであった。そのためか、「幽陰・玄深ト云フ隠秘ノ義」は、正しく認識しないと「僻見」を起こすことがあるからよくよく心せよ、と澄豪は面授の弟子への警告を忘れていない。

右の説は、染愛王を男に、愛染王を女とし、両者の交合を「馬陰蔵の三摩地」と観ずるものといえよう。『瑜祇経』第五品は「愛染王品」といい、愛染王の尊形と印言を説くのに対し、「馬陰蔵の三摩地」の箇所を含む第二品は「一切如来金剛最勝王義利堅固染愛王品」といい、染愛王の尊形と印言を説く。このため染愛と愛染が同体か別体かの論が生じたが、右の解釈は両尊を同体異名とし、男・女に比擬した上、さらに定（禅定）・慧（智慧）の二義を表示するとみた。

染愛―男―玄深―定
愛染―女―幽陰―慧

こうした認識は、弘安七年（一二八四）成立の頼瑜《らいゆ》筆『瑜祇経拾古鈔』にもみえている。秘説であったにもかかわらず、鎌倉期にはかなり浸透したことが知られよう。

ところで愛染明王の形像には、上記の六臂像のほかに、一身で赤と白両頭二臂の異像があ

両頭愛染（『諸尊図像巻』より）

る。これを「両頭愛染《りょうずあいぜん》」といい、愛染明王・不動明王（または染愛・愛染）の合体像とされた。金剛薩埵と愛染明王との両頭とするものは正伝だが、「不動愛染ノ両頭ハ、立河流トテ聖伝ニ非ズト云フナリ」（『瑜祇経聴聞抄』）のごとく立川流で用いられた本尊であった。

なお不動・愛染一体説から、伊勢内宮を愛染に、外宮を不動に配する説も中世に生まれている。[20]いずれにしてもアマテラスと愛染明王は密接な関係を有していたのである。

愛染明王をめぐるかかる性的モメントは、単に経典解釈学の枠内にとどまってはいなかった。それは愛染明王法という宗教実践の中に取り込まれ、独自の面貌をその作法にみせる。

愛染王の根本印とされる印に、五股金剛杵《ごここんごうしょ》の形をとる「五股の印」がある。まず十指を外に出す「外縛《げばく》」を印母《いんも》とする五股印の印明をみよう。

外縛ニ吽ト云テ、忍願立合ニ多《タ》。二風鉤ニ枳。檀恵禅智立合ルニ吽。二風ニテ招ク時弱ト可レ誦文。五位ノ始ノ
弱ノ時二水ヲ縛ノ内ニ可ニ交入一ル。是最極秘密ノ口伝也。縛ハ如意宝珠胎内ノ種子也。五位ノ始ノ
第一也。（『瑜祇経聴聞抄』中）

すなわち、①右手指を上にして両手を組み（外縛）「吽《ウン》」、②両中指をまっすぐに立て合わせ「多《タ》」、③両人差指を屈して鉤のようにして「枳《キ》」、④両手の親指と小指を立てて合わせ「吽」、⑤両人差指を開き「弱《シャ》」と誦せという。このフィンガー・アクションと真言で重要なのは、「弱」と唱えたとき、両手薬指（二水）を「縛」の中に入れるのだが、これは「最極秘密の口伝」であった。「縛」は如意宝珠を表わしており、それは赤白二水によって「胎内ノ種子」が芽ばえる受胎を表わす。

ちなみに、母の精を「赤渧《たい》」、父の精を「白渧」とし、二渧和合の処に心識が託されると説いたのは『摩訶止観』だったが、この赤白二渧を男女両性二水の交合による理智の冥合とし、かかる交会こそ宇宙万物の玄理と説いた宗派こそ真言立川流にほかならない。

なお仏教では、入胎《にったい》を第一位として胎内における胎児の生長を五段階に分けた（胎内五位㉑）。右手指を上にして掌の中で十指を交叉させる「内縛」を印母とした愛染明王の五股印は、この胎内五位をひとつの印相のうちに表徴するものでもあった。内縛による入胎から、中指を立てた蕾の形を経て三角形による人の姿となり（胎内第二位〜第四位）、最後に先の五股印＝「羯磨印《かつまいん》」で出胎した尊形となる。

かくして、一瞬ともいえる印契《いんけい》のシンボリック・アクションに、人の受胎から出胎までを表示するのが愛染明王の秘印・五股印であった。まさしくそれは、愛染明王が「胎内性徳の愛染王」であることを告知するものにほかならない。

「五指量の愛染王」という習いも、実はそうした明王の胎生学を物語る。「白檀香ヲ取リ、金剛愛染王五指ヲ剋ミテ量ト為シ、等シク長ク身ニ帯シテ蔵セ」（『瑜祇経』）という経文にちなんで「五指量」（親指の幅の五倍、約二寸五分）の愛染王が白檀の木で作られ、お守りとして帯の中などに納められた。「五指量」は胎内五位を表わし、「身ニ帯シテ蔵ス」とは「胎蔵」すなわち胎内の意であるという。こうして五指量の愛染王とは、胎内五位における「性徳本有の愛染王」となる。

さて今や愛染明王の胎生学は、胎内五位の第一位、つまり父母和合の瞬間に回帰しなければならない。

ここに男女和合を象《かたど》った愛染明王の五股印がある。その名を「人形《にんぎょう》の五鈷《ごこ》」といい、東寺方に伝えられた最極の秘印であった。

①吽

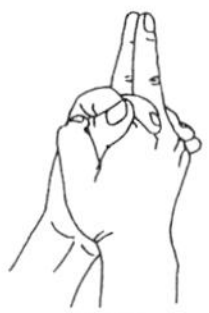
②多

③枳

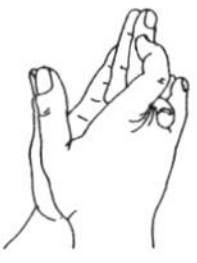
④吽

⑤弱

五股の印(外縛)

その印明とは——、左右の手に五股の半印（片手で結ぶ印）を作り、それぞれに「短の[梵字]《ウン》」を一遍ずつ誦したのち、両手の半印を合わせて五股印を作る。この時「[梵字]《ウン》」を二つ重ねた「重の[梵字]《ウン》」を誦す。

左ノ半印ハ染愛也。女形。右ノ半印ハ愛染也。男形。左右ヲ合シテ成ス五鈷ノ印ト故ニ理智和合シテ不二一実ノ体也。二水内ニ相交タルハ二障也。次短ノ吽ハ二人敬愛歓喜ノ声也。二ノ吽ヲ合ハ重ノ和合ノ声也。斉輪ヨリ下モ愛水ニ和シテ動シテ二障ニ成也。（『瑜祇経聴聞抄』）

男女和合の構図が、印と明によってシンボリックかつ赤裸々に現出する。女形の染愛（左の半印）と男形の愛染（右の半印）が交会し（合掌）、二つの身体が一つ（五鈷の印）となる。まさに「人形」による印相で、それは「理智和合」「不二一実ノ体」の表示であった。しかも印契を結びながら誦す「短の[梵字]」は「敬愛歓喜ノ声」で、「[梵字]」字を二つ重ねた「重の[梵字]」は、「和合」の瞬間の歓喜の声と解されているのだ。

ところで、愛染明王の五股印にみられる男女和合相は、印契のみならず、法具そのものをも生みだした。上方が三股（頭と両手）、下方が二股（両足）の人体を象った「人形杵《にんぎょうしょ》」（また「二方五股杵」）がそれである。この金剛杵は「和合杵」とも呼ばれ、胯間に所願を書きつけたりした。「重[梵字]ヲ用ル時、二方十鈷ナリ。……右染愛、左愛染歟。定慧和合ノ契ナリ」（『覚禅鈔』「愛染王」）とあるように、敬愛法では二つの人形杵を順逆に組み合わせて用いたらしい。

山門の場合人形杵は、公けにはその存在が認められていなかったが、一部の者（金剛寿院）が秘かに持ち伝えた。厳重に包んで壇上に置いてあった人形杵をある人が見とがめたところ、金剛寿院覚尋はあわてて取り隠したという。また覚尋の死後、弟子の相豪に、ある人が人形杵の存在について尋ねたところ、相豪は「知らぬ存ぜぬ」を通し、その後人形杵を隠してしまったと伝えられる（『阿娑縛抄』「愛染王」）。

『阿娑縛抄』の編者小川承澄は、「金剛寿院ハ止事无キ《やんごとな》人ナレド、其ノ中ニ此ノ如キ気坐ス」と、覚尋のマニアックな性向について、眉をひそめている。けれども「近来人々少〻之ヲ用ヒラル」と書いてもいるごとく、鎌倉期には半ば公然と用いられるようになったらしい。

実はこの人形杵は、立川流が第一の法具とし、修法に用いたものであった。醍醐寺三宝院の勝覚の弟で伊豆国へ流謫《るたく》された仁寛阿闍梨が、武蔵国立川の陰陽師に真言の秘法を伝授してから、真言の一流派をなしたという立川流は、やがて四天王寺別当の真慶が大成し、後醍

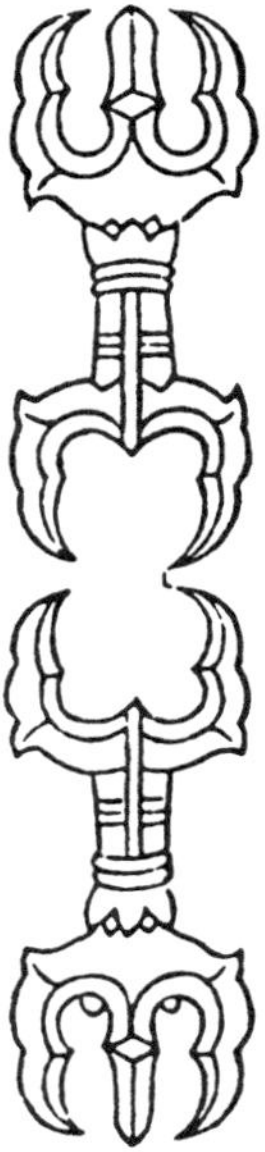
人形杵

醐天皇のブレイン・文観によって成熟するに至る[22]。

立川流は、「男女陰陽之道ヲ以テ、即身成仏之秘術ト為ス。……男女ノ二根即チ是菩提涅槃ノ真処ナリ」(『宝鏡鈔』)とあるように、性愛の活動を肯定し、男女冥合に仏性の源泉と即身成仏の妙諦を見出すものであった。

そもそも、愛染明王の本経『瑜祇経』は、立川流が聖典とする経典＝三部一論(『瑜祇経』『理趣経』『宝篋印経』『菩提心論』)の一つである。経文中の「馬陰蔵の三摩地」を根拠として立川流は、人形杵を男女冥合のさまの幖幟とし、最極の秘密法具とした。その際、男は金剛薩埵、女は愛染明王で、「幽陰玄深」の文をその証拠とする。かくして、二根交会の当体がそのまま「二像一体」の人形杵となり、それは煩悩即菩提、婬欲即是道の本覚門の行相を顕わすものとされたのである。

このようにみてくると、澄豪の『瑜祇経聴聞抄』はもちろん、先にみた慈円の『四帖秘決』中の言説は、立川流との濃密な交渉を窺わせるに足るものといえよう。立川流は、小野流、広沢流をはじめとして東密の諸流派に多大な影響を与え伝播していくが、台密においてもひそかに取り込まれていった経緯がうかがえる。

それは〝邪教〟立川流という一宗派の枠内に封じこめうる問題ではないだろう。玄奥なる〈性〉のモチーフが宗教意識の深部を揺るがし、陰陽の二元的哲理が宇宙の真理としてせりあがっていった、ダイナミックな〈知〉の運動としても把える必要がある。

4　神祇灌頂の世界

前項では、『瑜祇経聴聞抄』をテキストに、行法にも目を配りながら中世王権にとって愛染明王とは何であったのかを考察してみた。

その中から露わとなったもののひとつに、愛染明王＝アマテラス同体説がある。日天子＝アマテラス説を媒介としつつも、愛染明王はその新奇な暴力性で、国家の最高神の形貌にも己れの姿を焼きつけたわけだ。

一方、愛染明王はエロスの王として、その秘匿性をむしろバネとすることで、中世の宗教思想と実践の深い所に浸潤していった。

ではこの両者がもっとも劇的に交わる場面は何か。それはアマテラスを本尊とする神祇灌頂の世界にほかならない。

密教と神道の交渉は、やがては密教の極意というべき灌頂の行儀を神道にとらせることになった。鎌倉時代には、さまざまの神祇灌頂が行なわれたが、それらは密教にならって、念誦・秘口決・印信・印明・血脈を切紙として相承するものであった(23)。

最初に、神祇灌頂の中でも成立が古いと考えられる「伊勢灌頂(24)」をとりあげてみよう。

伊勢灌頂

開敷蓮華印八葉印　明[梵字]　[梵字][梵字]也
塔印閇　胎蔵界　明[梵字]
外五股印金剛界　明[梵字]
南無本覚法身本有如来自性心壇内護摩道場三遍
　智和野布留和何古古露与利須留和座於《ちわやふるわかこころよりするわざを》
　以豆礼能可美賀与曾你美留辺幾《いつれのかみかよそにみるへき》

口云。八葉印ハ[梵字][梵字][梵字]。心形ハ[梵字]字。神体ハ愛染王也。経文云。常於二自心中一観二一[梵字]字声一是也。是両部不二体也。
内宮ハ以レ石造二八葉蓮華一二。其上在二金色生身ノ蛇一。外宮ハ以レ石ヲ造二五輪塔一。空輪上有二リ白色生身ノ蛇一。自二往昔一至レ今常住不レ滅也。是則[梵字][梵字]体。云云
伊勢祭主蒙二神託一告二興教律師一以来相承伝来。不レ出二口外一秘事也。努努。

まず、開敷《かいふ》蓮華《れんげ》印（八葉印）で、[梵字]《ウン》字を唱えて神明に祈念し、次に塔印を結ぶが、これは塔を閉じる意で、「母ノ胎内ニ九月居スル意ナリ」（叡山文庫蔵『天地灌頂記』）という。次に外五股《げごこ》印で[梵字]《バン》字を唱えるのは「是レ体外ノ五位ノ意」（同）で、出胎を表わす。そして金剛合掌で「南無本覚法身……」と神明讃嘆の文を三遍唱え、衆生（行者）は本覚の如来となったと観ずるのである。ちなみにこの唱文は、中世の伊勢神宮でひそかに「殿内ノ咒」として相伝され用いられたこともあった（『大宮司聞書』）。

続いて神歌となる。一説には、行者の発す所念は悪念も悪ではなく「善悪不二邪正一念」だから、神歌を唱えることによってあらゆる罪は除却され、一切の願は成就するという(『天地灌頂記』)。また「チワヤフル神」とは「本有ノ大明神」であるから、印明を伴わずただ思惟すべし(叡山文庫蔵『神道灌頂修軌』)の説もある。いずれも本覚思想に彩られた口伝といえよう。ちなみに神歌の念誦は、総じて神道灌頂の特色ということができる。

さて伊勢灌頂の核心は、𑖮𑖴𑖟𑖧《カリダ》と唱えて結ぶ八葉印の授与にあった。八分の肉団(心臓)を表す八葉印によって衆生の「心形」とし、灌頂の御神体とするが、𑖮𑖳𑖽《ウン》字で示すのは、𑖮𑖳𑖽字は衆生の種子とされるからだ。

またそれが「𑖨𑖯𑖐《ラガ》」(平等王＝愛染王)に帰すというのは、「経文」(『瑜祇経』第七品)により、𑖮𑖳𑖽字は愛染明王の種子であるからといえよう。

此ノ𑖮𑖳𑖽字ト者、胎金・天地・陰陽・神仏・迷悟・大迹(本カ)・体用・神人・男女ノ二法異ニ不レ落処ノ事相ノ字義ナリ。(叡山文庫蔵『天地灌頂記』)

なお、「内宮ハ石ヲ以テ八葉ノ蓮華ニ造ル……」以下は、「伊勢ノ御神体事」として相伝された口決[25]である。中世までには伊勢の内宮・外宮をそれぞれ胎蔵界の大日如来と金剛界の大日如来に配する両部曼荼羅説が成立していた。胎蔵界曼荼羅の中台八葉院は、八弁の蓮華を象っているので「内宮ハ石ヲ以テ八葉ノ蓮華ニ造ル」と説かれるのである。つまり伊勢灌頂は八葉印を御神体とするわけだが、それを愛染明王に帰し、「不二冥合」の𑖮𑖳𑖽字としたのは、すでにみてきたようにアマテラスは愛染明王の化現とみなされていたからだろう。

第二にとりあげるのは[26]「奥沙《おうさ》（奥旨）灌頂」である。この灌頂は流派によって次第内容が異なるので、今は関白流に相伝の「奥沙灌頂」をみることにしたい。

奥旨汀（灌頂）
先結定印　鏡ニナシテ腹ニ置ク
明云　阿鼻羅吽欠
次結外五鈷印　宝冠ニナシテ頂ニ置ク
明云　帰命鑁吽𑖝𑖿𑖨𑖯𑖾𑖮𑖿𑖨𑖱𑖾𑖀𑖾
次結无所不至印　鳥居ニナシテ胸ニ置ク
明云　𑖀・𑖪𑖽・𑖮𑖳𑖽

（『神道灌頂修軌』）

奥沙灌頂。それは三つの印を結び、それぞれ鏡と宝冠と鳥居に見立て、腹、頂、胸に置き、真言「バン・ウン・タラーク・キリーク・アク」「ア・バン・ウン」を唱えるという作法だった。またこの灌頂には次のような「戈《トホコ》の汀《カンジヤウ》」という秘決が付随し、口授で伝えられている。

まず、左右の十指を合掌させる外縛印を頂上に戴くというシンボリック・アクションをとる。十指と左右の掌で、神代十二神の神を表わすが、その十二神とは、人間の顔面の「七穴」（「天神七代」）、両手・両足・体の「五体」（「地神五代」）に帰すという。それはイザナギ・イザナミ二神による「赤白二滴」の和合＝受胎に始まり、胎内五位を経ることによって、人間の身体が造られる進化の過程を秘観として念ずるものであった。

次に外縛を脱《と》くと、「法界定印」を結ぶ。これは陰陽二神から十二神が生まれ、それがすべてアマテラスとして顕現する意という。ここで秘中の秘というべき作法が示される。

十指開テ立テ左右ノ頬《カヲ》ニ押テ中面ト合ケレハ十一面ノ体相也。至極深々ノ大事也。

奥沙法の本尊＝アマテラスを十一面観音と習う秘事である。十指と顔の一面を合わせて十一面となすわけで、奇妙だが、プリミティヴな印なき印相[八]といえる。この所作によって受者は、「我身ニ見レバ、十一面観音ナリ。……是即チ我身ヲ奥沙ノ本尊・天照太神也」の境地に至るのだ。[27]

それにしてもなにゆえに、赤白二水の和合という性のシステムはアマテラスに凝集されるのか。

その奥義は天の岩戸にあった。なぜなら岩戸籠りは入胎《にったい》（受胎）に、岩戸開きは出胎にアナロジーされるから。

我等又其末孫ニテ胎内ニ籠テ胎内ヲ出ル也。奥沙本尊ト者我等之自身、即チ天照太神ト観ジテ成ニル本尊一ト。

奥沙の秘密灌頂とは、受者自らをアマテラスに同化させるイニシエーションだった。それは「生身の本位」である赤白二水による受胎により、陰陽和合の体を受け継ぐ行者自身の身体を本尊と観ずる行法といえよう。そこには、アマテラスを主人公とする岩戸籠り――岩戸開きの、入胎――出胎という胎生学的モチーフが作動しているのにちがいない。

多彩な展開を遂げた神祇灌頂の世界は、かかる玄旨を眼目とする秘灌を生み出している。その名を文字通り「天岩戸灌頂[28]」という。

天岩戸灌頂

先無所不至印　明曰

次金剛合掌　明曰

次未敷蓮花印　明曰

次開敷蓮花印　明曰

𑖀𑖀𑖀

この印信に付せられた口決によって、印明の奥にひそむ宗教思惟を探ってみよう。

まずアマテラスが岩戸に籠った姿は、大神が「混沌未分ノ已前」を衆生に示すためで、それは𑖮𑖳𑖽《ウン》字で示される。世界はまだ始まっていない。ここには天地開闢以前へと志向した、中世的コスモロジーの臨界点がほのみえる。

さてこの段階は、胎生学でいえば、母の胎＝子宮そのものをあらわす。

岩戸者即チ母胎也。大神抱二キ籠タマフ日月一ヲ。我等ヲ於二テ母胎一ニ赤白二滴《テキ》和合セハ示現也。……𑖮𑖳𑖽𑖮𑖳𑖽𑖮𑖳𑖽字ハ神息也。我等衆生ハ即チ父母ノ息風也。九ケ月ノ胎中ハ只𑖪𑖽也。

天岩戸とは母胎であった。アマテラスが岩戸に籠り世界が光を失って闇となったのは、静寂にみちた漆黒の胎内を表徴しよう。その胎で「赤白二滴」が和合した瞬間に、「息風」によって運動が起こり、宇宙とそのミクロコスモスである人体は微細な胎動を開始するのだ。

次は、神々が神楽を演じた段階で、その心地は、言説不可得の𑖪𑖽《バン》字である。「𑖪𑖽字ハ懐胎ノ間、赤白二水合シテ生長スル義ナリ」と説くごとく、胎内五位の二位から四位に擬せられよう。

最後はいよいよ岩戸開きの段である。神楽に興じたアマテラスが岩戸から顔を覗かせると、神々は「穴面白哉《アナオモシロヤ》」と発語したが、これは𑖀《ア》字で示される。なぜなら、サンスクリット第一の阿字は宇宙の根本で、不生不滅の実在をあらわすから。𑖪𑖽《バン》字の心念と言説の相を離れる離言に対し、〝初めに言葉ありき〟のごとく。

かくして「𑖀字ハ身ト成リ出胎ナリ」と口決が述べるように、赤白二水の和合から胎内五位をくぐり抜け、出胎のレベルに達することで行者はアマテラス自身となる。それは天岩戸を宇宙のマトリクスとし、行者が擬似出産を意識の変容によって体験し、宇宙（身体）創造の瞬間に立ち合うイニシエーションということもできよう。

ところで天岩戸を母胎とし、岩戸開きを出胎のメタファーとするのは、神祇灌頂の世界だけではなかった。伊勢において実修された「産の御祓」はその一例である。

神主は「産の御祓」をあげたあと、墨で目・鼻・眉・口・耳を付け、胸に「人形」と書いた八つの紙の「ひいな」を産婦に与える。産婦は一晩懐に容れておいたこの「人形」を、翌朝河に流すのである。

産の祓詞は次のようなものであった。（なおその際神主は、狩衣の帯をつけないで誦したという。）

高天原《タカマノハラニ》 神下《カミクタリ》賜《タマヒテ》、 心底《ムネノソコニ》開《ヒラク》有《アリ》レ箱《ハコ》
虚虚《ウツケウツケテ》心内《ムネノウチニ》坐《マス》、為《タル》ニ虚《ウツケ》虚《ウツケ》一 心《コヽロノ》 開《ヒライテ》レ 筥《ハコヲ》
三之宅《ミツノイヘヲ》 出《イテ》、 皈《カヘル》ニ 大和国《ヤマトノクニニ》一

（『大宮司聞書』）

岩戸開きによる出胎は、〝心《ムネ》の底の箱を開く〟と表現されるのだが、それが「三の宅を出て大和国に帰る」とイメージされるのは、神宮神拝次第の、三つの鳥居をくぐる観念作法と関係していよう。そこでは一の鳥居、二の鳥居、三の鳥居をくぐることは、それぞれ「豊葦原の国」「瑞穂の国」「大和国」に「入る」ことをあらわす。往路に鳥居に入るのは「元源に立帰る」こと、下向して出るのは「和光の塵に同ず」とみなされ、それぞれ「ア・バン・ウン」「ウン・バン・ア」の真言を唱える場合もあった。

易産の護符は「産の御祓」の「ひいな」だけではない。青目石九つ（内宮＝胎蔵界の九会曼荼羅、及び九ヵ月の入胎をあらわす）に「𑖀《ア》字」を書き、その石を用いて安産の加持祈禱を行なう場合がある。

また紙に「人平生丸力」と書いた文字を一字ずつ切り、産婦が呑むと安産がかなうとされた。「伊」を「人」と「平」に、「勢」の俗字「勢」を「生」「丸」「力」に分解し、「人平《ニ》生《ルハ》丸《カ》力《ナリ》」という意を孕んだ呪符である。「伊」は男、「勢」は女の意で、それゆえ「伊勢」の二字を呑んでも可とされた。このほか、右の五字を「五体の表」とみる「伊勢二字大事」（大須文庫蔵）が切紙伝授されてもいる。

以上伊勢灌頂、奥沙灌頂、天岩戸灌頂をとりあげてみたが、これらの神祇灌頂は、赤白二水の和合から出胎までのレベルを印明の授受により実現し、自身を本尊・アマテラスと観ずるものであった。

そもそも赤白二水の和合は、愛染明王の「馬陰蔵の三摩地」の解釈でみたように、男／女、陰／陽の冥合という性の宗教学として成熟していった。ここにかかるエロティックな和合を主眼とした神祇灌頂がある。それを「天地灌頂(29)」という。

天地灌頂は、右と左の手でそれぞれ大悲抜苦の徳を示し、無畏を施す「施无畏印《せむい》」をつくり、真言「バ・ザラ・ダ・ト・バン」「ア・ビ・ラ・ウン・ケン」を唱えるものである。

天地灌頂

先ッ左ノ手ヲ開ク二施无畏一ト　明日

　三返

次右ノ手ヲ開テ二施无畏一ト　明日

　三返

天地灌頂のシンボリックなメカニズムを口決にしたがって図示すれば以下のようになろう。

左―陽―日天子―地に覆《うつむ》く―父

右―陰―月天子―天に晴《あおむ》く―母

かくて天地灌頂は、父が地に「覆ケ《ウツブ》」、母が天に「晴ケ《アヲノ》」和合する父母灌頂となる。この

とき父は天（上）に、母は地（下）に定位されるが、それは性交時の体位のメタファーにほかならない。

いっそう興味をそそるのは、口決が「神トハ神変加持ノ秘法ナリ」と定義し、「陰神ハ陽神ニ、陽神ハ陰神ニ成ル」という性の転換を灌頂の玄理としている点である。その徴証として「五月女《さうとめ》」による田植え神事があげられている。田植えとは、女（五月女）が男となって、胎蔵界であり母である「田」に「種を下ろす」意なのだが、何といっても見逃せないのは、次の内宮と外宮をめぐる口決だろう。

内宮は女体（陰）だが、御鎮座の姿は男体（陽）であった。一方、外宮は男体だが、御鎮座時は女体であったという。さらにある伝では、夜は陽神が陰神に、昼は陰神が陽神と成り、夜は外宮の神が内宮に、昼は内宮の神が外宮に「御鎮座する」との異様な習いもみえる。[30] 神の性が転換し、神の座が入れ代わるのだ。

先にも述べたように、台密は、東密の金・胎両部に対し、金・胎・蘇悉地の三部を立てたが、右の口決は、天地灌頂における性の転換を、蘇悉地における「両宮一致」「陰陽不二」と説く。

それは「𑖪𑖽《バン》」（父）「𑖀《ア》」（母）の「勢気」が「𑖮𑖳𑖽《ウン》字」の「子」を生みだすという出生のレベルを極意とする。こうした天地灌頂のシステムに媒介されるとき、日本の衆生はすべて「伊勢の御子」として生を受ける（再誕する）ことになるのだ。

　このように「両部不二」「男女一致・男女不二」の相を開顕する天地灌頂の秘儀は、台密の蘇悉地による口決を伴うものだが、決してスタティックな教説に終始するものではない。

　ここで、慈円が夢想についで思索をめぐらしていくさ中、アマテラスが男身としても女身としても現われることに衝撃を受けながらも熱い関心を寄せたことが想起される。男身が女身に、女身が男身にという霊格のメタモルフォーゼ。それは双身の神智学がついに昇りつめた至高の境位といえようか。

　神仏がその働きによって応化の姿を変えるという思惟もさることながら、何よりもそれは、「神変加持の秘法」たる宗教実践＝神祇灌頂が志向した、性の転換―性の超越という〈変成〉のプログラムであることに思い至るのだ。

2　辰狐のイコノグラフィー

1　「天照太神の秘法」と子良《こら》

ここであらためて、中世の宗教宇宙にそそり立つ天岩戸の暗闇に目を凝らしてみよう。するとアマテラスの像に重なって、動物の影がうごめくのが見えてくる——。

天照太神天下リ給テ後、天ノ岩戸ヘ籠リ給フト云者、辰狐ノ形ニテ籠リ給フ也。諸ノ畜獣ノ中ニ辰狐者自リレ身放ッ二光明ヲ一神故ニ、其ノ形ヲ現シ給ヘル也ト云云。（『渓嵐拾葉集』巻第六「神明部」）

アマテラスが岩戸に籠ったときの姿、それは「辰狐《シンコ》」の形であった。異貌の大神像というべきだろう。辰狐とは畜類の中でも自ら光を放つためとされるが、ではなにゆえに辰狐は光明を放つのか。またどうしてアマテラスは辰狐として表象されたのだろうか。

辰狐ト者、如意輪観音ノ化現也。以テ二如意宝珠ヲ一為ス二其ノ体ト一故、名ル二辰陀摩尼王ト一也。宝珠ト者必ス夜光アリ。故ニ諸ノ真言供養ノ時モ以テ二摩尼ヲ一為レ燈ト云ヘリ。（同右）

辰狐とは如意輪観音の化現なので、如意宝珠を本体とする。[31] だから辰狐を「辰陀摩尼《シンダマニ》王」と名づけるというのだ。つまり辰狐が放つ光明は、夜に煌《きら》めく宝珠の輝きに由来するものであった。

宝珠ト者、必ス夜光アリ。……辰狐ノ尾ニ有リ二三古一。三古ノ上ニ有リ二如意宝珠一。三古ハ即チ是三角ノ火形也。宝珠又摩尼ノ燈火也。故ニ此ノ神現シテ二威光ヲ一明スル二法界ヲ一也云云。（同右）

辰狐は尾の上に三股杵《さんこしょ》を、さらに三股杵の上に如意宝珠をのせていたという。摩尼の燈火でもあるその光明が世界を照らす作用が、闇黒から光の世界へと転変する岩戸開きにアナロジーされていることは明らかだろう。

ところですでに院政期には、アマテラスの本地仏を十一面観音とする説のほかに「如意輪観音」との同体説が成立していた。如意輪観音は梵名を「震多摩尼《シンダマニ》」といい、如意宝珠の義を示す。「如意珠」は福徳、「輪」は智慧という福智二徳を体現する観音である。

そして問題の辰狐も如意輪観音の化現とされた。ここに如意輪観音＝震多摩尼を媒介として、アマテラス＝辰狐同体説が生まれたのだった。

もちろん「辰狐」とはただの狐ではなかった。それはダキニ天であった。本章1でふれたように、ダキニ天は夜叉鬼の一種だが、日本では狐霊とダキニ天とが稲荷信仰を介して習合していた。なおダキニ天も三摩耶形を如意宝珠とするため、辰狐＝ダキニ天は「震多摩尼王」との異名を獲得したのだろう。

一方、稲荷明神も如意宝珠と結びつけられていた。弘法大師が如意宝珠の一つを稲荷峯に納めたという伝承や、大師が出会った稲荷明神は稲を荷《にな》った老翁との伝承が想起されよう。その場合、稲（米）とは舎利であり、また如意宝珠にほかならない。

如意宝珠王たる辰狐＝ダキニ天。その験力の源は貪欲旺盛なパワーにあった。「欲界ノ衆生ハ、貪欲強盛也。故ニ如意宝珠王ト現ジテ衆生ノ万願ヲ成ゼシムル也」（『渓嵐拾葉集』巻第六十八「除障事」）と語られるごとく、衆生の現世利益や飽くことなき欲望の体現者、かつそれを成就する実現者としてダキニ天はイメージされているのだ。

このダキニ天には「七種ノ野干」と呼ばれる眷属がいたと『馬鳴菩薩七野干法』なる偽経は記している（同右）。ちなみに「野干《やかん》」は元は「狐」とは別だが、日本では狐の異名とされていた。

王舎城の北の尸陀林《シダリン》の中に野干がいた。夫は「有徳」、妻は「満徳」といい、「福徳」「威徳」「智慧」「勢徳」「寿徳」の五子がいた。この七野干は、五天竺の王として鬼類を統御し、変化自在に遊行し、先々で福徳や災厄をもたらしたという。　　　　　（同右）

ここには山野を自在に駆けめぐる狐の遊行性と、それにより融通無礙に施福の術を駆使する狐の姿が浮かびあがってこよう。だが本論の主人公たる辰狐＝ダキニとは、野狐のそれではない。アマテラスとの栄《はえ》ある習合を獲得した辰狐は、森や原野を忘れ去り日本王権の頂《いただき》へとその身を躍らせる。

この時、本章1で、あえて不問に付していた問題がブリリアントに甦ってくる。それこそ、即位灌頂で天皇に授与されるダキニの真言にほかならない。日本の王はなぜ、輪王灌頂のシステムに吒天《だてん》法を必要としたのだろうか。

この点に関して『渓嵐拾葉集』は経典にみえる三つの逸話をあげている（巻第三十九「吒天法」）。第一は、帝釈天が狐を敬い師とした話（未曾有経）。第二は、梵天、帝釈天が畜類を敬い師とした話。第三は狐を敬うと国王に成れる話（涅槃経）。そのうち第一の伝説は次のようなものであった。

仏がまだ出世しない時、一匹の利口な野干（狐）がいた。ある日、獅子に追われて井戸の中へ落ちて出られなくなったこの狐は、「このまま死ぬのなら、いっそ獅子に身を与えた方がよかった」と悔いて諸仏に「わが心を照らしたまえ」と祈った。その声を聞きつけた帝釈天が、天上から「法を説け」と命じた。すると野干は、「礼法を知らない者よ。師は下に弟子は上にいて、法を説くとは何事か」と諭したので、帝釈天はひれふ

し、天衣を高座にし、甘露を供えて、狐の説法を聴聞したという。（『未曾有経』下）

『渓嵐拾葉集』が述べるごとく、ダキニ天を本尊として即位法が行なわれるのは、これらの経典説が背景にある。けれども、その上に中世日本のオリジナルというべき辰狐像とその秘法が揺曳しているのを見逃してはならない。もちろんアマテラス＝辰狐の合体説もそれとダイレクトに切り結ぶものであろう。

　ところで辰狐を本尊とする即位灌頂の法流のうち、伊勢神宮（外宮）に相伝された一流があった。しかもそれは伊勢・外宮の大物忌《おおものいみ》の子良《こら》が実修した法であった。即位灌頂なるものが、天皇の即位式だけに特権的に行なわれていたのではなかった事実に驚かされる。子良の即位法は、いうなれば天皇不在の即位法[32]なのだが、かえってそこに中世王権にとって辰狐法とは何であったのかという秘密が、伝授の現場のアクチュアリティを通してかいまみえてくる。それとともに、〈王権〉と〈異類〉、いや〈王権〉をもひき付けた中世宗教世界における〈異類〉の驚くべき存在理由《レゾン・デートル》が証されるはずだ。

　では子良による即位法とはどのようなものだったのか。まず神祇灌頂や修験道の切紙にみえる「子良ノ口決」を見よう。

禰《シムドウ》　伊勢子良ノ口決

夫レ子良ト者、此ニ量リ二男女一ヲ。男ハ限テ二十五一ヲ出ツ。男行テ二婬欲一ヲ自損スルカ故ナリ。女ハ限リ二月ノ障一ヲ置レク之ヲ。此ノ一、二ノ子良即チ朝夕ノ御前《ミソナヘ》ヲ取リ続キ奉《ツ》ルニ弁備シ一時、天照太神ノ秘法ヲ令ムルコトニ修行セ一有レリ之。空海和尚ノ太神宮ノ秘記ニ曰ク。我ニ有リニ深法一。物忌ノ子良ハ可シニ修行ス一云云。子良ハ物忌ノ子孫也。昔大和姫ノ皇女伝フニ此ノ秘法ヲ一。至テニ于今ニ一御膳ノ度備フニ法味ヲ一云云。

子良たちの中の一、二名が、「朝夕の御膳」の時に、「天照太神《アマテラス》の秘法」を実修した。その法は初代斎王というべき倭姫命の相伝であったという。

この伊勢流というべき即位法について詳細に述べているのは、『天照太神口決』[33]（神宮文庫蔵）と『鼻《び》帰《き》書《しよ（はながえししよ）》』（同上）という中世伊勢神宮の秘事・口伝を記したテキストである。両書によれば、即位法としての辰狐法には、アマテラス相伝の法と、弘法大師相伝の法の二流があった。前者は子良が御饌殿《みけどの》で修した「天照太神の秘法」のことで「四海領掌印」の一印のみを用い、明（真言）は無い。後者は「三印二明」など真言を伴うものでいくつかの法流に分かれるという。

では子良による「天照太神の秘法」とはどのようなものだったのか。『鼻帰書』は「今ノ御即位ノ辰狐ノ法ヲ、是天子ノ大事当宮最初ヨリ今ニ至リテ秘法也。毎日御饌ノ次ニ子良修スル之法ナリ」と説いたあと、その作法を具体的に記している。

右ノ手ヲ以テ左ノ肩ニ覆イ左手ヲ以テ右肩ニ覆イ、次ニ下向テ右手頭ヲ上左ノ手頭ヲ下ニシテ合掌シテ中ヘ返シテ塔婆ノ印也。最初ニハ合掌スル也。

右手で左の肩を左手で右の肩を覆い、そのあと合掌し、その手を内に返すというシンプルなアクションである。明はなく、印契も「四海領掌ノ一印」(『天照太神口決』)と呼ばれながらも、実は「印ノ様ナリト云フトモ印ニ非ズ」(『鼻帰書』)と評されているように、両手と両肩を用いた、印に代わる所作であった。それはアマテラスの重く深い「恩徳」を、肩に荷うことで帰依の志を表明するという一種の身振り言語なのだ。

両指ヲ以テ左右ノ肩ニ懸タル意ハ、重キ物ヲハ肩ニ懸テ持チ、軽キ物ヲハ手懐《タナゴコロ》ノ中ニ持ツ。大神ノ御恩徳深キ故ニ、荷負義《ニナイヲフ》也。（『天照太神口決』）

では一方の大師相伝の辰狐法はというと——、それは、最初に「オン」と唱えたとき「合掌印」、右の手を左肩にかけたとき「ダキニ」、左手を右肩にかけたとき「キャチ」、左右の手を下に合わせて「キャカ」、内へ返すとき「ネイエイソワカ」と唱えるものであった。これは伊勢神宮相伝の印（のごときもの）に、弘法大師が真言をあてはめたものと説明されている（『鼻帰書』）。

また別の一流には、例の四海領掌印をあらわす「左右ノ肩ニカクル印」に加えて、「智拳印」「外五股印」を結び真言を唱えるものもあった。「三印一明」の辰狐法といえる。伊勢神宮の祓を類聚した『諸祓集』の中の「四海領掌法」と題した次の切紙にはそれがみえている。とすると、こうした辰狐法も、ある時期には神宮で実修されたと考えられようか。

●吒枳尼𑖀𑖪𑖰𑖨𑖮𑖳𑖽𑖏𑖽《アビラウンケン》　外五古(ママ)印

●吒枳尼𑖪𑖕𑖿𑖨𑖠𑖯𑖝𑖲𑖪𑖽《バザラダトバン》　智釼印

左ノ肩𑖀𑖪𑖰𑖨𑖮𑖳𑖽𑖏𑖽

右ノ肩𑖪𑖕𑖿𑖨𑖠𑖯𑖝𑖲𑖪𑖽

●吒枳尼乗名　悉地成就《シッチシヤウシユ》娑婆訶《ソハカ》　印

●真志良気喜《マシラケキ》眼《マナコヲモテ》以、生《イケル》ト生物《イケルモノヲ》見給《ミタマフニ》、栄行海之《サカユクウミノ》如レ無レ量《ハカリナキコトシ》。　印

吒ハ成就之義　枳ハ万物ヲ育儀　尼ハ宝珠之心也。

このように即位法としての辰狐法には真言を伴うものと伴わないものなどの相違があったが、鎌倉末期に外宮の御饌殿で実修されていた法は、上記のようにプリミティヴな作法で、それを可憐な子良が演じたのだ。

神宮の辰狐法に真言がないのを不審に思った治部律師は、姪の子良を呼びよせて尋ねた。「お前は御饌をあげるとき殿内で辰狐法を修しているようだが、その時口に何かを唱えているのか」。すると姪は、「ただ蹲踞《そんきよ》してヲゝ〱と三度称唯《いしょう》の声をあげるほかは、特別のことはありません」と答えたという(『鼻帰書』)。

以上で明らかなように、伊勢神宮相伝の辰狐法とは「毎日御饌ノ次《ついで》ニ子良修スルノ法」だ。毎日の御饌。それは豊受《とようけ》大神宮（外宮）の御饌殿で子良たちによって撰進される「日別《ひごと》朝夕大御饌[34]」を指す。

ここで伊勢の辰狐法をめぐる最大の問題に遭遇する。なぜ辰狐法は、子良によって御饌殿で演じられたのか――。この謎に向かっていくためには、まず子良とはいかなる存在なのか見ておく必要があろう。

子良は古くは物忌《ものいみ》といったが、やがて「物忌の子等」から「子良」と呼ばれるようになる。延暦儀式帳によれば、内宮には大物忌を始めとして九人の物忌が、外宮には六人の物忌がおり、そのほとんどは童女だった[35]。

物忌の起源は、伊勢神宮初代の斎王とされる伝説上の巫女・倭姫命《やまとひめのみこと》に由来するという。延暦儀式帳は、倭姫命が天見通命《あめのみとおしのみこと》の孫の川姫命を大物忌と定めたその時から、物忌は斎王より親しく神に随侍し、朝夕片時も離れなかったと記す。

また鎌倉期成立の伊勢神道書『倭姫命世記』には、アマテラスを翼戴し鎮座地を求めて旅を続けていた倭姫命が、宇太《うだ》の篠幡《ささはた》で出会った天見通命の孫の八佐加支刀部《やさかきとめ》の子＝宇太の大《おお》禰《ね》奈《な》を大物忌と定めたとの異伝がみえる。その際大禰奈は、倭姫命より天磐戸の鑰《かぎ》を賜わり、清浄の心で神に奉仕したというが、実際に宝殿の鍵を捧げ持つのも子良の役で、外宮の場合には正殿、東西宝殿、御饌殿、幣帛殿、北御門の鍵は子良が斎居していた子良館《たち》で管理されていた。なおこの子良館は、子良を介助する「御母良《おもら》」や「副《そえ》の姥《おんば》」などの女たちが取りしきっていたのも見逃せない。

さて子良の役には、内宮は主として荒木田氏、外宮は度会氏の子女が選任され（「子良迎え」）、初潮を迎えるまでその任を務めた。

当宮には巫女《ブジョ》なし。子良《コラ》とて幼稚《ヨウチ》の乙女の、いまだ夫婦《フウフ》のわざも知らぬが、御膳をそなふる器用《キヤウ》にてめしつかはるゝ斗り也。神慮にかなひぬれば、二、三十迄も月事《グハツジ》なし。冥《ミヤ》鑑《ウカン》に背《ソム》きぬれば、十一、二よりさはる。さはれば則ち職《ショク》を解《ゲ》す。（『伊勢太神宮参詣記』）

では子良の生活と職能はどのようなものだったのだろうか。子良は忌火の飯をとり、目に見えるもの、耳に聞くものすべてを斎戒するという厳重な忌み籠りの生活にあった。たとえば、大宮の北方の宮後川を渡ってはならず、つねに洗い髪で油をつけず、藍染の衣服を着てはならぬとされた。外宮の子良の場合、特別な神事には、紙を鉢巻のように畳んで両端を角のように出した「清冠り《きよかんむ》」（「鍬形」とも呼ばれる）を首の飾りにして神事に奉仕している。三節祭《みおりのまつり》での由貴《ゆき》大御饌の撰進や、心《しん》の御柱《みはしら》奉建など床下祭場における秘事[36]というべき勤めは、子良の出仕が定めだった。

このようにもっとも神に近く仕えていた子良の生活は、そのすべてが神態《かみわざ》であったろう。内宮禰宜の霊夢中に、子良の託宣があったと通海は『太神宮参詣記』に記している。また、夕御饌の奉仕が終わって子良館へ帰るまでの途中に占事をする習わしがあったことが近世の記録でわかる（『毎事問』）。人々は子良が口走るのを「御夕饌《ヲユフゲ》を聞く」（俗にヨイゲを聞く）と称した。いわゆる辻占・橋占の類であり、子良の託宣活動がかつて盛んに行なわれたことを彷彿とさせる。なお伊勢神宮では早くから宮域内での巫覡《ふげき》の活動を禁止していたが、近世には子良や子良館が、神楽や猿楽など芸能と深い繋がりをもっていた事実も見逃せない。

子良が解任されるのは初潮を迎えたときと両親の死に限られた。その解任儀式は「子良《こら》放《はなし》」と呼ばれる（『内宮子良年中諸格雑事記』）。江戸期の記録だが、その丁重にしておごそかな作法は、子良がいかなる存在であったのかをくっきりと浮き彫りにするのだ。

子良が月水をみたときは、川原新屋敷町の町家へ下り、生理期間が済み清火となってから子良放の儀が行なわれた。また親の忌服の際は、〝死〟と称せず、野辺送りの前に子良職を解いたという。これは死穢を徹底して忌んだ伊勢の「早懸《はやがけ》」（速懸）と称する葬送習俗[37]にちなんでいよう。

子良放は、子良が二見浦の立石崎（現在の夫婦岩）で潮垢離《しおごり》をとった後、山田原村の禰宜左衛門なる者の家において行なわれた。そこには子良館から白米、銭、麻、鏡、紙、上着、刃物の七品が下賜されている。禰宜左衛門によって榊が二本立てられ、注連が張られると、子良はその中に坐り、解任の儀式を受け、終わって注連が切られると退出した。聖なる結界の中で、禰宜左衛門の勤行により、子良は選ばれた神の子から解き放たれて、ふつうの少女へと戻るのである。また帰路の途中、森や林の中に清浄の砂を鋪《し》きつめ、その上に子良は南向きに坐ると、衣裳の上着を焼くのが習わしだった。昔は綿帽子を焼いたという。

一方外宮の場合は、潮垢離をとった後、補任の時と同様に、開祓所《かいばらえ》で十座祓により子良を清め解任した（『外宮子良館祭奠式』）。

さて外宮の子良たちの中で、大物忌の子良こそ御饌の奉献を専門に行なう重職であった。それが御饌殿における朝・夕二度の神饌の供進《ぐしん》である。その神饌とは、御水《おもい》と御塩と御飯の三品と御贄《にえ》であって、それらは古式にのっとり大物忌と御炊物忌《みかしぎ》（おおい子）と御塩焼物忌《みさき》（みさい子）の三人によって調進された。中世では、これらの神饌を献ずる御饌殿で即位法の秘法が修せられたらしい。

いよいよ子良による御饌供進の場面が問題となるわけだが、その前にまず御饌殿という殿舎の方位と建築様式を頭に入れておく必要があろう。

不思議なのは、鳥居と瑞垣《みずがき》の御門は北面しているのに対し、御殿は南面していることである。南北に御扉があるが、北の戸は内側から閉ざしてあり、外からは開けられないようになっていた。物忌らは御門から西に廻り、階を昇り南戸を開けて殿内に入ったわけである。つまり北と南のどちらが正面か判らないようになっているのだ。そのためか近世の記録類をみると、さまざまに取り沙汰されている。

第二に、御饌殿は棟持柱が二つあるほかは柱はなく、板を横に組み上げたもので（宝蔵作り、井籠作り）、明らかに他の殿舎と様式を異にする。どうやらこれら二条は建築上の秘事であったらしい。なお、この御饌殿は、しばしば仮殿として御神体を納めることもあった。殿内には東方にアマテラスの座、西方に豊受大神の座と相殿の神三座の、合わせて三前の

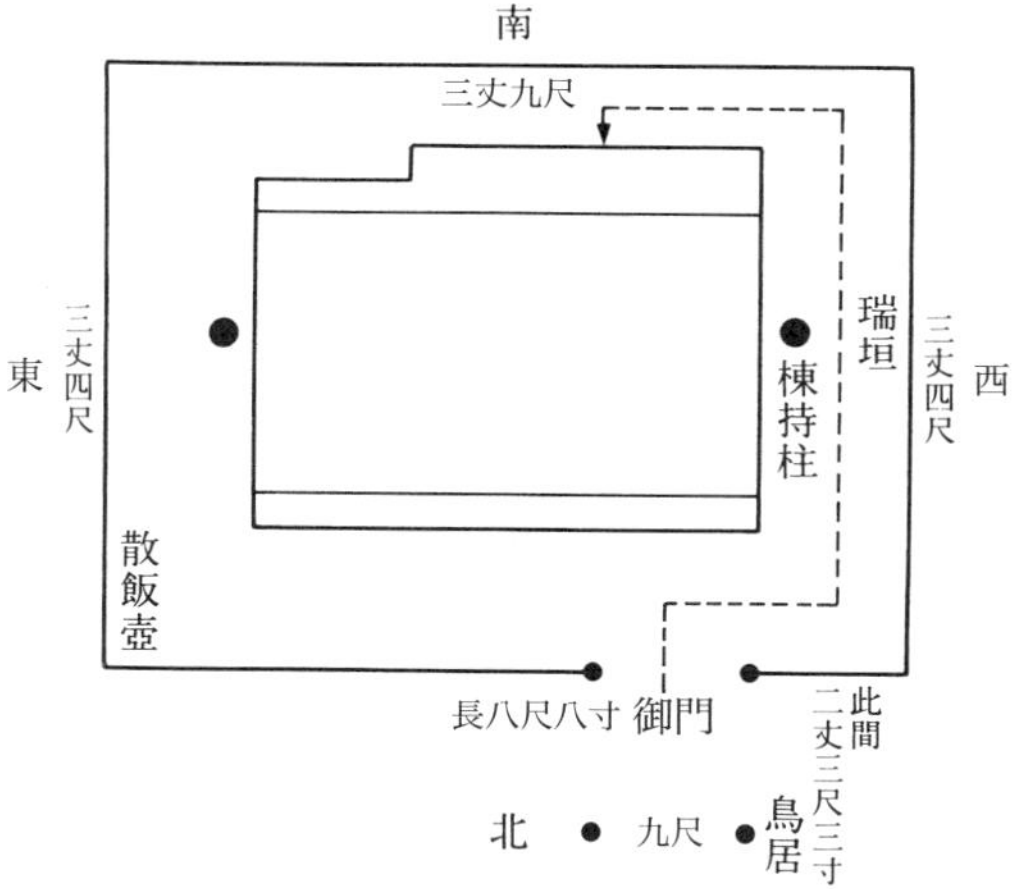

御饌殿（『外宮儀式解』より作図）

御座が設けられていた。ここで注意を要するのは、瑞垣の艮《うしとら》（北東）の角に「散飯壺《さばつぼ》」と呼ばれる小箱が安置されていたことである。

以下、神饌供進の儀式を辿ってみよう。明衣を着し、木綿襷を懸けた一禰宜は、物忌らを引率して御饌殿に到着する。このとき大物忌の子良は左肩に御鑰《みかぎ》をかけ、右手に松明を持ち禰宜に続く。次に御炊物忌父が御饌をのせた高机を舁《かつ》いで続く。その高机には御炊物忌が舂《つ》き炊《かし》いだ御飯と、御塩焼物忌の焼いた御塩と、志摩国から調進された御贄が、土師《はじの》器《うつわもの》　作《つくり》物忌の作った雑器に盛られている。なおこの高机は参進の際は右肩に、下向の時は左肩にのせると定められていた(38)。

御饌殿に到着した一行は、一禰宜の警《けい》

蹕《ひつ》の声（正殿が西地に在るときは七声半、東地のときは三声半）を合図に御門に入り、西へ廻って階から殿内に入る。続いて配膳などの準備が終わると、いよいよ二所大神と相殿の神への供進となるのだが、いかなる記録にもその作法次第は記されていない。「之ヲ奠ズルノ式、玄義有リ。其ノ人ニ非ザレバ之ヲ知ルベカラズ。故ニ置キ記サズ」（『外宮子良館祭奠式』）とあるように、物忌と物忌父のほかは関知しえぬ秘事であった。

寛治、保元、長寛年間に、度々朝廷から宣旨による尋問があったが、神宮側は、畏れ多い二所太神宮の「御饌の間《ま》」のこと、顕露の恐れありとの理由で注進を拒絶している。宣旨にさえ背いて供進の作法を秘匿したのはなぜか。それは大嘗祭の悠紀《ゆき》殿・主基《すき》殿での神饌親供が秘事口伝とされた(39)ように、神饌の供進次第そのものが秘儀であったことによろうが、加えてこの「御饌の間」で辰狐法が修せられていたからではなかったか。

この問題に関連するような興味深い所伝がある。

> 御即位印事
> 定印　外五貼印　無所不至印　智剣《（ママ）》印
> 以二丑時一奉レ渡。先最初仮殿ニテ可レ有レ祓。備二諸供物一後、取レ幣為レ祓也。備二供物一時可レ用二御即位印明一也。（以下略）
> （『彦山修験最秘印信口決集』「遷宮大事」）

この「遷宮の大事」は、本章1の伊勢灌頂でみたように、愛染明王の「𑖮𑖳𑖽《ウン》字」を御神体

（蛇体）と観念するもので、ここでも神社の遷宮に密教の作法を伴っていたという事実が浮かびあがる。本書IIでも述べたように、神仏習合の時代には、遷宮の際にさまざまな修法が行なわれ、数々の切紙が伝授されることがあった。その中には即位灌頂の相伝も認められる。右の口伝では何よりも、新殿に移した御神体に供物を備えるという、神饌供進の場面で即位の印明が用いられている点が見逃せない。

　大嘗祭や遷宮の秘儀と同様、御饌殿での神饌供進の次第は秘伝であったわけだが、祝詞のいくつかは残っている。「大司常長の記」として伝わる祝詞の一部をあげてみよう（『御饌殿事類鈔』）。

一　タノミケ《御饌》ホウチウ《奉仕》アイク《相具》シテ。サンキン《参勤》ノカタチ《状》ヲメクミ《恵》給ヘト申。
　ハツホ《初穂》ノ神《穎》ノユカニモノ《由加物》等〳〵。ウンシチヤウ〳〵〳〵〳〵〳〵〳〵〳〵。
一　タノミケ《御饌》ホウシ《奉仕》ノタメ《為》。禰宜荒木田歟度会歟神主名乗。サンキン《参勤》ノカタチ《状》ニモ。カク《此》ノコトク《如》
　申テマイ《参》ラスル。シチ《四至》ノ神タチ《等》ニモ。如此シロ《知》シメ《看》セト申。
　アメ《天》スヘラ《皇》ミカト《朝廷》ウコキ《動》ナク《無》。トキハ《常磐》カキハ《堅磐》メテタシ。サキ《幸》ワヘ給ヘト申。
　ヒト《人》、モ《等》。天下四方国ヲンタカラ《人民》ニイタル《至》マテ《迄》。タヒラケク《平》。ヤスラケク《安》。シロ《知》シメ《看》セ
　ト申。
　アンハンウン。トリイ。クウカイ。

「ハツホノカミノ《(ヒ)》ユカニモノトヲ」という言葉を両度唱え、最後の「ヲ」の音を長く引くのが秘伝であった。なお「アンバンウン。トリイ。クウカイ」は「《アバンウン》・鳥居・空海」であろう。応永の頃の鳥居匡興（出家して道祥）から伝授された口決の一端を注記したものらしい。これらの言葉の断片はかつて御饌殿で修された辰狐法の痕跡をかすかながらもとどめるものといえよう。

さてこの御饌殿ではもうひとつ注目すべき作法が毎日行なわれていた。それは「散飯《さば》を取る」という作法である。

供進の準備が整うと、子良は御饌殿の北戸を開き、散飯を取り、土器に盛って北の戸の縁板に置く。そして祝詞を奏上すると、今度はその散飯を、瑞垣の艮の角に置いてある散飯壺に納めるのである。その後で三前への正式な御饌の供進となる。

そもそも散飯（三飯、生飯）とは衆生の飯米の意で仏教に由来する。散飯を取るとは、食物の上分を取って広野鬼《こうやき》や鬼子母《きしも》に捧げることで、食前に衆生のために少しの食を出して施与する、持戒者の作法となった。儒家にも似た作法がみえるが、日本中世では朝家の食事にも取り入れられた。

後醍醐天皇の日中行事には「御さはをとりて、あまかつに入てたてさせたまふ」とみえる。「天児《あまがつ》」（「女母」「女母形」）は災難を除く祓のための人形《ひとがた》で、帳《とばり》の内の守り神として信奉されていたのだろう。

また賀茂の斎院は、野宮で朝夕の御膳の散飯を「難良刀自神《ナラトジ》」に捧げている（『左経記』)。ナラトジ神は御饌を司る神で、ウカノミタマとされ、古くから賀茂の別雷《わけいかずち》神社では神饌所に斎き祀られ、祭祀にあっては「散飯神」として、必ず神饌の初穂が捧げられた。

このようにみてくると、御饌殿で散飯に与る神の姿と本性がおぼろげながら浮かんでくる。それは御饌殿の守護神であり、かつ食物に関わる神であるはずだ。御巫《みかんなぎ》清直《きよなお》は、供進の際の祝詞に「四至ノ神タチニモ、此ノ如クシロシメセ」とみえることから、御饌殿の廻りを守護する「四至神《しちのかみ》」だろうと推察しているが(『御饌殿事類鈔』)、果たしてそうだろうか。

御饌殿の聖性と秘法=辰狐法に思いを馳せると、そこから秘められた尊格が立ち現われてくる。朝な夕な北戸の縁で散飯に与る神。それは辰狐すなわちダキニ天ではなかったろうかと。こうした想像を禁じえないのは、のちにみるように、日本にあってダキニ天は穀物(稲)と密接に関わる尊であるからだ。ちなみにこの北戸は、仏堂における後戸《うしろど》(堂)の具有する聖性と機能に通い合う。

そこで以下、伊勢固有というべき狐霊信仰の中世的位相をたぐり寄せてみたい。

2　三狐神の像容

第一にあげられるべきは「調御倉《つきのみくら》」であろう。

調御倉は、その名が示すように古くは神領の調・庸を収蔵する御倉だが、中世では、内・外両宮とも神宮の御政印《みしょういん》がこの倉に納められたため、「御政印御倉」とも呼ばれた。また遷宮の際、山から伐り出された心の御柱は、奉建までの間この調御倉に安置されることがあった。また外宮の調御倉[40]には、神宮秘伝の神道書や系図が、子細あって御神体の仮櫃《かりびつ》に納められ、調御倉に秘蔵されもした。倉の呪性がいや増しに高まっていった経緯が偲ばれよう。

では外宮の調御倉に棲みついた祭神は何であったか。延暦儀式帳はその名を記していないが、中世ではウカノミタマ（宇迦之御魂、倉稲魂）とした。この神は、記紀神話の中の「大《オオ》宜都《ゲツ》比売《ヒメ》神《カミ》」や「保食神《ウケモチノカミ》」と同体とされるが、見逃せないのは次の説だろう。

又倭姫命御代、神服機殿祝‐祭之㆒。名ヲ号㆓スハ三狐神㆒是也。亦号㆓ス斎内親王ノ専女《タウメ》神㆒ハ此之縁也。（『神名秘書』）

調御倉の神（ウカノミタマ）は、倭姫の御代、神服機殿《かむはとりはたどの》に祀られて「三狐神」と呼ばれ、また斎内親王の「専女《とうめ》神」とされたという。「三狐《サンコ》神《シン》」。耳慣れぬ異様な名称である[41]。が、狐に関係しているらしいこの名にこそ、中世的な調御倉の神の本性が隠されているのだ。

なお神宮には、右の「神服機殿」のほか「麻《お》続機殿《みのはたどの》」がある。両機殿で調進する神衣の由来譚として次の物語が伝わっている。

アマテラスが高天原に居たとき、天八千々姫《あめのやちぢひめ》は大神のために御衣を織って献上した。また垂迹の際には、雨具や機具を戴き随行した。それ以来八千々姫の末葉は、女子は「織子」、男子は「人面《ひとおも》」（にんめん）と称して天上での作法にならって四月と九月に御衣を調進することになったという（『神名秘書』所引「旧記」）。

事実、中世には、神服・麻続両機殿の神部である「人面」（男）、「織子」（女）と名のる職掌人が四、九月の神衣祭に御衣を調進していた（やがてこの職掌は退転していく）。

ところで暗示的なのは、両機殿が、斎宮寮から遠からぬ地（飯野郡）に存在するという点だろう。ここから、三狐神は斎内親王の専女神であるという説の背景がほのみえてくるのだ。

斎王《さいおう》（いつきのみこ）（斎宮）。伊勢神宮に奉仕した歴代天皇の皇女で、天皇の即位に際し未婚の皇女たちの中から卜筮《ぼくぜい》で選ばれ、天皇の崩御また譲位の場合だけ退下が許された。斎宮は、垂仁天皇の御代にアマテラス（八咫鏡）を伊勢・五十鈴川の地に遷し祀る際、天皇の娘・倭姫命が奉仕したのが濫觴と伝えられる。

選ばれた斎王は、通計三年の斎居生活を経てから、嵯峨・野宮《ののみや》より伊勢の地へと群行していった。その下向に当り、天皇は自らの手で斎王の髪に別れの櫛を挿すが、その櫛は近江の瀬田でほかの櫛と挿しかえるのが習わしであった。また瀬田までは都の方をふり返ってはならぬとされた。

厳重な斎戒の下に神宮の三節祭に出向し、神事に奉仕する斎王。神宮から二十キロも離れた広大な斎宮で高貴なる巫女が営む日々の信仰生活はいかなるものだったのか——それは、今後百年以上はかかるという斎宮跡の発掘調査を待つ一方で、現存の資料による多面的な研究が必須であろうが、さしあたり本論にとって目を留めるべきは、斎宮の地が伊勢の狐霊信仰の拠点だったということだ。

延久四年（一〇七二）、斎宮寮の前で、大和守成実（資）の三男・藤原仲季が「霊狐」を射殺した。人々はその狐を「白専女《しらとうめ》」と称したという（『山槐記』治承二年［一一七八］閏《うるう》六月の条）。

斎宮の地には、「白専女」と呼ばれる霊狐が棲息していたのだ。事実、度会《わたらい》、多《た》気《け(き)》、飯野《いいの》（現・飯南）の三郡には狐を祀る小祠が多く、それらは斎宮にあった本祠から勧請されたのだろうとの説もある。

ではなぜ白狐を「白専女」と称したのだろうか。そこには、狐は千年を経ると白毛になるとの俗信が介在しようが、そもそも「専女《とうめ》」とは「今、老女ヲ呼ビテ太宇女《たうめ》ト為ス」（『倭名類聚鈔』）とあるように、老女を指す呼称であった。また、「野干坂《きつねざか》ノ伊賀専《たうめ》ガ男祭《をまつり》、蚫苦本《あはびくぼ》ヲ叩ヒテ舞フ」（『新猿楽記』）のごとく、早くから神として祀った狐も専女と呼ばれた。

ここから、斎宮の「白専女」に——稲荷信仰における「命婦《みょうぶ》」ともども——老いたる姫神というべき老女の像が浮き彫りとなる。もうひとつの伊勢神宮というべき斎宮の一角に跳梁する年老いた狐の群れ。それらの姿と重なり合うのは、斎宮の職制を支える老女たちや、また機殿[42]における女の織子たちの像である。神宮の御衣は、しばしば閉経後の老女たちによって織られているのも興味深い。

一方、どうして調御倉の祭神＝ウカノミタマは「三狐神」と名づけられたのだろうか。まず、キツネはケツネであり「御《み》饌《け》津神《つのかみ》」と同訓（「ミケツ」）であることから「三狐神《みけつのかみ》」と表記したと想定できよう。本論では考察は省くが、それは狐霊の一大霊場＝稲荷山の稲荷明神そのものが、文字通り稲魂と早くから習合していたからだ。

このように、稲荷神と狐霊の習合から、調御倉や神服機殿の祭神は、「三狐神」とされたが、いったんこうした神名が成立すると、「三狐神」は独自の意味作用を、その霊格において発揮するようになる。「三狐神《みけつのかみ》」と「三狐《サンコ》神《シン》」。ここに宗教思惟上の大いなる断層と飛躍が介在する。「三狐神《みけつのかみ》」には稲荷神の原像と穀物神（御饌津神）の本性がいまだ保存されていよう。けれども「三狐《サンコ》神《シン》」という名称の成立は、見馴れた狐の姿と稲魂のイメージを背面へと押しやって、新たな尊格が誕生したことを告知しているのだ。

それを象徴的に語るのが中世の伊勢神道書『神祇譜伝図記』の説だろう。同書は、ウカノミタマの一名を専女神としつつ、次のように注記する。

名ヲ白専狐ト号ス。俗ニ云フ三狐神ハ是其ノ一是ナリ。倉稲魂神ヲ以テ天白専狐ト為ス。天狐神ト謂ハ是ナリ。（原漢文）

つまりウカノミタマは、「三狐神」の中の一神で「天の白専狐」＝「天狐《てんこ》神」だというのだ。そして「三狐神」とは「天狐」「中の宇賀能美陀摩」「地の白専狐」とされる。「天狐」「人狐」「地狐」のトリオの成立である。天・地・中という冠称は『易経』繋辞《けいじ》伝《でん》の、天・地・人の三才を配当したものといえようが、それは狐という獣の形象をも大胆にデフォルメさせることになった。その一例として、台密の修法書『行林《ぎょうりん》』や、東密の修法書『覚禅鈔』などにみえる「三狐形」があげられよう。それは修法の護摩に用いる「三類形」なのだが、その中の「天狐形」は、なんと飛行する鳥のフォルムにほかならない。この時、三狐神をめぐる類想は紀州・熊野へと本論を誘《いざな》う——。

十津川の上流に玉置《たまき》山という山がある。中世ではここに、子守御前や八大金剛童子などとともに三狐神が祀られていた。『玉置山権現縁起』は、「三狐神」とは「天狐・地狐・人狐」で熊野新宮の飛鳥《あすか》を本居とするとし、三狐神の本地は、極秘の口伝だと説く。

興味を惹くのは、「日本国二十柱ノ王子存リ」として、十の天狐の名とその霊山の名が列挙されていることだが、それらは愛宕《あたご》をはじめとしてすべてが「天狗」で知られた修験の霊山であった。ここでの「天狐」とは、いわゆる「天狗」の像容と重なりあっているのだ。

さて縁起は、三狐神の本地は極秘の口伝とする一方で、玉置山に祀られていたとおぼしき「天狐王」の形像を書き記している。それは、正面は「観音」、右は「天狐面」、左は「地狐面」の三面六臂像で六本の足は鳥足であった。この異様な本尊の本地は、聖天、またダキニ天であるという。

ここで想起されるのは、かつて東寺に祀られていた「夜叉神」の形像である。それは中面が金色の聖天、左面は白色のダキニ天、右面は赤色の弁才天という三面六臂像であった。しかもこの像は、異国出自の「奇神」＝「摩多羅《マタラ》神」とされる（『北院御室拾葉集』）。聖天、ダキニ天、弁才天の三天が一体となった三面像。それはこれらの三天を同一の尊格として観ずる三天合行法の本尊といえよう。玉置山の形像も、観音を弁才天と同体とみればやはり聖天・ダキニ天・弁才天の三天合行によると考えられる。こちらも玉置山を飛行する「天狐」の姿を吸収し、鳥足という異形をその像容に留めたのだった。

　ちなみに三天合行法は、頓成如意、福智自在の妙法とされる。叡山で修された辰狐王（ダキニ天）・聖天・弁才天を本尊とする「三天合行法」の一行法書（叡山文庫蔵）から、結界をつくり、本尊の道場を建立するための観法「道場観」の冒頭部分をあげておこう。

三類形（『覚禅鈔』「六字経法」より）

大壇ノ中有二師子ノ座一。座ノ上有二〓《ロ》字一。々変シテ成二如意宝珠一ト。宝珠変シテ成二辰狐王菩薩一ト。
上有二〓〓《キリギヤク》両字一。字変シテ成二双身歓喜天一ト。々ノ上有二〓《キヤ》字一。変シテ成二弁才天一ト。……

こうして三狐神は、三才の観念や三天合行法によって、天狐・地狐・人狐のトリオとして形象化されたわけだが、[43] 一方で一神なる三狐神の存在もあった。『玉置山権現縁起』も語るごとく、それは熊野新宮の飛鳥社に棲息していた。

飛鳥社。熊野川の河口近くに鎮座し、新宮の主神を祀る速玉《はやたま》社に対し、飛鳥社は神倉山《かみくらやま》とともに新宮きっての修験の拠点として知られる。縁起の一伝によれば、摩訶陀《マガダ》国では慈悲大賢王の御倉預であった「長寛長者」が、日本に来て「稲荷大明神」と号し、「飛鳥大行事」となって御戸を守ったという。その際、飛鳥大行事は、「慮鳥神」という鳥の羽に乗って熊野へやって来たとも伝える。なお熊野詣の道中に布置された熊野九十九王子のうち、「稲葉根王子」はやはり稲荷明神で、飛鳥と同体の垂迹とされる（『熊野山略記』）。

倉や御戸を守るという職能はただちに、伊勢の三狐神が調御倉の祭神とされたとの記憶を呼び起こそう。また東寺の三天面の夜叉神＝マタラ神は、[44] もと中門に奉斎されていたほか、ダキニ天と習合した叡山常行堂のマタラ神も、堂と修行の護法神であった。

縁起は、この飛鳥大行事の二代あとの「漢司符将軍」の妻となり、宇井、鈴木、榎本三党の始祖に当る三子を生んで飛鳥社の東殿に祀られたのが「三狐神」であると語る。つまり新宮の三狐神は一神で、斎宮の白専女と同様に女神であったらしい。「飛鳥ノ山ハ如意宝珠ナリ。白狐今之ニ在リ」の記文もみえる。
以上のようにみてくると、三狐神なるものの群類の足跡は、伊勢—熊野（新宮・稲葉根王子・玉置山）—稲荷社・東寺の赤い連環をかたちづくる[45]。それはおそらく稲荷信仰を源流としようが、在地に固有の霊格や担い手層によってその姿と名称を自在に変えつつ、新たなる尊形として転生していく。中でも修験の地では、天狗と見紛ごう天狐として空を飛行し、その修法は三天面のイコノロジーをも生んだのである。

3　「狐狼《こら》の大事」と辰狐王

ここまできて、本論はふたたび伊勢外宮の御饌殿へと立ち返る。そしてはっきりと知るのだ。閉ざされた御饌の間《ま》で密かに演じられた辰狐法。それは、これまで辿ってきた狐霊信仰とそのあざやかなヴァリアントというべき三狐神の様態と深いところで繋がっていることを。

中世末期成立の『神祇秘鈔』（天理大学図書館吉田文庫蔵）がその秘密の一端を覗かせている。そこでは「子良の大事」は「狐狼の大事」として語られているのだ。問答体による説を聞こう。

重ネテ問フ。然ラバ彼ノ狐狼トハ其ノ義如何。答フ。秘口ニ云ク。此ノ狐狼ハ梵天・帝尺ニ天ニ表シテ法性神ニ奉仕スルナリ。重ネテ問テ云ク。狐狼ヲ以テ二天ニ表スル義如何。答フ。天狐・地狐ト名ケ上・下ヲ擁護スル二神ナリ。天狐ハ天照大神ノ侍者、地狐ハ春日大明神ノ侍者、此ノ二神ハ天地ニ有テ則チ本来不生ノ一裏ノ珠ヲ擁護ス。天狐ハ聖天ト為リ、地狐ハ吒天ト為リ、擁護セラル所ノ一裏珠ハ弁才天ト名ク。彼レ此レ合体シテ三裏之宝珠ト為ル。是則チ天ノ三光、面上ノ三目、身口意ノ三業、約法ノ三点ナリ。（原漢文）

「狐狼」とは梵天・帝釈天の変化身という。それは既述の、帝釈天が狐を敬ったという未曾有経の説相を背景としようが、この二天を「天狐・地狐」と名づけているのは、日本中世のオリジナルというべき三狐神に依ることは明白である。しかも天狐を「聖天」、地狐を「吒天」とし、両尊が擁護する宝珠を「弁才天」とするのは、三天合行の教理・修法と関わりがあることを示している。おそらくそれは稲荷山に由来するものだろう。

高野山に伝わる『無題記』の「稲荷五所大事聞書」には、稲荷山には聖天の「摩尼《まに》峯」、弁才天の「滝峯」、ダキニ天の「吒天峯」（「荒神塚」）の「三天峯」があり、三弁の宝珠を表わすとみえる。それは悉地《しつじ》成就を目的とする三天合行法が、如意宝珠を本尊として稲荷山で修せられていた消息を暗示していよう。しかもこの三天合行法は、東密の広沢流の場合、「御即位の別法」として相伝されていた。

明二別法一者、広沢方以二三天合行法一、名二御即位別法一也。以二聖天・吒天・弁才天一一尊故、云二三天合行一也。有二三面一也。……是三弁宝珠、稲荷上中下三所大明神是也。秘中大秘、頓中頓法也。

（内閣文庫蔵『神代秘決』東寺御即位品第三十二）

かくして、「子良《こら》の大事」とは「狐狼の大事」となる。先に述べたように、「子良」とは「物忌の子等」が転じた呼称だが、辰狐法の修法者としての子良は、その本性において「狐狼」であるのがふさわしい。類書に見える「猴等」や「狐娘」の表記もそれに通い合うものだろう。子良は、かかる狐獣の面影をとどめた辰狐またダキニ天に化身し、辰狐法を演ずるのだった。先に紹介した伊勢の「四海領掌法」と題された切紙には、「吒枳尼」の下に「名乗」という細注が見えていたが、それは幼き修法者・子良の名乗りにほかなるまい。

中世の伊勢外宮で、毎朝毎夕、子良によって最極の秘法として修された辰狐法。それはまさに「狐狼」（「狐娘」）の大事であったのだ。修験道の呪法の印信（「治二火傷《ヤケド》一呪」『修験深秘行法符咒集』巻七）の中の「古《イニシ》ヘノ神《カミ》ノ小《コ》供《ドモ》ガアツマリテ行《ヲコノ》フ法ハ黒狐《コクコ》白狐《ビャッコ》」という神歌は、そんな「狐狼の大事」の息吹をありありと伝える。

年端のいかぬ童女が、あどけない手つきで演じただろう伊勢相伝の即位法。その単純にして不思議な所作に封印された辰狐の秘密は、さらに問われねばならない。

その作法とは、右の手で左の肩を、左の手で右肩を覆ったあと、両手を下で合掌し、中へ返すという、印のようで印ではないアクションだった。『鼻帰書』は道順の説として「是ハ天照太神ヨリ昔ノ教ヨリ前ノ相伝ナリ。只此レ辰狐ノ皈スル時ノ約束ナリ」と解している。帝釈天のために狐が説法したとの伝説のように、辰狐が国王あるいは受者に法を伝えたという物語が、かつては法に寄りそうようにして生まれていたにちがいあるまい。

さて特殊な吒天法というべき辰狐法は、稲荷信仰とその行法に関係をもつ。そこで注目すべきは、稲荷社本願所愛染寺の加持秘法「稲荷五所大事」(『野狐加持秘法』)にみえる次のダキニ天法である。

先譲身法、如レ常
次無所不至印、
次外五古印、
次八葉印、
次金剛合掌、
　南無本覚法身本有如来自性心壇内護摩道場
神歌云、
　千早振ル我カ心ヨリ奈須和佐ヲ何レノ神カ余所ニ見ルベキ
次右ノ手ノ以テ二掌ヲ一伏セ二左ノ肩ノ上ニ一、七難即滅、
タギニバザラダドバン

次左ノ手ノ以テレ掌ヲ伏セ二右ノ肩ノ上ニ一七福即生、

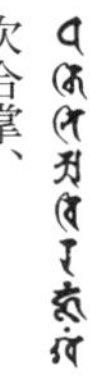

ダキニアビラウンケン

次合掌、

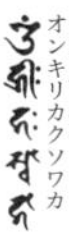

オンキリカクソワカ

我レ頼ム人ノ願ヲ照サント浮世ニ残ル三ツノ燈

この次第書には年紀が付されていないが、応永の「稲荷一流大事」や、「頓成悉地大法伝」などの切紙にもほぼ同様の作法が示されている。「金剛合掌」の際「南無本覚法身本有如来……」と念誦することや「千早振ル我カ心ヨリ……」の「神歌」は、本章1で述べた神祇灌頂との交渉を示すが、何といっても以下の作法がポイントだろう。

まず、右手の掌を左肩の上に伏せ、「七難即滅」を念じつつ「ダキニ・バザラダドバン」と唱え、次に、左手の掌を右肩に乗せ「七福即生」を念じて「ダキニ・アビラウンケン」と唱える。続いて右を上にして下で合掌し、「オンキリカクソワカ」と誦す。これらは稲荷一流の吒天法の「根本印明」で、真言を除けば、『鼻帰書』などの伝える辰狐法とまったく同じである。ただし「我レ頼ム人ノ願ヲ照サント、浮世ニ残ル三ツノ燈」の神歌は、稲荷独特のものと思われる。「三ツノ燈《ともしび》」とは、尾の上の如意宝珠が「摩尼ノ燈火」として光を放ち法界を照らすという、先にみた辰狐の像容を彷彿とさせようか。

そもそも辰狐法は、子良の大事がダイレクトに示していたように、天皇の即位法でありなから、天皇の独占ではなかった。「……太神ノ秘法ト云ハ吒天ノ法ナリ。御即位ノ時ハ四海領掌ノ法ト云フ」（『天照太神口決』）のごとく、それは吒天法の一種で、より正確には、輪王灌頂に、ダキニの印明授受を取りこんだものといえよう。

いうなれば、ダキニ天の通力を仰ぐ構造において、天皇の即位法とそのほかの吒天法とは何らの差異も持っていないのだ。

不レハ受ニ此法ヲ一、王位軽クシテ持ツコト二四海ヲ一不レ能。故不レ限レ王ニ、諸寺僧及俗人持ニ此法ヲ一者、分々ノ高位得ニ自在ヲ一也。於テ二稲荷ニ一東寺ノ鎮守トスル志シ、御即位ニ付テ秘事也。

（『天照太神口決』）

とすれば辰狐法のプロトタイプは、稲荷一流の吒天法に由来するとの推測も可能となろう。頓成悉地《とんじょうしつじ》を約束し、所願を成就させる福徳法としての吒天法に、狐を崇めれば国王に成れるといった経典中の所伝が結びつき、特異な即位法＝辰狐法に結晶したのだと。

ここでもう一度『鼻帰書』の記事に立ち返ると――、辰狐法が宮中で伝授される時には、本尊の辰狐を金と銀で二つ作り、壇の左右に立て、天皇は四海の水を浴して位に即くとある。『天照太神口決』にも「王ハ南ニ向キ、摂籙ハ北ニ向キテ、左右ニ金銀ヲ以テ吒天ヲ造テ置タリ」と見える。

天皇の即位灌頂の壇に、金・銀の辰狐形が祀られていたという異様な事象が語られているのだ。

吒枳尼天法百八の呪術の中に「天狐吒吒病」を治癒する法があった（『渓嵐拾葉集』「除障事」）。この病は吒天の眷属である八大童子の中の奪魂神が、人の精気を奪うため起こるのだが、吒天法の行者はこの神を使役して病気を治すという。「狐病」と呼ばれるこの病は、一種の巫病《ふびょう》で、患者はいわゆる〝狐憑き〟の状態となる。この「天狐吒吒病ノ本尊」が興味深い。

或る師の話では――、「百里国」は「辰狐ノ頭」を本尊とする。百里に足らない国は、白犬の頭か狸の頭を本尊とする。四国は百里に足らないので犬か狸の頭を本尊とする。

また後伝として、⑴生身の辰狐の頭を祀る、⑵金・銀により辰狐形を造る、⑶木像の辰狐を作る、⑷干頭を辰狐形とする、の四種の本尊があげられている。

⑵の例が、『天照太神口決』と『鼻帰書』の記事に照応しよう。これらの辰狐はみな、光宗が言うように、民間巫覡《ふげき》や陰陽師が所持し、秘術に用いた本尊にほかならない。その際正式には、辰狐とみなされた狐の頭が用いられたのである。

光宗はしきりに、狐病は「愚癡《ぐち》下劣の者」に憑き、「辺土」に多いと述べている。しかし、このような狐霊をあやつる民間呪術と、天皇の即位灌頂はダキニ天法を介し、ダイレクトに結びついていたのだった。

そもそもダキニ天法そのものが、外道の邪法とされる宿命を背負う。吒天法は、東寺と寺門（三井寺）では行なわれたが、山門・延暦寺には相伝されなかった。なぜなら、いったんは受法した最澄が、邪法のゆえかこの法と禅法を叡山の相輪橖《そうりんとう》の下に埋めてしまったからだという。けれども、黒谷流にだけはひそかに伝えられたらしい(46)。

ともあれダキニは、早くから狐霊と習合していたために、稲荷の秘術を駆使する民間巫覡らをその最強の担い手とすることができた。すでに述べたように、吒天法は頓成悉地成就というべき速やかな効験を特徴とする。また辰狐の本体とされた如意宝珠は、万宝能生の福徳を約束するものであった。しかしながら吒天法は「畜類ヲ垂迹ノ体トスルガ故、愚癡ノ法ナリ」（『渓嵐拾葉集』巻第三十八「多聞天秘決」）と疎《うと》んぜられもした。驚くべき呪能を発揮するが、一歩間違えれば邪道に陥るという危険性といかがわしさを孕んでいたからにちがいない。その強大なパワーと負性は、ひとえに異類なるものの存在性に孕まれている。

このような吒天法を即位法にとり入れ、辰狐の通力を仰ぎ、いや自らも一箇の辰狐となることによって王位に即くというイニシエーション。そこにこそ即位灌頂にまつわる最大の秘密と魔性があったのだ。「高貴」なる者と「愚癡下劣」なるもの。それは灌頂のシステムにおいて互いを求め合い、変成し、ついには一体となる――。

かくして狐霊と一体化したダキニ天（辰狐）は、中世王権の中枢部に喰い入り、寄生した。それは、院政期に始まる天部の諸尊とその行法の上昇、隆盛をひとつの背景としようが、一方で実者を主人公とした神祇信仰の大いなる変貌とも無縁でなかったはずだ。

十四世紀の本地物『神道集』「稲荷大明神事」は、次のようにダキニ天が発揮する利生のアクチュアリティを讃嘆する。

末代流転ノ迷情ハ、此ノ天ヲ父トシ、濁世乱慢ノ愚鈍ハ、彼ノ願ヲ母トス。

文殊菩薩の等流身《とうるしん》たるダキニ天が、「本地寂光ノ都」を捨てて広野に棲むのは、ひとえに末代という劣悪の世の「群類ノ迷機ヲ救フ」ため、「無縁貧窮」の者に利生を与えるためにほかならない(47)というのだ。

さてダキニ天と一体化した辰狐は、いつまでもその体から荒野の風のざわめきと野獣の臭いを漂わせてはいなかった。そして民間巫術の世界での妖しげな野狐の姿をかなぐり捨てて、自らを至高の境地へと昇華させていく。それこそ天皇の即位灌頂を頂点とした、神祇灌頂の本尊たる辰狐王にほかならない。

世界の王としての辰狐王。その尊容は辰狐が辰狐王菩薩となり、曼荼羅の中央に君臨するという図像にもっともブリリアントにあらわれてくる。

辰狐王曼荼羅(48)は、中央に本尊を、その廻りに「四菩薩」、その外側に「八大童子」、さらに外側に「十二時」を配すという四重曼荼羅である。このイコンに照応する本縁物語は、『神道集』「稲荷大明神事」だろう。そこでは、辰狐王菩薩には「天女子」「赤女子」「黒女子」と「帝釈子」の「四人の王子」がいたと記されている。

「四人の王子」の一子を「帝釈子」とするのは、既述の経典説が背景にあろうが、注意すべきは「天女子」「黒女子」「赤女子」である。この三女子は、陰陽道書『簠簋内伝《ほきないでん》』巻三に「辰狐王ノ三女子」として見えている。(49) さらに、辰狐王の偉大な事業を描く次の箇所に注目したい。

或ハ木火土金水ノ五姓ヲ現シ、春夏秋冬ノ四季ヲ示ス。或ハ王相死因老ノ五行ヲ成シ……

五姓・五行・四季の創造による生命の律動の開始である。のっぺらぼうの時空に陰影を刻み、ポリフォニックな世界を現前せしめた造物主こそ辰狐王であったと。

ここで稲荷の吒天法に用いられた最極秘の、応永十五年(一四〇八)書写「秦乙足《はたおとたり》神供祭文」(『稲荷一流大事』)が浮かびあがる。

(秦)乙足神供祭文

謹請辰狐神王三反、謹請天帝尺使者　ゝゝ天女子使者
ゝゝ赤女子ゝゝ　ゝゝ黒女子ゝゝ　ゝゝ八大童子式神ゝゝ
ゝゝ頓遊行式神ゝゝ　ゝゝ須臾馳走式神ゝゝ　ゝゝ十二神式神ゝゝ
ゝゝ廿八宿式神ゝゝ　ゝゝ卅六禽ゝゝ　ゝゝ堅牢地神ゝゝ
ゝゝ東方青帝地狐木神御子　ゝゝ南方赤帝地狐火神御子

〽〽西方白帝地狐金神御子　〽〽北方黒帝地狐水神御子
〽〽中央黄帝地狐土神御子　〽〽野干博士《ハクジ》野干御子
〽〽長髪美《ヒ》麗《レイ》豊《ブ》福《フク》御子　〽〽如意自在豊富御子
謹請天地両番所生一万三千七百五十八人式神使者、皆来テ就キレ座ニ、所ロレ献《ケン》スル尚饗、（或酒、散供、再拝、）

ここには、「稲荷大明神事」に登場していた辰狐王の眷属の名称がすべてみえる。とりわけ興味をそそるのは、密教の地神である堅牢地神に続いて、東（青）・西（白）・南（赤）・北（黒）・中央（黄）の五帝が「地狐」とされ、木・火・土・金・水の五行の「御子」とされている点である。つまりここで主役を演じているのは、「天狐」ではなく「地狐」なのだ。五帝たる地狐は、陰陽道の土《ど》公神《くうじん》になり代わり、大地の王として五方と五行を統領していることになる。

土公（のちに土公神）は、土を管掌する神で、春は竈、夏は門、秋は井、冬は庭と居所を変え、祟咎《しゆきゆう》神的性格をもつ。『簠簋内伝』巻二の冒頭には、盤古《ばんこ》大王とその五人の妻が生んだ五帝龍王の説話があるが、やがて五帝龍王が土公神と結びついていく中で、五龍王は五人の王子となり土公神として所領争いをするという山伏による土公神祭文も生まれている。[50] 乙足祭文にみえる「地狐」の名称のコンプレックスに、このような陰陽道・宿曜道《すくようどう》との交渉を通して、辰狐が五帝龍王―土公神の名称と機能を収奪していった経緯が窺えよう。

こうして辰狐王曼荼羅、辰狐王灌頂や稲荷祭文をみてくると、辰狐王とは、ダキニ天と習合した狐霊グループの頂点に立つ霊格ということができる。極言するなら、辰狐なる存在は、もっとも下等な「野干」「野狐」から最高位の「辰狐神王」までスペクトルのごとく己れの分身を生み出し、一大群類をなした。そして可視と不可視の光を発散し、おそるべき蠱惑の力を奮いながら中世の宗教世界に跳梁したのだった。

とすれば、三狐神《みけつのかみ》から三狐神《サンコシン》への一歩は、わが人獣交渉史にとって実に象徴的な一歩であったといえる。素朴な自然主義はここで完膚なきまでに打ちのめされる。狐獣という属から解き放たれた、天狐・人狐・地狐という名の幻獣の群れ。彼らはなつかしい荒野や野性の渇きを忘れさるためにも、新しい活動の場を希求し、時には結構していく必要があった。

天狐は天狗と接近してその飛行性を誇り、地狐は土公神を抱き込んで大地の王たろうとした。そして辰狐は、震荼摩尼―如意宝珠のまばゆい輝きを体から放ちながら、神祇灌頂の本尊となり、一方では、陰陽道―宿曜道の世界構造の中心に屹立したのだった。

かくて彼らは、それぞれの変貌にふさわしい図像《イコン》や行法、また縁起や祭文を生み出すことによって、中世世界に活動のネットワークを張りめぐらしていく。その輝ける一大金字塔こそ即位灌頂にほかならない。輪王灌頂、あるいは密教の師資相承に倣った即位法のオーソドキシーの上になぜ吒天法が必要だったのかは、本章で述べてきた辰狐の秘密にあったわけだ。ここで問題なのは王という人格《ペルソナ》の聖性ではない。天皇は灌頂の極点において、ひとしくアマテラス＝辰狐となるのだ。即位灌頂は、紛れもなく異類の灌頂[51]なのである。

王が辰狐（＝アマテラス）へと〈変成《へんじょう》〉し、辰狐が王へと〈変成〉するという即位灌頂によって、人獣交渉史はひとつのクライマックスを迎えたといってよい。それはおそらく、本章1で明らかにした灌頂における両性の冥合、また両性の変換というレベルと照応していよう。人王と、幻獣の霊格、〈聖〉と〈賤〉の血が、灌頂のシステムで融合、昇華し、王は辰狐となり、辰狐は王となる……。

こう考えてくると、天皇の即位灌頂は、中世宗教世界の玄底に精妙に仕掛けられた、もっともラディカルなイニシエーションとして、あらためて問われるべき性格のものと言えよう。

エピローグ――錬金術的思考へ向けて

かくして四幕の神聖劇は幕を閉じた。

熊野詣。白山籠り。経典注釈の世界。即位灌頂。そこに繰りひろげられたのは、多彩なる変身の旅――イニシエーションの宇宙であった。仕組まれた変身の装置へと身を投じ、現身《うつしみ》を超える時、人びとは至高者の肌に触れ、いな至高者（聖なるもの）と一体となり、かつてない法悦に身を震わすのだ……。

そして今や私たちは知る。それらは、ただの変身―転身のドラマではなかったことを。八歳の龍女が「男子」へと「変成《へんじょう》」して成仏を果たしたように、より高い次元へと自らを揚棄《アウフヘーベン》し、別の存在に成り変わるという「変成」の力とメカニズムこそが、四幕劇のひそかな曲想であったのだと。

男と女。人と獣。聖なるものと賤なるもの。仏子と神子。光と闇。冥と顕……。神の性さえも転換し、物質の組成や実存のありようをも変える、めくるめく「変成」の譜。「変成」とは、中世の宗教儀礼と思惟の運動をとらえうる、キー・コンセプトのひとつと断言してよいだろう。たとえば――別に論ずる予定だが――中世神話学の一角では、国生みの呪具・アメノヌホコは、密教法具・独股《とっこ》に、独股は伊勢神宮の聖なる柱・心の御柱へと「変成」するのである。

対立する力のアマルガム化と相乗作用。異質なるものの錬金術的融合。こうして「変成」のドラマトゥルギーは、中世宗教世界のさまざまな時空で、心身と対象（世界）のドラスティックな変革を華麗に実現していったのだった。

註

I　中世熊野詣の宗教世界

（1）熊野信仰及び熊野詣に関しては研究書・論文が少なくないので、代表的なものを挙げるに留めておく。宮地直一『熊野三山の史的研究』（一九五四、国民信仰研究所）、五来重『熊野詣』（一九六七、淡交新社）、同編『吉野・熊野信仰の研究』（山岳宗教史研究叢書4、一九七五、名著出版）、萩原龍夫『巫女と仏教史』（一九八三、吉川弘文館）、宮家準『熊野修験』（一九九二、吉川弘文館）。

（2）大阪市立博物館編『社寺参詣曼茶羅』（一九八七、平凡社）、阿部泰郎「神々の図像学・ノート——諸社の絵解き」（『国文学　解釈と鑑賞』一九八七年九月号）、黒田日出男「熊野那智参詣曼茶羅を読む」（『思想』一九八六年二月号）など。

（3）「神代巻秘決法祭熊野参詣品第五」は、国立公文書館・内閣文庫蔵『神代秘決』五冊のうちの第一冊に当たる巻第一にも収められている。その篇別は以下の通りである。

天神地神品第一、天照太神品第二、宗廟社稷品第三、宗廟品第四、熊野品第五

また同書は『四重秘釈』と題し高野山金剛三昧院・持明院に二本の写本が存するが、共に未見である。なお本文中に引用の「熊野参詣品」は基本的に『小笹秘要録』収載の原文を用いたが、文意と訓読共に不分明の箇所が多いため、内閣文庫本により補った。

（4）彦山大先達宰相律師宥快が文明十四年（一四八二）に相伝したといわれる切紙を集めたもので『山伏口

伝』なども呼ばれた。「道者引導本意事」以外にも熊野に関する所伝が含まれている。

(5) 第五条「山臥ノ形体ヲ明ラカニス」は、「山伏の形体」とは「胎内五位」の第五位で、胎児が「衣那《えな》ヲ戴ク形体」であるとした上で、山伏が身に着ける柿衣や頭巾《ときん》、斑笠《あやいがさ》などは、皆「衣那」の表徴であることを説く。

この問題をめぐっては拙論「宇賀神王――その中世的様態――叡山における弁才天信仰をめぐって」(『神語り研究』第三号、一九八九、春秋社)で言及した(のち『異神』〔一九九八、平凡社/二〇〇三、ちくま学芸文庫〕所収)。

(6) 高天原に坐すアマテラスの日宮に次ぐ、イザナギが留まった高天原の宮で『日本書紀』に見える。中世神道や江戸時代の垂加神道で重んじられた。

(7) 問フ。冥顕ノ処ヲト《うら》ム施設云何《いかん》。答フ。其ノ源ヲ尋レバ生死ノ別ヨリ起レリ。……今日吉ト称スルハ即チ日ノ少宮ナリ。謂ク。彼ノ熊野ノ冊ノ尊ハ死ヲ掌《つかさど》リ西方ヲ領シ、〈亦兼テ北方ニ涅槃ノ理ヲ示ス。〉浄土ヲ荘厳ス。〈冊ノ尊ヲ主ト為ス。〉然シテ此ノ日吉ハ諾ノ尊、生ヲ掌リテ上方ヲ領シ、〈亦兼テ東方ニ出生ノ徳ヲ示ス。〉天宮ニ顕現ス。〈諾ノ尊ヲ主ト為ス。〉……当ニ知ルベシ。寂光浄穢不二、冥顕同体、性相一如ナリ。

(『天地神祇審鎮要記』巻上)

(8) 産田宮。〈大般涅槃ノ岩屋在リ。伊弉冊尊火神ヲ産ミ此ノ処ニ崩ズ。仍《より》テ祭礼ヲ斯ノ宮ニ行フ。〉

(『寺門伝記補録』巻第十七「熊野縁起」)

伊弉冊尊、日神月神蛭子素戔嗚尊ヲ産ミ給ヒテ後、紀州有馬村〈新宮ノ東〉産田《ウメタ》ノ宮ニ火神ヲ産ミ給フ時、忽ニ焼カレ隠レ給ヘリ。其ノ霊魂大般涅槃ノ岩屋ニ在リ。今其ノ跡現在スルヤ。仍リテ孝照天皇廿九年甲午九月十五・十六両日、影向シ給フ貴男貴女ハ彼ノ霊魂ナリ。

(『熊野山略記』巻第二新宮「新宮縁起」)

(9) 中臣祓(大祓)は、「呪咀反逆」の秘法である「六字河臨法」に使用されていることから、院政期には陰陽師による管掌と実修が認められるが、密教修法に包摂されることにより、中世では「神咒」として真言や印契を伴ってその行法と解釈は多彩な展開を遂げる。熊野に限っても『諸山縁起』の「役行者ノ熊野参詣ノ日記」に行者が「大中臣祓」を行ったとあり、また『両峯問答秘鈔』では〈道中祓〉としてその由来譚と実修地が挙げられている。このように中臣祓が熊野参詣途次において欠くべからざる行法であったことは知られるが、実際にどのようなものであったのかはあらためて問い直す必要があり、「役行者ノ熊野参詣ノ日記」の分析と合わせて別稿を期したい。

（10）七種の祓は、『氏経卿記録』、『古代祝詞集』などの祓の秘本に見える。

①伊奘諾尊、到二橘ノ小門ノ河ニ一、始テ解除《ハラヘ》ノ神咒
②天児屋根命、為二素戔嗚ノ尊一、悪《アシ》キ事ヲ解除《ハラフ》ル神咒
③天孫天降《アマクダ》リマシマシシ之時《トキ》、天之押雲《ヌシ》ノ命ノ、解除《ハラヘ》ノ神咒
④天《アマ》ノ種子《タネコ》ノ命《ミコト》ノ天津《アマツ》罪《ツミ》、国津《クニツ》罪《ツミ》、解除《ハラヘ》ノ神咒
⑤天都祝言《ノトコト》ノ惣咒、亦名二妙覚心地神咒一
⑥倭姫皇女奉レ戴《イ》キ二天照大神一、入坐之時、竹川ノ下樋《シタヒ》ノ橋《ハシ》ノ際《アヒタサ》ニ座シ給テ、大祓解除大神咒
⑦天都《ツ》宮ノ祝言神咒

（11）ヨミ［黄泉］ツノヒラサカ［平坂］ニ至リ
六種秘言　再拝々々
鬼ヲサル玉ナレバ、天魔疫癘《えきれい》ノヲソレナシ。
如意宝珠ナレバ、タカラニヲイテアキミテリ。
国ヲ守ル玉ナレバ、息災ニシテ天カ下ヲサム。
龍王ノ玉ナレバ、水火ニヲイテ自在也。
天地ノ鏡ナレバ、ヨロヅノ事クモリナシ。
神フナレバ不レ老不レ死、悪衆ニ不レ入ヤマヒモナシ。

千早振吾心ヨリスルワザヲ何レノ神カ余所ニ見ルベキ
ヤヒラキ手アリ印アリ
（『大宮司聞書』）

（12）網野善彦「童形・鹿杖・門前――再刊『絵引』によせて」（『異形の王権』一九八六、平凡社、所収）、黒田日出男「中世の旅姿をめぐって」（『姿としぐさの中世史』一九八六、平凡社、所収）参照。
なお黒田論文は、女性の道者スタイルには「浅い市女笠に長い虫垂絹」と、「深い市女笠に短い虫垂絹」という二つのタイプがあったこと、前者は「何等かの意味でより高い『地位』のスタイルであると思われる」と指摘する。
また市女笠と帔の垂れ絹が造り出す〝空間〟について興味深い見解を提出しているのは折口信夫である（早川孝太郎『花祭』後篇「跋――一つの解説」）。折口は奥三河大神楽浄土入りの「白山《シラヤマ》」に触れて、「白山を切り払ふ式は、威力ある者の誕生と共に、うつむろをとり崩して出る形である」とし、花祭の山見鬼の釜割りの行事にそれを見出した後、次のように述べる。

私は筑摩の鍋祭りの鍋も、一種物悪みのうつむろの笠の様になつたものと思ひます。ちようど、市女笠にむしの垂れ衣《ギヌ》をさげる様になつたのと、おなじ理くつです。此が、一面には、鉢かづきや、鍋かぶり――信仰変転して、日進上人にまで及んだ――の上臈の物語を生むことになつたのです。外気に触れまいとする物忌みなのです。

このように折口は、「白山」から被りものとしての鍋や帔の垂れ絹をつけた市女笠に、忌み籠りの空間＝「虚窨《うつむろ》」という「日本芸能」の「作り物」の特質を見る。折口が言及した筑摩の祭りで神女が鍋を冠る理由については、小林茂美が鍋にまつわる忌みごもりの機能と役割の考察の上、以下のように述べている。

……鍋にまつわる禁忌習俗、神童「鍋太郎の誕生」譚、「鍋搔き」わざを含む波照間島の始祖伝説における「白金の鍋」などの諸例は、筑摩祭の神女の「鍋を冠る」理由の大きな一つに、「忌み籠り」と「霊性獲得・人格更新」をへて〝神の嫁〟となり、やがて結婚の資格をうるための「成女戒」としての意義が秘められていたものと認めてよかろう。

（「江州筑摩の祭りと芸能史との接点」『神々の間奏曲』一九八五、桜楓社）

(13)『沙石集』巻第十末「諸宗ノ旨ヲ自得シタル事」にも共通の見解がみえている。

人ノ心スナヲナリシ時ハ、木ヲキザミ、ナワヲムスブト云ヘドモ、偽リナシ。文字《モンジ》ヲ習《ナラヘ》ル代ニハ、イツハリ多シ。仏ノ教文《ケウモン》モ如ク此《カクノ》レ、迷《マヨイ》ノ衆生ノ種々ノ見《ケン》ヲ起《ヲコ》シ、諸法ニ著《ヂヤク》スルヲコシラフル方便《ハウベン》也。是ノ故ニ法華《ホツケ》ニハ、「但以仮名字《タンイケミヤウジ》、引導於衆生《インダウヲシユジヤウ》」ト説キテ、名字バカリノ方便《ハウベン》也ト云ヘリ。

(14)『延喜式』では以下の通りである。

内ノ七言――仏を中子《なかご》、経を染紙《そめかみ》、塔を阿良良岐《あららぎ》、寺を瓦葺《かわらぶき》、僧を髪長《かみなが》、尼を女髪長《めかみなが》、斎を片膳《かたしき》。
外ノ七言――死を奈保留《なほる》、病を夜須美《やすみ》、哭を塩垂《しほたれ》、血を阿世《あせ》、打を撫《なづ》、宍を菌《くさひら》、墓を壌《つちくれ》。
別ノ忌詞――堂を香燃《こうたき》、優婆塞を角筈《つのはず》。

これらは延暦二十三年撰進の『皇太神宮儀式帳』所載の忌詞に二つを加えたものであるが、呼称、表記の上の若干の違いがある。

(15) たとえば柳田國男著『禁忌習俗語彙』（一九七五、国書刊行会）は、「ヤマコトバ」の項で「山言葉の沖言葉と異なる特徴は、第一には種類が著しく数多いこと、第二には里に帰つて来ては其法則に従はず、即ち忌言葉を又忌んで居ることである。是は技術の秘密、職業を重視せしめる手段かとも考へられるが、通例は一つの信仰の境が設けられて居て、狩人はそこを過ぎたときから言葉を改めるのである」と述べている。また国学院大学日本文化研究所編『神道要語集』祭祀篇一（一九七四、神道文化会）の「忌詞」の項（坪井洋文稿）も参照されたい。

(16) 滝川政次郎は「牛王誓紙」（地方史研究所篇『熊野』一九五七、地方史研究所、所収）で、「金剛宝戒章」は「言を役行者に附会した後世の偽書であつて、熊野三山の神が、特に誓言を掌り、妄語を糺弾する神であつたとは信じられない」とするが、まさにそのような神であったことを本節で明らかにしたつもりである。

(17) 現行の活字本（大正新脩大蔵経第七十六巻所収）はこの箇所に明らかな誤りが認められるので、叡山文庫・生源寺蔵の写本に拠った。

(18)『拾芥抄』下、神事部第二には、延喜式の内外の七言を挙げたあと、「外堂ヲ香燃ト称シ、優婆塞ヲ竿《サホ》ト称ス。〈此ノ二［人］別ノ忌詞ト之ヲ称ス。〉」とある。

(19) 非巡水《ひずこり》は〝非時水《ひじこり》〟の転訛と推測される。昼間の垢離、もしくは臨時の沐浴のことで、参詣途次に特定の川や海で実修された。早くは建保五年（一二一七）の『頼資卿熊野詣記』にみえる。『両峯問答秘鈔』では七箇所（紀伊御河・角河・出立・滝尻・近露・湯河・音無）の非巡水の聖地が挙げられている。

(20) 中国地方の神楽の調査研究を通じて神楽は神がかる神子とはやす法者のセットが担ってきたことを実証しようとする岩田勝は、備前や備中南部で、サヲ（棹）というのは神がかる男巫のことで神子とほぼ同格に扱われている層であることを豊富な事例によって実証する。たとえば文明三年（一四七一）の備前一宮の御田植の祭りに、国中の神子・棹と法者が参与した事例に関して次のように記している。

当時の神楽事は、文明二年（一四七〇）六月十一日の「御神前ニ而御子さほ御役中上事」にある十一番の「御神事かくら」によって知られるが、これによると、旦那衆の御祈念次第に御湯立もおこなっている。この文明年間の記録に至って、それまでの神子と法者のほかに棹（さを・さほ）が現われる。棹というのは、神子と同格のよりましの男巫（小棹は年少の棹）のことであって、神楽事の多くは、法者が祭文を誦んではやし、神子もしくは棹が舞って神がかるものであった。

（『神楽源流考』「神子と法者　二」一九八三、名著出版）

(21)『日本巫女史』総論第一章第一節「巫女の種類と其の名称」（一九三〇、大岡山書店。一九八四年、パルトス社より増補復刊）。

(22) 本宮証誠殿に詣でた鳥羽院が宝前で通夜し、現当二世の祈誓をすると、深夜に「証誠殿の翠簾《みす》のすそよりひたりの御手とおぼしきうつくしげなるをさし出《いだ》させ給《たまひ》て、うちかへし〳〵たび〳〵させ給ふ」不思議があった。そこで院は「山上無双《さんじやうぶさう》の伊岡《これをか》の板《いた》と申（す）巫女《ぶぢよ》をめされて」占いを命じた。すると熊野権現の憑依した伊岡の板が、「明年の秋のころかならず崩御なるべし。其後せけん（世間）てのうらをかへすごとくなるべし」と託宣したという説話である。

（23）信西入道の子静憲法印の「召し仕ひ給ける従類は、能も賢く力も勝れたりけり」として語る話の中に登場する。

兄は皆石といって十八歳、弟は皆鶴といって十六歳の「熊野生立」の兄弟がいた。二人は「美目貌厳」の「やさしき姿」をしていたが、怪力の「剛の者」であり、五十人をもっても動かない巨石を「うらなし」という物をはいてやすやすと動かした。静憲法印は熊野詣の折にこの兄弟の事を聞き知り、二人に見参の上、兄弟の師の阿闍梨祐金に「此の児童兄弟はいかなる人ぞ」と尋ねる。すると祐金は「母にて侍し者は、夕霧の板とて山上無双の御子、一生不犯の女にて候し程に、不ㇾ知者夜々通［ふ］事有て、儲たる子ども」で、「其の御子離山して、今は行方を不ㇾ知」と語った。二人を都へ連れ帰った静憲は、元服には剛力にちなんで「金剛左衛門俊行」「力士兵衛俊宗」と名付け、実子のように可愛がった。二人の兄弟も静憲の行く所「影の如くに」つき従ったという。

（24）問テ云ク。神道ヲ以テ六波羅蜜ニ配当スル方如何。答フ。我国ノ神明多シト雖モ四摂行ヲ出デズ。又云ク。仏法ニ於テ万行ノ諸波羅蜜有リト雖モ、縮ムレバ十波羅蜜ヲ出デズ。又十波羅蜜ヲ縮ムレバ六度ニ在ル故ニ、神道ノ利益ハ六波羅蜜ヲ出デズ。所以ニ第一ニ壇波羅蜜ノ神トハ稲荷弁厳島、当国ノ竹生島等是也。皆是施福ノ神明ナル故也。第二ニ尸波羅蜜ノ神トハ八幡。不妄ノ語ヲ以テ本ト為ス。故ニ正直ノ頭ニ宿ラント誓ヒ玉フ。第三ニ忍辱波羅蜜トハ、賀茂、平野等ノ神也。是ハ忍辱ヲ以テ体ト為シ給フ也。第四ニ精進波羅蜜ノ神トハ熊野権現是也。故ニ参詣ノ宿願ノ始ヨリ下向喜ノ日ニ至ルマデ精進苦行ヲ以テ本ト為ス也。第五ニ禅定波羅蜜ノ神トハ天照太神也。故ニ神明参詣ノ作法ハ社司禰宜ニ至ルマデ諸事皆端静ヲ以テ之ヲ成ス。第六ニ智恵波羅蜜ノ神トハ春日大明神并山王権現也。影向ノ最初ヨリ法施ヲ以テ本ト為シ、法門ヲ以テ神体ト為ス。仍テ智恵ヲ以テ神通寿命ト為ス。故ニ智恵波羅蜜ノ神明ト名ク也。已上

(25) 国立公文書館・内閣文庫蔵『熊野旧記』(『吉備物語』と合本)には、他の道中作法と同様に、忌詞の実修も先達の指導下にあり、たとえば先達を「前《マエ》キラメキ」と称したとの興味深い記事がある(「熊野御精進事私記」の項)。

……上下ヲ論ゼズ、努々平等ニ有ルベシ

次ニ物ノ名等先達ノ教命ニ随フベシ。前《マエ》キラメキ等ト云フガ如キナリ。

(26) 上品上生、上品中生、上品下生、中品上生、中品中生、中品下生、下品上生、下品中生、下品下生の九つ。

(27) 修験道における本覚思想の受容と教説については、宮家準「修験道思想の構造」(『修験道思想の研究』一九八五、春秋社)などを参照されたい。

(28) 向上・上転、向下・下転ということばは、『釈摩訶衍論』巻第二に見えているが、それは、生滅門に二種ありということで説かれたものであった。つまり、向上・上転とは迷いを脱して悟りへと上昇していくことことであり、向下・下転とは迷いの世界へと下降していくこと、あるいは迷いの事象が発生していくことを意味している。密教哲学における向下・下転の考えかたも、それと同様であったということができよう。ところが天台本覚思想では、向下・下転の語を現実肯定、つまり肯定のために現実(事)へおりていく意に使用したのである。その結果、金剛界・胎蔵界を規定するそれらの観念に入れ替えが生ずるにもいたっている。すなわち、従果向因、向下・下転、本覚は、胎蔵界から金剛界へ置きかえられる(『本覚讃釈』補注「因果の二界」参照)。そこでの本覚は、生滅の現実内在の理から永遠絶対の真如の理にあげられる(理顕本)とともに、現実の事象そのものにあてはめられる(事常住)にいたったものである。

(田村芳朗『本覚思想論』「天台本覚思想概説」一九九〇、春秋社)

(29)『修験道章疏二』所収本『小笹秘要録』では「黒目」ではなく「黒白」とする（「黒目」はイ本として傍記されている）。しかし内閣文庫蔵『神代秘決』も「黒目」と表記しており、本文中で述べるようにここは「黒目」でなければならないのである。

(30)「鬼界が島説話と中世神祇信仰」と題する拙稿の第一章「鬼界が島説話と中世熊野詣」では、延慶本『平家物語』に含まれる康頼熊野詣の記事の特徴は院政期ではなく、中世熊野詣の実相と宗教性に彩られていることを論じた（『オルガン』三号・特集「日本——その不可視のシステム」一九八七、現代書館、所収）。

(31)詞書には、「五月会に熊野へまゐりて下向しけるに、日高に、宿にかつみを菖蒲にふきたりけるを見て」とある。明らかに西行は、日高川の宿所を「黒目」にアナロジーさせているのである。この箇所は日本文学協会の「平家を読む会」での清水眞澄氏の御指摘による。

(32)熊野詣の還向儀礼である護法送りは、下向の途次道者を守護してくれた金剛童子を稲荷社で送却する儀礼である。なおこの問題をめぐっては、註40拙稿「異神の像容」の第二章で、〝神返し〟というパースペクティヴにおいて論じてみた。この護法送りは貴族の参詣記や『諸山縁起』、また『両峯問答秘鈔』などに散見されるが、註25でも引文した内閣文庫蔵『熊野旧記』には、簡明にその意義を述べた記事がみえるので、次に挙げておく。

護法送

諸ノ大檀那本国ニ還着シテ、日者ノ間五体ニ恙《ツツガ》無シ。身分ニ愁無クシテ、参詣ノ志ヲ遂ゲシメ御《マシ》マス、偏ヘニ是護法ノ御加護ナリ。仍テ更ニ白妙ノ幣帛ヲ捧ゲ、神徳ヲ御処ニ荘《カザ》リ、早ク本土ニ帰リ御《マシマシ》テ、今日ヨリ以後ハ難モ本土ニ留居《リウキヨ》シ玉ヒ、信ヲ檀那ニ施シテ、息災安穏増福長寿ニシテ無辺ノ善願ヲ一々ニ満足セシメ御《マシマ》スベキ義也。

(33)問フ。顕密界ノ結界ノ次第如何。答フ。吾山ノ結界ハ三学不同之レ在ルト雖ドモ、法草ノ法ニ付テ六即ノ結界ヲ以テ本ト為ス也。所謂第一ハ凡聖同居結界〈江辺ヨリ社頭ニ至ル。〉理即。第二ハ邪正一如結界

〈社頭ヨリ仏谷ニ至ル。〉名字。第三ハ好世浄土結界〈仏谷ヨリ香呂岡ニ至ル。〉観行。第四ハ冥熏密益結界〈香呂岡ヨリ金輪塚ニ至ル。〉相似。第五ハ開放便門結界〈金輪塚ヨリ天梯林ニ至ル。〉分真。第六ハ示真実相結界〈天梯林ヨリ文殊楼ニ至ル。〉心性中台ノ常寂光土。此レ中台ノ戒壇院也。

「六即ノ結界」に「常寂光土」を含めて「七即ノ結界」とする外に、「官省特結界」や「籠山結界」などの結界もあった。また『九院仏閣抄』の「六即ノ結界」は、右の記事とは界域の範囲などが一致しておらず、このような習いが決して一様でなかったことを示している。

(34) 御在所縁起ニ云ク、

正覚山菩提樹下トハ新山是也。伽耶《カヤ》城ノ風ヲ受ケ正覚山ノ軌ヲ貯《タクハ》フ。正門東ニ闢《ヒラ》キテ尼連禅河ニ対シ、礼殿南ニ向ヒテ龍魚ノ潜宅ヲ成ス。腋門西ニ立テ脆険（ママ）固峯ニ接シ、壖門北ニ在リテ正覚山ノ粧ヲ受ク。〈西域記ニ云ク。摩訶陁国ノ鉢羅笈菩提山ニ及ブ。唐ニ言フ前正覚山ナリ。西南ヲ行クコト十四、五里ニテ菩提樹ニ至ル。正門東ニ尼連禅河ニ闢対スト云々。縁起ノ文ト同ジ。西域記明文ノ炳焉也〉中ニ卑鉢樹有リ。枝葉蒙籠トシテ、冬夏涸《シホマ》ズ。下ニ金剛壇有リ。賢劫所成ニシテ金輪揺ガズ。彼ノ中天ノ菩提樹ノ垣《カキ》ノ周《メグリ》五百余歩、東西ハ長ク南北ハ狭シ。過去千仏是ニ於テ正覚ヲ成ス。此レ本朝ノ卑鉢樹ノ垣ノ周五百余歩、東西ハ長ク南北ハ狭シ。垂跡ノ両所是ニ於テ衆生ヲ利ス。大聖ノ善巧不可思議ナル者カ。凡ソ尼連禅河ハ左ニ流レ、音無ノ密河ハ右ニ流ル。顕密兼備ノ佳境、胎金不二ノ妙地ナリ云々

（『熊野山略記』巻一・本宮）

(35) 白河院熊野御参詣ノ事。

寛治四年正月十六日壬子御精進。廿二日戊子御進発。道ノ間十八日、二月十日本宮ニ付キ給フ。十一日丙午御奉幣。同十一日、大峯縁起開キテ御覧ズ。読人僧ハ隆明ナルモ目見ヘザルニ依リテ読マズ。奉行人匡房之ヲ読ム。御奉幣ノ後、沐浴セザルト雖ドモ縁起御覧ノ為ニ後ノ密河ニ於テ御沐浴有リ。

(36) 次ニ参詣ノ輩ハ七河ニ海ニ水［氷］ヲ行フベシ。七河トハ一ハ紀伊河。二ハ石田河。若クハ一ノ瀬、若

クハ滝尻ヲ用フベシ。三者石河。四ハ近津湯。五ハ湯河。六ハ音无河〈密河ト云フ〉。七ハ熊野河〈顕河ト云フ〉。一海トハ三鍋、出立ノ浜〈是塩水也〉。

(37) ……又蓬莱嶋有リ。霊亀有リ。生身ノ九頭龍有リ。新宮ノ湊ニ之レ有リ。高野坂ノ下ニ住ケル時ハ、彼ノ海深クシテ坂［州カ］ノ下ニ人往来セズ。宇殿ニ住ケル時ハ高州坂本遥カニ浜ト成リ往来ス。厳重ノ奇特也。蓬莱嶋ハ、亀甲ト云フ所ニ二所有リ。一所ハ御前ノ芝頭〈高芝ナリ〉、一所ハ高山ノツヾキノ上ノ山ヲ亀山ト云フ。即チ蓬莱嶋是ナリ。

（『熊野山略記』巻二・新宮）

(38) ○万劫《ごう》年《とし》経《ふ》る亀山《かめやま》の下《した》は泉《いづみ》の深《ふか》ければ、苔生《こけふ》す岩屋《いはや》に松生《まつお》ひて、梢《こずえ》に鶴《つる》こそ遊《あそ》ぶなれ。（三一六）

○万劫亀《ごうかめ》の背中《せなか》をば、沖《おき》の波《なみ》こそ洗《あら》ふらめ、如何《いか》なる塵《ちり》の積《つも》りゐて、蓬莱山《ほうらいさん》と高《たか》からん。（三一七）

○海《うみ》には万劫《ごう》亀《かめ》遊《あそ》ぶ、蓬莱方《ほうらいほう》丈瀛洲《えいしう》、この三《み》つの山《やま》をぞ戴《いただ》ける、巌《いはほ》に恋《れん》ずる亀《かめ》の齢《よはひ》をば、譲《ゆづ》る譲《ゆづ》る君《きみ》に皆《みな》譲《ゆづ》る。（三一八）

○海《うみ》には万劫《ごう》亀《かめ》遊《あそ》ぶ、蓬莱山《ほうらいさん》をや戴《いただ》ける、仙人童《わらは》を鶴《つる》に乗せて、太子《たいし》を迎《むか》へて遊《あそ》ばばや。（三一九）

（『梁塵秘抄』巻第二）

(39) 問フ。我国ヲ以テ蓬莱宮ト習フ方如何。答フ。唐ノ玄宗皇帝楊貴妃ヲ失テ後、法［方］士ヲ求メ蓬莱宮ニ至リ楊貴妃ニ対謁ス。其ノ蓬莱宮トハ我国熱田ノ社是也。其ノ蓬莱宮ノ体為ラク。大海ノ中ニ金亀有リ。是ノ上ニ宝山有リ。宝山ノ中ニ多ク不死ノ薬リ生タリ。云々。楊貴妃トハ今ノ熱田ノ明神是也。（以下略）

尋テ云ク。熱田ノ社五智如来ト習フ方如何。答フ。熱田明神トハ金剛界ノ大日也。故ニ五智如来ト以テスル也。（中略）金剛界ノ万ダラハ大海ノ中ニ金亀有リ。金亀ノ上ニ宝山有リ。宝山ノ上ニ宝塔有リ。今ノ熱田ノ社檀ノ相貌、伊勢ノ海ノ月輪之円満海也。北ノ端ノ中央ニ金亀ノ嶋有リ。今ノ社頭是也。

なお、村山修一は、熱田が「諸国から熊野に入る要衝に位置」し、「御師《おし》山伏の根拠地」であること、園城寺門徒が院政期以来、熊野において寺門派修験を形成したこと、そこには「長寿延命の現世的理想郷」の思想がみられることなどから、熱田と熊野の金亀説を熊野における寺門派修験の手になると指摘する（「わが国の神仙思想と修験道」国学院大学神道史学会編『神道及び神道史』一九八七、名著普及会）。

(40) 山中ニ何ノ笠ヲバ、尤モニセン。那木ノ葉ハ如何ゾ。荒レ乱ルル山神、近付カザル料ナリ。金剛童子ノ三昧耶形ナリ。

（『諸山縁起』）

なお梛の葉をめぐる熊野詣の還向儀礼については拙稿「異神の像容——牛頭天王島渡り祭文の世界」（『神語り研究』第一号、一九八六、神語り研究会。のち『異神』所収、註5参照）で若干論じた。

(41) たとえば『熊野山略記』巻三、那智の「堂舎并奇巌霊水ノ事」の「二ノ橋ノ水」の項に次のように「本宮油河」にまつわる伝承を記しているのも注目される。

二ノ橋ノ水〈此水難陀・跋難二龍王ノ吐キ出ス水也。二瀬ナリト云々。本河龍流、檜《ホツ》谷流〉本宮油河ト二ノ橋ノ水ト同流也ト云々。縁起ニ云ク。伽毘羅国ノ油河細フシテ東南ニ流レ、摩耶夫人誕生シ、太子之ニ浴シテ化天龍衆風塵ヲ除《ハライ》テ、南山御熊野ノ油河細フシテ東南ニ流レ、国母仙院祈禱シ、天子之ニ浴ス、金剛童子加ワリテ警衛ス文。当山二ノ橋彼ノ東南ノ流ヲ表ス故ナリ。

(42) ……次石田ノ一ノ瀬ニ於テ御昼養有リ。岸ノ上ニ仮屋ヲ構フモ行宮ニ及バズ。次出御。人々一ノ瀬ヲ渡ル。予モ同ジク相従フ。而ルニ去夜ヨリ甚雨未ダ休マラザルノ間、河水只今増サントスルノ程ナリ。御歩有ルベキヤ否ヤ、御先達評定ヲ下サル。御幸遅々タルノ間、人々又渡シ返ヘサル。予又同ジク相従フ。而ルニ水已ニ出ヅルノ間、水限胸ニ及ビ畢リヌ。而シテ猶沙汰有リ。神輿ニ乗リテ一ノ瀬渡リ給フ。

（『修明門院熊野御幸記』）

(43) 御ひる、一の瀬〈御まうけ、山本、宿所御所になる〉。川のうへに御氷場をつくりかけたり。其風情こそいとやさしく侍れ、まつ御所に御入、供御の後御氷場に御出ありて、御氷めさる。いわた川の御氷これなり。昔ハ御幸なとには三の瀬にてめされけるやらん。まこつくしの松とていまにあり。大かたハ此一の瀬より二の瀬、三の瀬、ちきに御わたりあるへきなり。されともいまは川の瀬も、昔にかハリてわたる事なけれハ其儀なし。

(44) 立山は「一切衆生生ノ死ノ惣政所ト号ス。峰ニハ自ラ九品ノ浄土ヲ標シ、又麓ノ芦峅ニハ十方ノ女人成仏ノ霊場ナル故、天然ニ御姥三尊、法報応ノ三身トシテ降臨シ出現シテ、濁世末代ノ凡夫済度第一ノ金窟ナリ」(泉蔵坊本『立山大縁起』)と称される一大霊場であった。ここの芦峅《あしくら》中宮寺の閻魔堂と姥《うば》堂で秋の彼岸の中日に行なわれた行事が「布橋大灌頂」であった。入堂の女人は閻魔堂から姥堂まで約三町の間に、三筋の敷かれた三百六十端の布橋を渡って浄土へと至ったのである。『立山大縁起』はその本義を神の託宣という形で次のように説いている。

三途妄迷ノ輩、今此ノ山ノ秘法布橋大灌頂ノ結縁ヲ信仰セント欲シテ、財施法施ノ白布ニ供養シ奉リ、清浄一心ノ志ヲ励マシ、手足ヲ運ビ、引導修善ノ綱ニ取リ連ナリ、同行授戒シテ、布橋障無ク参詣スル輩ハ、諸ノ善根成就スル故ニ、速カニ無始ノ罪業消滅シテ、現在ノ果福ヲ得、未来永劫不退ノ彼岸ニ到ルノ大縁ナリ。

五来重は、布橋大灌頂の本質を浄土入りを主眼とする擬死・再生儀礼ととらえ、奥三河大神楽の白山《しらやま》行事ともども白山《はくさん》修験から出たものであろうと推察する(「布橋大灌頂と白山行事」『白山・立山と北陸修験道』一九七七、名著出版)。

(45) 愛知県北設楽郡東栄町・月の現行の花祭では、「花育て・宮渡り」にやはり白い布が用いられていることが注目される。釜の周りに長い布を時計回りに三度巡らしたあと、神輿をお宮へ渡すのである。この布はかつては「膳《ゼン》の綱」と呼ばれたもので、布が貴重であった頃は祭りが終了すると、布の半分を花太夫が、残り半分を宮人衆《みようど》が神事執行のお礼として拝領した。現在でも花係から渡される太夫への謝礼が「膳の代」と称されるのは、「膳の綱」の名残りであろうかという(月・花太夫森下武之氏談)。この「膳の綱」とは、立山の布橋大灌頂や奥三河大神楽に見られる「善の綱」の名残りにほかならない。註44でも引用したように、布橋大灌頂で人々は「引導修善ノ綱ニ取リ連ナリ」布橋を渡って浄土へと至るのであるが、この善の綱には結縁のために賽銭のおひねりが結びつけられた。大神楽の白山行事にも舞処《まいど》と白山の浄土を結ぶ「善の綱」があった（本書Ⅱ、註26参照）。これらの布は、人々を浄土へと引導する「修善の綱」であった。

(46) 平安末期の熊野本宮の古録を蒐録した『熊野本宮古記』（『憲淳僧正熊野入堂記』）には、冒頭に大辺路を行く参詣途次の日記・詩の残欠を載せるが、その中の近露王子の部分に次のようにある。

十六日。天晴。次近露王子。則チ近露王子ノ郷ニテ宿シ了ヌ。二所ヲ儲ケテ御手水シ了ヌ。路ハ九品ニ分チ三界ヨリ起ル。河ハ烟塵ヲ濯ギテ業障ヲ除ク。

ここに早く象徴的次元であるが、参詣路を九品の浄土に比定していく意識がみえる。しかし本文で述べるように地蔵堂以下、鳥居を作り、この世の浄土を設置していくのは中世も南北朝以降頃と推定される。

(47) 熊野九十九王子の中でもとりわけ重要視されたのが、藤代王子・切目王子・稲葉根王子・滝尻王子・発心門王子の五体王子であった。

(48) 空鉢ケ嶽は、すでに平安時代末から役小角の千塔卒塔婆の供養伝説で知られた霊地である。修行者は、ここで杖を捨てる。杖は修行者を示す碑ゆえ、この他界に修行者自身を留めることを示すのかも知れない。次は「杖捨てを登りて見れば釈迦ケ嶽、九品の浄土ここにこそあれ」と歌われている釈迦ケ嶽の浄土である。釈迦ケ嶽には骨堂があり、塔婆も立っていたといわれるゆえ、もともと祖霊の信仰があったところかもしれない。それが法華持経者の影響のもとに、霊鷲山が飛来した霊山浄土として釈迦を祀ったり、浄土信仰にもとづいて阿弥陀の浄土とされたのである。（中略）在俗の修験者は、大峰山中に三三回登拝の供養塔を建立したり、笠捨など他界とされている霊地に杖を置いてくることによって、死後の山中の浄土での往生を確信している。三三回登拝することによって自ら逆修し、この世で成仏の資格を得ているのである。杖を置くことは、杖は修験者自身が成仏した姿を示す塔婆故、生前に他界に行き、そこに成仏した自己をとどめて置くことを示すとも考えられよう。

（宮家準『修験道思想の研究』第四章「修験道の他界観」）

(49)『法華経』普門品に「弘誓ノ深キハ海ノ如シ」とあり、弘誓を海に譬えているが、深弘な誓願は衆生を彼岸へと渡すことであるので、「弘誓の船」という譬喩として流通した。
無量清浄覚経ニ云ク。阿弥陀仏ハ観世音・大勢至トトモニ大願ノ船ニ乗ジテ生死ノ海ニ汎《うか》ビ、此ノ娑婆世界ニ就ヒテ、衆生ヲ呼喚《こかん》シテ大願ノ船ニ上ラシメ、西方ニ送リ着《つ》ケ給フ。若シ衆生肯ヒテ、大願ノ船ニ上ル者ハ、並《とも》ニ皆去ルコトヲ得ン。

（『往生要集』巻中）

(50)夜に入て御奉幣あり。つくり道又あゆみまします。山ふし数十人前行、御幣もち一番にすゝむ。白妙の御幣神風になひけり。証誠殿の御まへの上中門にて御手水ありて、それより入まします。この証誠殿の御まへの門をハ妙覚門と申、西向の門をハ慶賀門と申、東の門をは所願成就門と申。いつれも〳〵子細厳重の事ともなり。

(51)一、(七月)廿七日。ソウカキラセ道場ヲカザル。庭ニ柴燈木ヲツマセ、四門ヲ立ル。金剛垣結ブ也。タツガシラ四ツ立ッ。
一、八月朔日。……御勤過ギ、四門ヲ先達・総役者・総新客通リ様ノ事。発心門ヨリ御入リ。修行門・菩提門・涅槃門ト御通リ、宿ニ御入リ。
（『峯中次第』）

(52)窃カニ惟レハ本宮証誠殿ハ昔シ珊提嵐国ノ主、無上念王ト申シシ時ニ菩提心ヲ発シ給ヒテ以後、五劫思惟ノ大願已ニ成就シ坐シテ、今安養浄土ノ教主来迎引摂ノ妙体也。
（『平家物語』第一末　廿九「康頼油黄嶋に熊野を祝奉事」）

抑モ熊野権現は月氏日域ノ霊神也。……中にも証誠大菩薩者三部之中には蓮花部の尊、五智の中には妙観察智宝蔵比丘之弘誓に酬て安養九品之浄刹ヲ儲ケ、無上念王之本懐ニ任テ繫念一称之群類を導キ給フ。

（同第五末　十七「熊野権現霊威無双ノ事」）

(53)これら延慶本の証誠大菩薩の本地・本誓をめぐる詞章が、『悲華経』という特異な浄土教経典を下敷きとしている点については、註30拙稿「鬼界が島説話と中世神祇信仰」で若干触れておいた。

(54) 此権現と申は、仏生国の大王、善財太子と相共に、女の心を悪《にく》みて遥かに飛び来りつつ、此の砌《みぎり》にぞ住み給ふ。斗藪《とそう》の行者を孚《はぐく》み、修験の人を憐《あは》れむ。
(『源平盛衰記』)


熊野ノ権現トイフハ、モトハ西天摩訶陀国ノ大王、慈悲大賢王ナリ。シカルニ本国ヲウラミタマフコトアリテ、崇神天皇即位元年アキ八月ニ、ハルカニ西天ヨリイツヽノ剣ヲヒンガシニナゲテ、「ワガ有縁ノ地ニトドマルベシ」トチカヒタマヒシニ、一ハ紀伊国ムロノコホリニトヾマリ……

(『諸神本懐集』)

(55) 浄土思想の昂揚と熊野詣の隆盛は、縁起をも改変せしめた。熊野に関する縁起群中、最も古いことで著名な「根本縁起」には狩人が射た猪を追って後に本宮の社地となる大湯（斎）原に辿り着くと、木の梢にかかった三つの月輪が熊野権現と名のるという開創譚を伝えている。そこに証誠大菩薩の名はあっても、弥陀の名はもちろん、浄土教的色彩も認められない。が、十五世紀の『三国伝記』になると次のように狩人は弥陀に出会ったとするのである。

爰ニ、近兼ト曰フ猟師アリ。……鹿ヲ待ツ処ニ、星ノ光リ朧ニ照射ノ影モ幽ニシテ、女郎《ヲミナヘシ》野風ニ靡キ鹿鳴夕ノ露ニ泣ク折境、渡ルヤ鹿《かせき》烏羽玉ノ、黒キ熊ゾト思ツツ、心猛モ矢ヲ放ツ。月纔ニ出ヌレバ、ノリヲ尋テ山ニ入ニ、石幅ノ内ニ至ケル。近付テ之ヲ見レバ、金色ノ弥陀如来光明赫奕トシテ坐シ玉ヘリ。恐怖無レ極御身立タル箭ヲ抜ニ袖ノ涙モ血ト成。発露改悔《ゲ》シテ忽ニ出家ス。弓ヲバ三ニ切折テ三本ノ卒都婆ニ造立ス。近兼彼ノ如来ヲ権現ト崇拝《アガメ》ル。証誠大菩薩是也。近兼ハ釈迦ノ化身也。

(巻第一第十六「熊野権現本縁事」)

(56) ……又熊野等ノ社ハ、一度参詣ノ力、亦是三世ノ願成就スト申ス。此事不審ナリ。其故ハ彼ノ御山ニ倶ニ難行苦行シテ、身命ヲ顧ミ、行人ハ、貧窮狐（孤）露、衣服ノ乏短ニシテ苦ニ中ルヲ免レズ。終ニ一生ノ願望空キ輩惟レ多シ。シカノミナラズ参詣ノ途中ニシテ山賊海賊頓死ニ合ヒ、損死スル輩亦惟レ多シ。今生ノ望ミ既ニ空ク、後生ノ憑《(たのみ)》ミ亦難キモ如何。会シテ云ハク。霊地ヲ一度踏ム人ハ、必ズ三悪趣ノ苦ヲ免ルベシ。其故何トナレバ、正法念経ニ云ハク、七タビ道場ニ歩マバ永ク三悪ヲ離レ、一タビ伽藍ニ入ラバ決定菩提セン云々、道場ト云ヒ霊地ト云ヒ、倶ニ仏菩薩ノ霊地ナリ、然ニ仏神ト本迹異レリト云ヘドモ、心ハ一同ナリ。垂迹ノ霊地ト云ヒ、仏菩薩ノ霊地ト云ヒ、参詣ノ力ニ依テ得ル所ノ利益ハ之ニ同ジ。是ヲ以テ参詣ノ功ニ酬テ、三悪道ノ苦ヲ免レ、垂迹恭敬ノ力ニ依テ菩提ノ果ヲ得ベキナリ。（中略）次参詣ノ時、途中横死横病、山賊海賊等ノ事ハ、或ハ精進ノ中ノ汚穢不浄ニ依リ、或ハ無宿懈怠不信ノ科ニ依テ、或ハ親類縁者ノ死気産等ノ汚ニ依テ、途中ノ難有ルナリ。此等ノ如キノ例世ニ多シ。人々皆聞及ブ物ナリ。此等ノ科ハ皆行人ノ不信ニ依ル。仏神ノ親疎ニ非ズ。

（『神道集』巻第一・神道由来之事）

（57）牛王宝印の用途について滝川政次郎は「これを門戸に貼り、或いはお守り袋に入れて水難、火難、盗難、疾病、傷害を除く護符的な用途と、これを焼いて灰にして飲ましめる神水的な用途と、その裏に神文を書いて起請文に添付する誓紙としての用途」の三つを挙げている（註16「牛王誓紙」）。焼いて灰にした牛王を飲み込んで体内に収めるという第二の用途は、中世には湯起請《ゆぎしょう》の神判の際に訴えた者、訴えられた者双方に飲ませたことなどで知られているが、『熊野詣日記』の記事はそれとは異なる信仰上の風俗を示す例として興味深い。

なお、全国各地の牛王宝印を一堂に集めた、町田市立博物館「牛玉宝印――祈りと誓いの呪符」展（一九九一年十一月）は注目すべきものであった。同展図録には各種の牛王の写真図版のほか、千々和到「牛玉宝印と起請文」の解説をはじめとして、牛王に関する最新の論稿が載る。

（58）故ニ証誠殿ノ誓ヒハ余ノ神タチニ超エ給ヘリ。八相成道ノ暁マデ、結縁ノ衆生ヲ捨テジト誓ヒ在ス。熊野権現ノ誓ヒハ、一度我ガ山ニ参詣ヲ成サン者ハ、設ヒ三悪道ニ至ルト云フモ験シヲ差シテ撰ビ取リ度セント誓ヒ給ヘリ。其ノ時ノ験ハ参詣ノ時ノ宝印ナリ。

（『神道集』巻第二　第六・熊野権現事）

Ⅱ　大神楽「浄土入り」

（1）早川孝太郎『花祭』前篇・後篇は一九三〇年初版、『早川孝太郎全集』（未来社）第1・2巻に所収。なお、早川の『花祭』に続く優れた調査報告として、本田安次『霜月神楽之研究』（一九五四、明善堂書店）がある。また、早川・本田以後の新しい花祭調査・研究として第一にあげるべきは武井正弘の仕事である（「花祭の世界」『日本祭祀研究集成』第4巻、一九七七、名著出版、及び「奥三河の神楽・花祭考」山岳宗教史研究叢書『修験道の美術・芸能・文学Ⅰ』一九八〇、名著出版）。このほか花祭・大神楽に関する論稿は少なくないが、さしあたり基本文献というべきものと単行本をあげておく。「三沢・大入花祭資料」（『日本庶民文化史料集成』第1巻、一九七四、三一書房）、『北設楽郡史 近世』（一九七〇、北設楽郡史編纂委員会、一九八二、青陵書房より復刊）、『豊根村誌』（全三冊、一九九一、豊根村）、北設楽花祭保存会『花祭りの伝承』（一九八〇、北設楽花祭保存会）、豊根村教育委員会編『神楽の伝承と記録』（一九八五、豊根村教育委員会）、同『三河大神楽』（一九九〇、豊根村教育委員会）、鈴木道子『奥三河・花祭と神楽』（一九八九、東京書籍）。

（2）武井正弘「花祭の世界」「奥三河の神楽・花祭考」参照。

（3）五来重によって『新訂増補史籍集覧　宗教部雑部　補遺（二）』（一九六八）に紹介される。その際「天正元年」として翻刻されたが、一九七八年の再調査により「元年」は後世の補筆で、正しくは「九年」であることが判明した。本資料は豊根村教育委員会編『神楽の伝承と記録』にも、武井正弘による次の解題とども収録されている。

山内の鍵取屋敷榊原家伝来の本史料は、現存する神楽次第中最古のものである。部分的に墨書のうすい個所を後世補筆してあるが、この折、表紙の天正九年が元年に改められ、干支と年号が異なることになったが、昭和五十三年八月の調査で九年の記名であることが判明した。同じ山内の幣取屋敷林家にも同じ内容のものが伝わっていたが、欠損が甚だしく、修復・読解ともに不可能であった。内容を以降の神楽次第と比べると、その祖型として古式を伝えていることが判るが、詞章としては注連切で唱える天神地祇名、二日に及ぶ神楽次第、神楽秘文、御神楽大事、後門大事、諸神法楽大事が認められている。

●神楽秘文の歌は、平安期に内侍所御神楽とよんだ宮廷神楽で、本方・末方が唱えた阿知女法（あちめのわざ）と意味的に共通するもので、『古語拾遺』によれば、天岩戸から顕れた日神を讃え、神々が唱い舞ったのがこの秘文という。本史料でも次の御神楽大事で天岩戸の日神顕現が述べられるが、於気とは榊枝のこと。この枝をかざして唱い舞うことは魂を鎮め新しくする呪術であった。

●御神楽大事の内容は、護身法・呪歌・三輪大明神・天照太神・春日大明神の神楽歌・御神楽由来の祭文で、最初の護身法のあと「以方便力智　現有滅不滅　余国有衆生　恭敬信楽者」の頌文《じゅもん》、次いで「三熱の睡りを覚ます神楽男の聞くとも飽かぬ鈴の声かな」と唱った。護身法如常は、必要に応じて度々護身法を唱えるので、常の如しと記したわけである。

●後門之大事での五人神楽男、八人花の八乙女は、神楽の舞い手を形容する。この舞い手は太夫の清めで生れ清まった神子である。この神子の願をはたすため、梵語で示された真言、最初にバン・ウーン・タラク・キリク・サク（大日・愛染・虚空蔵・阿弥陀・勢至）。次にオンアビラウンケンオンキリーク（アビラウンケンは胎蔵界大日如来真言で、七福即生の意。オンキリークは阿弥陀如来の種子）を唱えた。

●諸神法楽之大事で金大日とあるのは金剛界大日如来、胎大日は胎蔵界大日如来を意味する。梵語は最初がオンバザラダトバンで、金剛界大日如来の真言、七難即滅の意で、次はオンアビラウンケンオンキリーク・サク・サ（七福即生阿弥陀如来・勢至菩薩・観世音菩薩）である。生れ清まった神楽男と花の八乙女が、神寄《よ》び の歌を唱い舞って喜び楽しむことが記されている。

（4）「七・五・三」の名数をめぐってはさまざまな配当説が生まれている。

七五三と数を分るは、七五三は合て十五なり。天道は十五にして成なり。左縄にするは天道の左旋なり。左は陽なり、陽には陰が副《ソフ》ものなり。縄の二筋纏は是陰陽なり。（『諸社根元記』）

二筋の縄を一筋になうのを陰陽とするなど、吉田神道説にもとづく解釈といえよう。また一条兼良の『日本書紀纂疏』は、神道の根本義である「直」に、左を表わす「陽」と「清明」を加えた「三徳」によって「染浄ノ義」を分かつとしている。では修験道ではどうか。

秘密伝ニ曰ク。モシ山林聚楽此縄ヲ曳ク時、金剛界七百余尊、胎蔵界五百余尊ヨリ仏部蓮華部金剛部三部諸尊マテ此ノ所ニ示現スルナリ。故ニ先ヅ七五三ヲ本源ト為ス。𑖀・𑖪𑖽・𑖮𑖳𑖽三字ナリ。又北斗七星、木火土金水五行、天地人三才ナリ。（『彦山修験最秘印信口決集』「修験注連口決」）

注連が張られた浄地は、胎蔵界、金剛界の諸尊が示現する場所であり、「七五三」は密教の根本種子《しゅじ》𑖀《ア》・𑖪𑖽《バン》・𑖮𑖳𑖽《ウン》の三字を本源とするとした上で、「七」は北斗七星、「五」は五行、「三」は三才の象徴とみる。

（５）同種のものが、修験道の切紙にみえる。

神楽大事

合掌。随求陀羅尼。三反　同印（注・外五股印）ニシテ

哥曰。

打鳴須《うちならす》手《た》向《む》計《け》乃《の》神楽《かぐら》音《おと》澄天《すみて》

神《かみ》モ心《こころを》 於ナヒキ御須《まします》三反

（『神社印信』）

（６）　三羽大明神御神楽

テイトウノつゞみサッサッティ

振上テ打テバコクウニひびキアリ

四方の神まていさみましマス

天照太神御神楽

面白やかほどに明き世の中ヲ
岩戸ヲ開ケキヤウノ身神楽
　春日大明神御神楽
千刃矢振身□□ヲウル　マス
禱ル　命長やかのわさ　身神楽
こそ　めてたし〳〵

（7）吹ふゑのおとわ神もあら面白やと思ひ、いわとをほそめに明ケて、ほからかなる時、仙明一目に見ル時、面白《おもてしろ》しと仰有によつて、おもてしろきとゆふ事此時より始り給。其時諸神いわ戸の口に集マリ、大力王の明神いわ戸お片戸とってなけさせ給へバやまとの国落つきたまふ。片戸しなのゝ国へ落つき、戸がくし明神の御事成り、其時岩戸の前にたんときすじゃうな御神事と給あれば、そらにわほん天帝しゃくあらたんとし、御門新取据、神々大小神祇の御長門申。

（8）古真立の「神楽申付」には「八人の花のやをとめと申は八ゑんどうのすがたなり」とあり、天正本と類似するが、古戸の、「神楽申付」と一続きになっている「若子の注連」では「八人の花のやをとめと申ははちえうれんげのすがたなり」とある。「八乙女」に「八正道」（「八ゑんどう」は訛伝か）と「八葉の蓮華」の二種があったわけだが、本文で述べたように「八葉の蓮華」の化身とする説が中世の主流であった。

（9）神宮文庫蔵『神祇霊応記』なる書の「天磐戸事」では、天上より天降った女豆羅乙女・奈加豆良姫・歌姫・舞姫・加宇波志姫・花姫・明ル姫・兼姫の「八乙女」と、末奈伎姫・結ビ姫・豆良奴姫・鈴姫の四人の侍女を合わせて「十二人ノ幾称」とするほか、「五人の神楽男」を「五龍」として語る。

（10）内宮外宮両部ノ大日ナリ。……内宮胎蔵界ノ大日ニテ、四種曼陀羅ヲ方取、囲垣玉垣水垣荒垣重々ナリ。勝雄木九ツ有。胎蔵界九尊ニ方取、外宮ハ金剛界ノ大日ナリ。或阿弥陀トモ云。金剛界ノ五智ニ方取ル。月輪モ有レ五。胎金両部ハ陰陽ニ官トル。陰ハ女陽ハ男ナル故ニ、胎蔵ニ方取ル。八女トテ有二八人一、金剛界ニハ五智ニ官リ、五人ノ神楽男ト云ルハ是ナリ。　（巻一「神道由来之事」）

なお『八幡愚童訓』にも「御神楽の八人の御子は胎蔵八葉の尊にかたどり、五人の楽人は金界五方の仏にあたれり」（続群書類従所収本・下・五「後世事」）と見える。また『宮寺縁事抄』などの記事から、中世の石清水八幡宮には、実際に八人の巫女と五人の神楽舎人が存在したことが知られる。ただし神社の八乙女は、必ずしも八人と人数が限られていたわけではない。

(11)『民俗芸術』一九三〇年八月号、豊根村教育委員会編『神楽の伝承と記録』に抄録。

(12) 八乙女と五人の神楽男は、慶安五年（一六五二）の年記をもつ守屋家文書「伊勢流之祭文」（「荒神七旦式」の裏に書かれている）にも「御子ノ初」として登場している。

御子《ヲンコ》ノ初ハ天照大神ノ御前《ヲンマエ》ニ八人乙女《ノヲトメ》五人ノ神楽　男　物　物《オノコウツモノハル》サツ　ツノシヤウ　ヒチリキカ彼《カレ》ヲアラソ

大《ヲウカタ》ヲト現尽《ケンシャクアリ》　在ト申ス。八目《メ》ノ三鈴《シュ》ヲ揉《モミ》ナラス。

(13) 伊勢の国高天の原のここ成れバ集まり給四方の神々

伊勢の国天の岩戸ヲ押開キ神あらわれてゐきやうしたまふ

千刃矢振神の屋かたハ我身□□□いせ□外宮内宮

□□□□□□□□□千刃矢振荒神風に吹返千代□□祭　事

(14)「進酒大事」は、室町末期成立の『十二所権現法楽次第』（大須文庫蔵）にも見えており、中世にすでに用いられた習いであることが知られる。

(15) 五スイサン子ツノ法

諸神クワンギ　ノウヂウ

外五古ノ印

五人ノ神楽男アキククウンウンソワカ

八ヨウノイン

八人ノ八ヲトメノンウンタラクキリクアク〱ヲンキククサン々サクソワカ

(16) 註I(30)でもふれた拙稿「鬼界が島説話と中世神祇信仰」参照。

(17) ここにあげた資料の出典は次のとおりである。慶長十二年「神楽事」・明暦二年「神楽事」・正徳二年「神楽事」=本田安次『霜月神楽之研究』、正徳二年「四目神楽次第」・天保十一年「神楽役割帳」=『花祭』後篇、寛政二年「神子人数並諸色覚帳」(部分)・安政三年「神楽役割帳」=『神楽の伝承と記録』豊根村教育委員会、安政三年「覚」=後藤淑『続能楽の起源』(一九八一、木耳社)および小林康正「奥三河の大神楽再考(I)」(次註参照)。

なお、『花祭』後篇で早川がふれている元禄七年の「神楽次第」「神楽覚」(古戸、佐々木家文書)と文政五年の下黒川「神楽役割帳」は折口信夫が筆写したとされているが、どこに存在するかわからない。

(18) 小林康正「奥三河の大神楽再考(I)」『民俗宗教』第3集、一九九〇、東京堂出版。後出註38参照。

(19) 豊根村教育委員会編『神楽の伝承と記録』。

(20) 武井正弘「奥三河の神楽・花祭考」。

(21) 『花祭』後篇に収録されたこの次第口伝書は、下黒川・正徳本とほぼ同じ内容になっており、明らかに近世後期型である。永享十二年(一四四〇)の年記は信じがたい。

(22) 保坂達雄「生まれ清まりと浄土入り――奥三河の大神楽再考」『藝能』一九九二年二月号。

なお昭和五年一月、山内の榊原家に滞在していた折口は、神楽に通じているという村の古老に話を聞こうとしたが、村に急病人が出たためにやむなく帰京した。そして折口は二月六日、山内の辻紋平にあてて、七つの調査項目を示し大神楽の聞書調査を依頼する葉書を出した。辻の報告を入手後、あらためて下旬に葉書で「何分花祭り、神楽についての関係は早川さんの方の分が、もうよほど、活版になつてゐますので、私も早く拝見せなければ、三沢側の花についての歴史が、埋れて了つても困ると存じます。お忙しい中、至急にお書き下さいまして、お送り下さい。(中略)相成るべく大急ぎで御着手下さい。それでないと間にあはないことになつてしまひます」（石内徹「辻紋平への手紙——新資料二通」『折口信夫購読会報』第七号、一九八八）と書き送っている。「折口の焦燥にも似た気持が感じられる」（保坂、同上）筆致である。この辻紋平の報告が、同年八月『民俗芸術』に「三河北設楽の村々で行はれた神楽に就いて」として掲載された。

(23) 白布の橋を渡って浄土へ入るというこの儀礼構造から、大神楽浄土入りと立山芦峅《あしくら》寺で近世に行なわれた「布橋大灌頂」との類同を指摘し、両者に白山修験の関与を想定したのが、五来重である（「布橋大灌頂と白山行事」『白山・立山と北陸修験道』一九七七、名著出版）。布橋大灌頂とは、芦峅寺宿坊村の閻魔堂と中宮寺の姥《うば》堂の間三町に、三筋に三百六十反の白布を敷いた道を設け、白衣に笠の死装束の入行者が、途中の三途川に掛けられた橋を渡って姥堂に籠るという儀礼であった。この入堂を浄土入りといい、中では法華経読誦や諸真言の勤行、百万遍念仏や十念授与、説法などが行なわれた。五来はこれを、修験道の峯入り儀礼と相同のものを主に女人に修させる儀礼で、地獄巡りの意味をもち、「死後の……苦をつぶさに嘗めて、生前の罪穢をほろぼし、清浄なる我として再生して山を出る」ものだとし、大神楽浄土入りとともに、その源流を白山に求めた。白山修験によって中世前期に奥三河へもたらされたものが大神楽浄土入りであり、中世後期に立山へ伝えられたのが布橋大灌頂だというのである。きわめて興味深い仮説であるが、浄土入りを直接白山修験による伝播であるとみることはかなり困難に思われる。確かに、大神楽に不可欠の「聖の舞」は白山権現を祀る古戸が独占してきたといわれ、大神楽と白山の関係がないとはいえない。しかし前述したように、大神楽の成立期に中心となった地区は曾川・山内であったわけで、古戸の「聖」が中心となったとは考えにくい。また、五来が白山＝地獄説の依拠として指摘する白山の中での鬼の呵責も、後述するように大神楽本来のものかは疑わしい。大神楽関係の祭文の中に白山を地獄とみなすものはなく、また白山信仰と結びつくものもほとんどないからである。

(24) たとえば折口信夫が、白山の備える忌《い》み籠《ごも》り—生まれ清まりという機能に注目し、真床覆衾《まどこおぶすま》との共通性を指摘したのに対し、柳田國男は、「シラ」という語に着目し、稲霊《いなだま》の再生という稲の産屋《うぶや》の信仰との連関の上に、人の生まれ清まり——誕生の意味を探ろうとした（「稲の産屋」『定本柳田國男集』第1巻、筑摩書房）。

また、河原巻物《かわらまきもの》の伝承などによって、被差別部落の信仰や職能との関係を考えようとしたのは宮田登である。宮田は、「長吏由来記《ちょうりゅうらいき》」が書き伝える「龍天白山」「地天白山」は、葬送を担った長吏職が野辺送《のべおく》りに用いた白色で方形の装置であり、大神楽の白山のミニチュア版ともいえるものであるとした。そしてそこに葬送儀礼の呪具と神楽の再生装置の結合をみてとっている（『神の民俗誌』一九七九、岩波書店）。

一方、民俗学的概念を援用しつつ、曹洞宗儀礼と白山浄土入りとの関連に着目したのは、佐々木宏幹の「仏と霊魂のあいだ」（『仏と霊の人類学』一九九三、春秋社）である。佐々木は、中世末に始められたと思われ、現在も行なわれている曹洞宗授戒会において、在家受戒者が教授道場での忌み籠りにも似た精進・懺悔の期間ののち、白幕の通路を渡って本道場に入り、灌頂、登壇、血脈授与などの儀礼を受ける構造は、白山浄土入りやイザイホーのイザイ山籠りときわめて類似のものを持っていると述べている。後に述べるように白山で灌頂が修されていたとするならば、授戒会と浄土入りの相似性はいっそう強くなることになる。

(25) 豊根村上黒川・熊谷幸四郎宅龍頭（顔の長さ23cm、頭の幅11cm、あごの幅6cm）、三沢・夏目昭平所有の龍頭（顔の長さ22cm、頭の幅9cm、高さ10cm）がある（『豊根村誌』）。

ところで五来重は、十二の龍頭を含む白山の装置と、殯《もがり》の装置との類似性を指摘している（『葬と供養』一九九二、東方出版）。その説を要約すれば次のようになろう。

死者葬送の儀礼装置としての殯には、「棺槨を据えて四方に柱をたて、これに幕をまわして棺槨を隠した」「幕垣型殯」というものがあった。それは、三段、五段、七段の白木綿（ないしは絹）を四本の柱にまわしたもので、天井は吹き抜けになっている。これは早川が描いた白山の形状と同じである。白山は榊で四方を囲っているが、これは青山型殯というもので、「修験道の正灌頂道場を山中で臨時に造る場合」にこのような殯が造営されたと思われる。

さらに白山に飾られた龍頭と五色の「雲」についても、三河鳳来寺の大念仏の歌ぐらに「親様の　野辺の送りのその時は　四方に幕を張りまわし……十二のたつをゆりたてて……五色の雲がたなびきて」という箇所があることから、この殯の天井には十二本の龍頭と五色の幡を下げた天蓋が飾られた場合があったと推定しうる。そもそもこの龍頭と天蓋は、葬具としてきわめて広汎に分布するものであり、殯と密接に結びついている。龍頭とは「竹竿の先に龍頭をつけ、その下に龍の首（胴）を紙の袋にしてつけたもの」で、「タマシヒブクロと見るべきで、死者の霊が浮遊しないように、この中におさめておく容器であったとおもわれ」、「龍頭をつけるのは、龍が死んで間もない荒魂の象徴だったからではないかとおもう」。いっぽう天蓋（幡蓋）は、仏教儀礼から修験道儀礼、神楽、葬送まで広汎に見出すことのできる「滅罪灌頂」の装置であり、天蓋から下がった幡に触れることで罪穢が祓われるという機能を持つものであった――。

このような観点から五来は、大神楽の白山は、白山修験によって造られた青山型殯で、「浄土入り」はこの殯の中の死後の世界へと入ることで擬死・再生を果たすものであったと結論している。さらに白山に飾られた十二の龍は、浄土入りという「逆修儀礼」を受けられなかった死者への追善のためのものではないかと推定し、古戸・天保本の挿絵に注記された「百十二文」は龍の腹につけた布（袋）を追善供養としてあげるための寄進銭と想定している。

ちなみに豊根村においても、最近まで五来が述べているような葬送儀礼が行なわれていた。たとえば棺の四周に六字名号を書いた紙を成人なら十二枚、子供なら六枚を貼る。また野辺送りの葬列は、白幡四本、花籠（五色の紙片を入れたもので、それを撒く儀礼がある）、彩幡、龍頭（前後各二本）、天蓋（最重要とされている）の順であった（豊根村教育委員会編『豊根の伝承』、一九八八）。下黒川の清川隆敬氏の話では、棺桶を白い布で覆い、五色の布の幡を四方に立て、龍頭も四本用いたという。龍頭は竹筒を両側から中心に削ぐように切り、とがった部分を上顎下顎に見立て、上顎側に残した二本の枝を角とした。胴の部分には紙の袋をつけ、鱗を書いた。興味深いのは、彩幡に用いた布は魔除けの呪能があると考えられ、これをもらって馬の口に結ぶ紐にないまぜたり、産婦の腹帯にしたりしたという。葬送に用いたものを穢れたものと忌むのではなく、強い呪能があるとみなしたのである。

また、佐藤俊晃は五来説を援用しつつ、曹洞宗の葬送儀礼に用いられた「鎮守白山」(小さな堂社の姿をしていたものと思われ、葬送にかかわった者が参詣することで汚穢が浄化される)と、「長吏由来記」の葬具「龍天白山」、そして大神楽の白山の類似性について論じている(「白山信仰と曹洞宗教団史」一―十九、『傘松』五五六―五七五号、大本山永平寺)。大神楽の白山については五来説の紹介と、曹洞宗の葬場である「龕堂火屋」と白山の概念的比較を行なっているにとどまっているが、「鎮守白山」は白山修験によるものではないとし、白山信仰を持った葬送職能民と葬送儀礼に積極的に関与した曹洞宗禅僧との交流を示唆しているのは興味深い。なお本稿の関心から注目したいのは、鎮守白山の教義を記した切紙に「チワヤフル吾ガ心ヨリ成ス禍ヲ何レノ神カ余所ニ見ルヘキ」という神祇灌頂に特有の秘歌が入っていることである。
(26)「ぜんのつな(善の綱)」について早川は、辻(祭場の内と外とを結界する地点)と舞処とを結ぶ白木綿(裂いて束ねたもの)で、「舞戸に近づくことのできぬ婦女子または忌服の者が、賽銭をこれに結び下げた」と述べている(『花祭』後篇)。また古戸には、大神楽の際、舞処と約五百メートル離れた熊野堂(白山は別にある)とを「ぜんのつな」で結び、そこに神楽の見物人が賽銭をゆわえつけたという伝承がある(豊根村教育委員会編『神楽の伝承と記録』)。なお古戸の「神楽次第」にある白山を描いた挿画には、五色の「クモ」と「モウツナ、ヤツハシ、神ミチ、千代道、センノツナ」が書かれているが、そこでは単に「神道」の一つであるようにも見受けられる。花祭の場合でも、早川は、釜の上の湯蓋からのびる五方の「神道」のうち中央(黄色、神座前の柱に結びつけられる)を指すと言う(『花祭』前篇)。このように「ぜんのつな」なるものとその用法は様々で一定していない。
もともと善の綱という語は、法会で仏との結縁を演出する五色の糸を指すものとして広く用いられるが、大行事勧請で勧請される「ぜんのつな」も、どのような用いられ方をしたかは不明にせよ、立願者と浄土との結縁を象徴するものとみなしうる（ちなみに五来重は善の綱と布橋大灌頂［註23参照］の布橋とが同じものだとしている）。また注意すべきは、この地では葬式に際して棺につけた長い布を「ぜんのつな」と言い、近親の女性が順番に手に持ったという。ここから類推すれば、「ぜんのつな」は立願者が白山入りに際しての導きの糸として、手に握ったものと言えないだろうか（ちなみに平成二年に復活した大神楽では白山と舞処をつなぐ布として設けられた）。

(27) 舞処の山立てにおいて、四方に榊を立てるのが生活領域の象徴であるように、白山での山相続では、白木綿を張り梵天を立てて清めたが、これは生命誕生の場の設定であって、中央に飾られた梵天は、豊穣としての性の象徴であり、宇宙、すなわち母胎を形容する原義をもっていた。　（武井正弘「花祭の世界」）

(28)「三沢の本神楽の記録」（『霜月神楽之研究』所収）。

(29)　ぼでんのかざり大事

船幣	紙取五色		
五台山	同五色		一本
鍬片	同五色	四ツオリ	一本
道六神	白紙	八ツオリ	一本
山神	赤紙	八ツオリ	貳本
金山	黒紙	八ツオリ	二本
四方旗	白紙	八ツオリ	二本
富士浅間	青紙	八ツオリ	二本
大神宮	黄紙	八ツオリ	二本
天宮幣	白紙	八ツオリ	壹本
宮土宮	白紙		壹本

（30）下黒川本・古戸本・及び「順達之次第」によれば、神楽二日目に今度は白山で「山を立て」「山を祭り」「山を尋ね」「山を売買」する同じ一連の山立て次第があり、やはり最後に「しずめのへんばい」と「土公神祭り」が行なわれた。早川は、「山立て」から「土公神祭り」とセットの「へんばい」に至る「これまでの次第で、白山が初めて聖なる場所としての意義を生じたわけである」と述べている。しかし「白山」での「へんばい」は三沢本の次第には見えていない。

（31）早川や折口における神楽研究の問題点と限界を鋭く指摘し、祭文とそれを誦む司霊者の役割に目を注いだのは、岩田勝である。岩田は大土公神経の分布と内容の解析の上に立って、「土公神祭は、地霊の土公をしずめるために祭文を誦むことが主体となるものであり、鎮めの反閇は、祭文の意図するところを目に見える所作で、その外想として示したのであって、両者あわせて地霊の土公をしずめやすめる行儀なのであった」と述べる。そして「はらいしずめられるべき地霊である」土公を、その一面において守護神霊化して、その加護を求める「両義性がつよい霊格」として説くのが大土公神経とみている（岩田編著『中国地方神楽祭文集』第二部「土公祭文」、一九九〇、三弥井書店）。

（32）拙稿「異神の像容――牛頭天王島渡り祭文の世界」（『神語り研究』第一号、一九八六年、神語り研究会）参照。のち『異神』（一九九八、平凡社／二〇〇三、ちくま学芸文庫）所収。

（33）春日井真英「北設楽の花祭――その祭儀空間の構造について」（『宗教研究』二〇〇、一九八四年六月）

（34）拙稿「宇賀神王――その中世的様態――叡山における弁才天信仰をめぐって」（『神語り研究』第三号）。のち『異神』（註32参照）所収。

（35）マジカル・ステップ＝反閇は、日本の民俗芸能の中で重要な位置を占める（星野紘「反閇の足運びについての試論」『民俗芸能研究』第一四号、一九九一年十一月）。花祭での「反閇」といえば、榊鬼のへんべ、舞へんべ、祭りの最後に行なわれる花太夫の秘法＝「しずめ」の反閇の三つがあげられよう。このうち、榊鬼と「しずめ」の反閇の場合、山型・晴明型・梵字型・菱型などいろいろの型があるが、「盤古／大王／堅牢／地神／王」と唱え五足に踏むのがひとつの基本であった。大土公神経では「盤古大王」は陰陽道の地神・土公神の父であり、「堅牢地神」は密教の地神であるからだろう。ところが大入（現・廃村）の禰宜屋敷・花山家伝来の榊鬼としずめの反閇口伝書（「榊鬼之遍焙大事」、「遍焙之秘法」東栄町・花祭会館蔵）では「盤古／大王」ではなく「盤古／大宝」と踏まれている。この事実は、土公神や榊鬼の反閇が、地霊鎮めだけではなく、宝や富を湧出する大地の豊穣力を驚発させる福徳のステップでもあることを物語る。この点に関してはビデオ『花祭り』（「映像人類学シリーズ」ヴィジュアルフォークロア、一九九三年二月）の解説を参照されたい。

(36) それにしてもどのような作法で土公神を祀ったのか。祭の作法はわからないが、古真立の禰宜屋敷・鈴木家蔵「大土公神之祭文」の末尾に大土公祭、中土公祭、小土公祭それぞれの幣束の数が記されており、花祭の場合、「しずめ」の一方で「土公神休め」を行なった地区では、「土公神の幣束を中心に、祭文の唱和」（『花祭』前篇）があったという。なお東栄町月の禰宜屋敷・森下家蔵の大土公神経には祭文の末尾に左記の「大土公法」が記されている。

大土公法
外縛
ヲン　ハン　々
浄三業
ラン　々
ハチカエ
ケンバヤ〱
日口伝
浄三業

地神荒神テラガウリンカウ
　内縛
ジクウバジヤラハラモンハツタヤ
　合掌
天通地通ジナン　
　　　　　　　　各三遍

(37) 豊根村で年越しに作る「歳徳神」を祀る歳神棚は、奥の間（オクデー）の神棚の正面に厚板を天井から吊るす場合と、天井に天坪のような一枚板の棚（恵方棚）を取り付け、その年の「明きの方」＝恵方に向けて祀る場合がある。また、新年二日には、「初山」と称して、新年の歳徳神の恵方の山に行き、輪ジメを飾って当年の山仕事の無事を祈った。（豊根村教育委員会『豊根の伝承』）

(38) 前出註18でもふれた小林康正「奥三河の大神楽再考（Ⅰ）」は、大神楽、特に浄土入りを、とかく内実不明瞭のまま「死と再生」の典型例として取り上げる民俗宗教研究を批判し、「歴史的・社会的実体として」の大神楽を捉え直そうとした真摯な研究である。

小林は寛政二年（一七九〇）上黒川の『神子人数並諸色覚帳』を初めとするいくつかの史料を駆使して、近世後期において大神楽の「人生四度」の儀礼に参加した「神子」の実像を、年齢・性別、奉納金の額、神楽組地区住民か否かなどの点にわたって浮き彫りにし、次の点を明らかにした。

⑴近世初頭において花祭・大神楽の有力な伝承地であった山内は、近世後期には神楽組には参加しておらず、その時期の大神楽の中心的地区は、上・下黒川、古戸に移っていた。

⑵扇子笠は、もっぱら非神楽組の地区の人々が「生まれ子」「清まり」を通過せずに近世後期に作られたとおぼしき次第「しめ切越」によってそれらを経たことにし、浄土入りするという儀礼であった。ここでは年齢は不問であり、大病平癒などの立願が契機となった。

(3)「生まれ子」「清まり」に参加するのはほとんど神楽組の地区住民であった。なお「生まれ子」と「清まり」を同時に果たすことも多かった。
(4)神子は上記の二者のタイプに分かれ、奉納金も非神楽組と神楽組とでは差があった。前者には重病からの平癒祈願を典型とするように大神楽参加の意義を「再生」に見出すということはあてはまるが、後者にはそれを単純に適用することはできない。大神楽参加者の中心はあくまで後者である以上、大神楽＝擬死再生の儀礼とは言えない。
(5)大神楽＝擬死再生説は、浄土入りが、代人すなわち死亡した神子の代わりの者によって果たされているという事実からも揺るがされる。
なお小林は、続稿においては参加者つまり神子の側における祭儀参加の意義を捉え直すことで大神楽を再検討するつもりであると述べているが、期待されるところである。
(39) 各地区の花祭次第において湯立ての位置は一定していないが、この山内や東薗目、旧大入のように湯立てと花育てが連続して行なわれる例は注目してよい。なぜなら「花育て」とは花祭におけるミニ「浄土入り」であり、したがってその前に行なわれる立願の湯立ては、立願者が浄土に結縁するための湯立てという性格を帯びてくるからである。この点に関しては註35ビデオ『花祭り』の解説を参照されたい。
(40) 諏訪春雄は「日中カミ観念の比較」(『日中文化研究』第一号、一九九一年四月、勉誠出版)において、中国で旧暦七月十五日の中元祭に行なわれる目連戯という宗教劇と大神楽浄土入りを比較し、浄土入りは目連戯のエッセンスを巧みにとって構成したものだと述べている。目連戯は釈迦の弟子目連尊者が地獄めぐりの末に餓鬼道に堕ちていた母を救い出すという筋で、諏訪は「橋の拝見」の金銀の橋、五色の鬼、帝釈天が同劇の母の地獄堕ちの場面で登場することを指摘し、さらに白山での茶・飯は目連の地獄での施餓鬼、白山の中の出家と鬼は救済者目連と母を引き立てていく鬼、獅子の白山割りは目連による地獄の門の破壊からそれぞれ構成されたものであるとした。「橋の拝見」が目連戯から着想を得ている可能性があるにしても、他の相同から浄土入りの本質を解明するのは困難と思われる。

なお武井正弘は、白山と鬼との関係を、吉野蔵王信仰—大聖威徳天との繋がりから捉えようとしている。

「白山と鬼の関係は、舞処で榊鬼が祢宜と榊引きをする間に、山見鬼が橋の拝見で彼岸へ至る橋がかりを点検し、のちに白山を改め再生する人びとを導き出す。この救済を司る鬼神の性格は吉野金峰山の信仰に基づいているでしょう。役の行者以来の蔵王権現と観音・威徳天神（大聖大威徳天王）を祀るこの山は、近世の幕藩体制に縛られた民衆社会のなかで、故一（唯一？）現実社会と重なり合った浄土の世界——救いの幻想を与えてくれる存在——でした。威徳天神は鬼神の姿で地獄廻りをします。三河大神楽では白山にこの威徳天神の曼荼羅を掛け、その化身とでもいうべき山見鬼が神子を救済する。このように構成されています。」（「白山籠り——三河大神楽の世界」『ドルメン』第6号「特集・再生装置図鑑」一九九二、ヴィジュアルフォークロア）

（41）大神楽の「生まれ子」「清まり」を正面から取り上げ、天龍水系の類似の儀礼と比較分析した論稿に渡辺伸夫「『生まれ清まり』の儀礼と歌謡」（『演劇研究』第九号、早稲田大学演劇博物館、一九七九。岩田勝編『神楽』一九九〇、名著出版に再録）がある。その論旨は以下の点に要約できよう。（ただし、渡辺は慶長本の記述から出発しているため、大神楽の「生まれ子」と「清まり」を区別していない。）

(1)諏訪神楽の慶長七年の次第書「御七五三之事」にも大神楽の「生まれ子」ときわめて似た儀礼が存在していること。

(2)天龍水系の各種の霜月神楽の「生まれ子」儀礼は、健康祈願の立願、立願成就の「願果たし」、氏子加入式などの意義を持つが、基本的には神子になる儀礼であり、産湯式（湯立ての湯を浴びる）と着衣式（白の上衣を着せる。神鬘も含む）とを基本要素とする。

(3)これらの儀礼は、修験道の「取子《とりこ》」儀礼（病弱な子が健康に育つように修験者などに仮親になってもらうもの、ただし具体的な儀礼内容は不明）と同様のものであり、どちらも修験道儀礼と考えられる。

(4)これらの形成過程は、取子↓（神楽化）↓神子↓（戯曲化）↓生まれ清まり↓（伝播）↓神子と考えられ、「生まれ清まり」は修験道の再生儀礼の神楽化・戯曲化である。

(42) ○南无きめうてうらいさんげ〳〵六根清浄　おしめに八大金剛童子わ両部の大日大りやうこんけん

（榊原家文書「富士行勤次第」）

(43) 懺悔文《さんげもん》

暫愧《ザンキ》懺悔《サンゲ》六根清　浄《ロクコンシヤウヂヤウヲ》御七五三《シメ》者八大金剛童子《ニハハツダイコンガウドウヂ》不二《フジ》者《ハ》浅間大如来《センゲンダイニヨライ》帰命頂礼《キメウテウライ》

（守屋家文書「不二山祝詞」）

五来重『修験道入門』一九八〇、角川書店。

(44) 戸川安章「湯殿山麓大網村と護身法加行」（『日本民俗学会報』一九五九年八月、日本民俗学会）

(45) 宮家準『修験道儀礼の研究』（増補版）一九八五、春秋社、第二章第一節「修験道の入峰修行」。なお宮家は「死を示すような白装束と大人としての再生が、この護身法加行をつらぬくモチイフとなっている」とし、九字護身法そのものに仏としての再生の構造を見る。

(46) 上社の神楽役筆頭・茅野外記太夫筆で「嘉禎三丁酉歳十一月吉祥日」の奥書があるが、時代はもっと下ろうか。なお諸神勧請の神歌には共通する神歌も少なくないが、上記の三首は「注連午王」固有の神歌といえよう。

(47) 牛王。按熊野祇園八幡等諸社。出二符札一粘二門戸一。以避二災疫一。俗呼名二牛王一者誤也。生土二字而第三横書疎。故似二牛王一。

（寺島良安『和漢三才図会』）

(48) 本田安次『霜月神楽之研究』「大井川流域の神楽」、静岡県教育委員会文化課編『犬間・梅地の民俗』（一九八一）、本川根町史編集委員会編『本川根町史　資料編』（一九八〇）。

(49) 『犬間・梅地の民俗』所収。

(50) 北設楽郡旧富山村大谷熊野神社の霜月神楽（御神楽祭り）では、かつて「牛王の湯立て」が行なわれた。最古の記録である元禄十三年（一七〇〇）の次第にも「十一番　牛王へ御湯心次第也」と見える（本田

安次『霜月神楽之研究』、山崎一司『隠れ里の祭り』〔一九八七、富山村教育委員会〕)。

(51) 第一本は無題(内題「御神明軒(斬)之次第」)、第二本「御神楽事」には嘉永二年(一八四九)の年記がある。また「御註連伐之大事」には一、二本にない「註連伐之式」が記されている。この三本は、本田安次によって校合の上、紹介された(『神楽歌秘録』、一九九〇、錦正社)。今「御註連伐之大事」によって神楽次第をあげておく。

〔前日〕
1内祓
2宮註連伐
3川註連伐
4釜註連伐
5内外清浄座清目
6三段之御神楽　終テ　御湯之大事
7十二段之御神楽　釼囃之時行事アリ

〔当日〕
1早朝之勤
2四之口ノ註連伐
3祝詞
4五調子
5花舞
6饗膳之式
7若子之大事
8釼拝
9恵比須舞
10弓舞
11神酒上
12料理拝
13御神明縄行事
14熊野御神楽
15十二ノ口之註連伐

(52)「浄土の行ない」の最後にある「うちしきの布一たん」とは、浄土での儀礼を終えた立願者に授けられたものに違いない。「うちしきの布」とは白山の内部に敷き詰められた白布である。浄土入りを果たした者は結願の徴《しるし》に、布を一反いただき、実際の「浄土への旅立ち」に際して身にまとう、経かたびらとしたのだろう。「橋の拝見」では、亡者が閻魔帝釈に神楽を催した証しの花びらを示して、三途川を渡り無事浄土へ向かったように、それは浄土願生をかなえる、約束の徴であったのではなかろうか。

(53) 別種の「へや入」の祭文をあげておく。

東方東は薬師の浄土にごすいじやくの御本地としよしとのづけ候ぞ

(以下、南・西・北・中央も同じ)

東方東は、きるめの御本地の鎮守のみこしとしようじとのづけ、こがねのおぼへとしようじけるこそうれしけれ

(以下、南・西・北・中央も同じ)

むかしは目にもみえさせ給ひが、中程はなにもかからせ給へ、今当代ではほしのかいたれとあまくだらせ給へて、まいりのけいごうしやごうあらたつともおがませ給へ候ぞ。

へや入りにせまいか、へや入りにせまいか、あっぱれ又四郎、又四郎にお渡し申す。

請け取り申した。

(豊根村宇連・村松貞義蔵本『豊根村誌』資料編2所収)

(54) 武井正弘は「加行聖人」を「大先達としての太夫」と解している(「花祭りの世界」)。

(55) 註53にあげた「へや入」の詞章では「ほしのかいだれ」となっており、白山に掛けられた曼荼羅の図像はさまざまであったことを偲ばせる。昭和五十四年に、山内の榊原家から、大神楽に用いられたとおぼしき墨絵の不動種子曼荼羅と、彩色の蔵王曼荼羅が発見されている。

なお平成二年十一月二十三日に豊根村で復元された大神楽では、榊原家から新たに発見された大聖威徳天の

曼荼羅が白山に掛けられた。大聖威徳天の曼荼羅を白山に掛けることに関して武井正弘は、「この神将が修験道の神で鬼形によって表現されることを考えると、鬼による救済という進行（信仰？）と重ね合わせて解釈してよい」（毎日新聞、一九九一年二月十三日夕刊）とみる。註40参照。

(56) 密教にあって五智は大日如来内証の智であり、徳を開けばそれが五仏となり、おのおの五智を分掌する。

（五智）　（五仏）　（五方）
法界体性智――大日如来――中
大円鏡智――阿閦如来――東
平等性智――宝生如来――南
妙観察智――阿弥陀如来――西
成所作智――不空成就如来――北

(57) 武井正弘は次のように推察している。「先ず、曼荼羅の横の榊枝に掛けた顕形の鏡に、この世の姿、祭に参加し奉仕する自分が映る。地獄の閻魔様の鏡と反対に善行が映るのです。そして一心に枝から引かれた綱にすがると、鬼が現われて救けてくれる」（註40「白山籠り――三河大神楽の世界」）。

〔付記〕

一九九〇年十一月二十三日、今上天皇の大嘗祭と同日、豊根村において、百三十四年ぶりに「大神楽」が行なわれた。

これは豊根村村制百一年を記念した「源流邑まつり」の中心イベントとして計画されたもので、同年一月八日、小林文彦村長の発議に始まり、以後村松貞義花祭保存会代表、清川隆敬教育長らを中心とした人々により綿密な計画が進められ、宗教芸能史研究家・武井正弘氏の助言も得て、豊根村の人々の尽力によって実現したものである。総経費四百万円、練習参加人数約百名の、大行事であった。祭の次第は古い次第書や伝承をもと

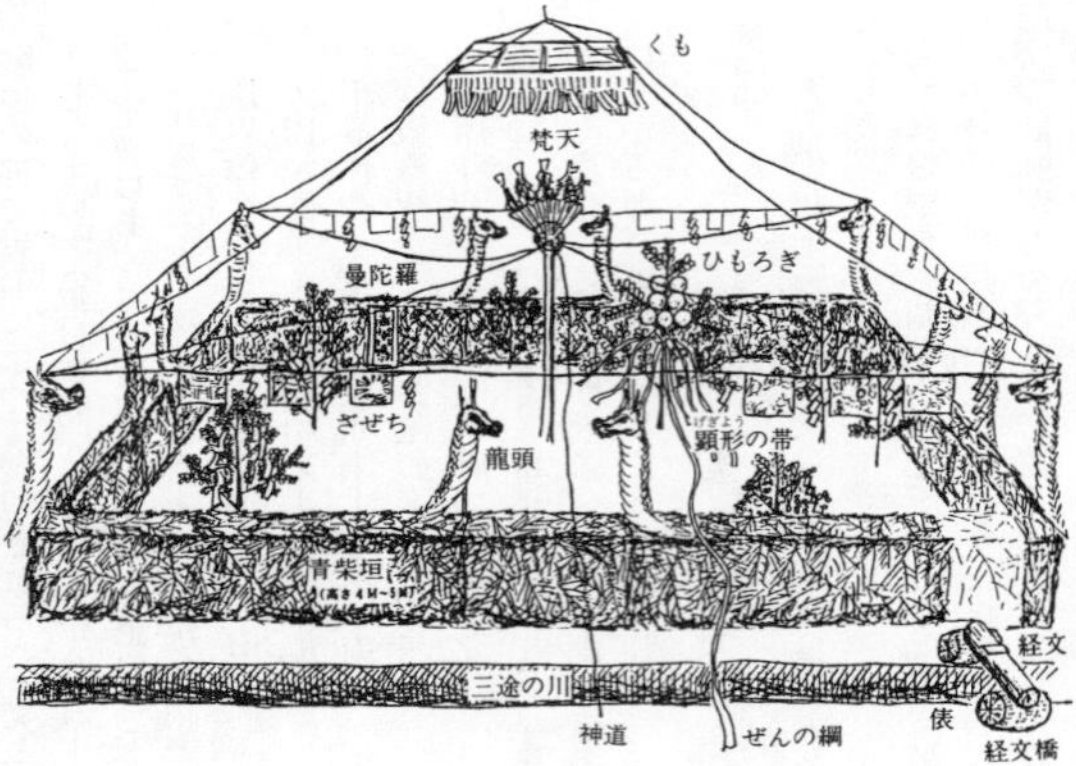

▲復元された白山の構想図
（豊根村教育委員会『三河大神楽』より）
◀白山の中心部分　左に梵天、中央「くも」、右にひもろぎ。

に各地の花太夫らの協議によって組み立てられ、豊根村下黒川・上黒川・坂宇場・三沢・古真立・間黒の各花祭保存会の人々が実際の祭の担い手を務めた。また「聖の舞」の舞い手として東栄町から古戸花祭保存会の人々も特別参加した。

祭場・祭具の準備にも一方ならぬ労力が必要とされた。それらを列挙すれば次のとおりである。白山・舞庭設営（豊根村森林組合）、舞庭飾切草一式・松明百五十本・榊木二十本（白川義治氏）、〆縄百十米・わらじ二十七足・わらぞうり五十足（シルバーセンター）、龍頭十二個（熊谷兼雄氏）、浄土入り白衣装十組（美嶋屋）、子供舞上衣七枚（清川多美子氏）、花育て竹材一式（白川安志氏）、ざぜち百たれ（明平全司氏）、こも二枚（林兵吉氏）、梵天（林長太郎氏）、白山くも・添花八十本（清川隆敬氏）、花育神道切草（村松貞義氏）、花笠・扇笠・竹笠十三個（清川隆敬・林長太郎氏）。ちなみに巨大な「くも」の製作にあたった清川氏は、何日も根をつめての作業ののち完成した純白の天蓋を見て、「身の毛のよだつような恐ろしさを覚えた」（談）という。

祭りは日暮れより夜半までのいわば短縮版で、「浄土入り」を中心に行なわれた。立願者は、生まれ子（一歳）十二人、清まり子（十三歳）二十人、扇笠（厄年）五人、浄土入り（還暦）五人であった。「生まれ子」は、奉納の白上衣（立願者名が記してある）を着た三名の代舞の児童による花の舞（「舞上」）、「清まり」は、立願者の代表四名の少年による「四ツ舞」（立願者名を記した白上衣を持って舞う、いわゆる「ゆわぎ」の舞）によって立願儀礼とし、扇笠、浄土入りは、それぞれ扇の笠、竹の皮の笠をかぶり、白山入りをした。

白山は、役場の裏広場に設営され、一辺十五メートル、四壁は高さ二メートルほどの青柴垣で囲われた。荘厳に用いられたものを列挙すると、ざぜち、龍頭十二個（重要文化財の龍頭より複製したもの。竹の先に飾る）、神道、ぜんの綱、ひもろぎ（榊）、鏡七面、げぎょうの帯、梵天（三沢花祭と同形）、くも（白色の天蓋）、曼荼羅（大威徳天曼荼羅、榊原清氏蔵）、カイダレ付青竹十二本（天井部を覆う）である。

祭りの次第は以下のとおりである。なお詳細な記録は、豊根村教育委員会「甦る百三十四年の三河大神楽の記録」（筆書き、清川隆敬稿）として残されている。また映像による記録は、早稲田大学演劇博物館、NHK、ヴィジュアルフォークロアなどが行なっている。

（1）山立、（2）志めおろし・嶋祭り・なりもの、（3）大行神勧請、（4）釜祓、（5）四方門、（6）当郷ばやし、（7）聖の舞、（8）舞上、（9）四ツ舞、（10）扇笠・浄土入り、（11）橋の拝見、（12）鬼白山入り・問答・舞、（13）獅子白山割り、（14）神子を救い出す、（15）湯立、（16）産湯、（17）生まれ清まりの杯、（18）舞下し

＊本章の改稿に際し、豊根村教育委員会所蔵の未公刊資料が大いに参考となった。調査に協力して下さった教育長清川隆敬氏に記して感謝申し上げる。

III 龍女の成仏

（1）「灌頂巻」は、たとえば一方《いちかた》流のテキスト・覚一本『平家物語』（岩波日本古典文学大系本）では、「女院出家」「大原入」「大原御幸」「六道之沙汰」「女院死去」の五段である。これらを特立して「灌頂巻」と称するのが一方流の特徴であった。ただし読み本系の『平家物語』にも「灌頂巻」に相当する部分があり、同じく女院の往生を結末とするところに、『平家物語』の宗教性が如実に窺えよう。

（2）覚一本が女院の夢をみた地を「明石」とするのは、当時明石の沖には龍宮が存在すると信じられていたことに関係しよう。

（3）「龍畜」という呼び名が中世の類書にしばしばみえることから、「龍軸経」は「龍畜経」の訛伝と考えられる。

（4）『法華経』の法力が、浄土往生への引導の役割を果たすことは、天台本覚思想を説いた書『真如観』にも

みえているが、「提婆達多品」にその効能があったとの伝聞が『法華経直談鈔』「提婆品」の「聞法功徳ノ事」の項にみえる。

(5) 一、龍宮ニ諸ノ教法ヲ収ム事。示シテ云ク。凡ソ龍神トハ、三毒等分極ノ体、煩悩即菩提ノ本深ナリ。愚癡黒暗ノ体ナル故ニ、龍宮ニ居ス。生死ノ沈没ヲ表ス故ニ、大海ノ最底ニ居ス。所詮、無明ノ体ハ龍神ナリ。故ニ諸ノ教法滅シテ龍宮ニ収マル。法性反ジテ無明ト作《ナ》ルノ意ナリ。（巻第三十六「弁財天法」）

(6) この問題に関しては、拙稿「魔縁と怨霊——崇徳上皇」（『歴史読本』臨時増刊「特集 天皇家 怨霊秘史」一九八九年六月、新人物往来社）で若干論じた。また崇徳院説話に関しては水原一「崇徳院説話の考察」（『平家物語の形成』一九七一、加藤中道館）などを参照されたい。

(7) ちなみに東密の金剛界・胎蔵界二灌頂に対し、台密は胎・金不二の蘇悉地《そしつじ》法を立てた。『渓嵐拾葉集』はこの蘇悉地（妙成就）における「四玄の印」を「須弥・大海・師子座・宝楼閣」を表象するものとし、これらによって構成される「一世界」は「我等ガ己身ニ之《コレ》有リ」、「我等ニモ世界建立ノ数量ヲ具足セリ」と述べている。そして人間の水輪中には「八海」があり、また「九山」は「九廻ノ腸」で、それぞれ胎蔵界の八葉曼荼羅と金剛界の九会曼荼羅に配されるとする。

一、蘇悉地ノ三玄・四玄ノ印ヲ以テ此ノ尊ト習ヒ合ス事。示シテ云ク。四玄ノ印ハ須弥・大海・師子座・宝楼閣ナリ。是ハ一世界一四州ノ建立ナリ。此ノ世界ヲ一世界ト捉フルナリ。此ノ一世界ヲ捉フルニ我等ガ己身ニ之有リ。之ヲ以テ蘇悉地ノ大事ト為ス。……世界建立ニモ両部理智ノ表示有リ。正法ノ我等ニモ、世界建立ノ数量ヲ具足セリ。仍テ我等ガ水輪ニ八海ノ表示有リ。九山ノ相貌有ルコト、法爾自然ノ道理ナリ（後略）。

一、生身弁財ノ事。（前略）性海トハ我等ガ大海ノ最底ヲ指スナリ。其ノ大海トハ水輪ノ中ニ八葉有リ。是ヲ八海ト名ク。又九廻ノ腸有リ。是ヲ九山ト名ク。九山トハ金界九会曼荼羅ナリ。八葉トハ胎蔵八葉曼荼羅ナリ。

（「弁財天法秘決」）

いわゆる「九山八海《くせんはっかい》」は身体内にも存在するわけで、ここでも人間の身体はそのままひとつの小宇宙《ミクロコスモス》となる。

(8) 女人往生と法華信仰をめぐっては、笠原一男『女人往生思想の系譜』(一九七五、吉川弘文館)、小林正明「女人往生論と宇治十帖」(『国語と国文学』一九八七年八月号、明治書院)、高木豊「法華経和歌と法文歌」(『平安時代法華仏教史研究』一九七三、平楽寺書店)、同「願文・表白にみる法華信仰」(渡辺宝陽編『法華仏教の仏陀論と衆生論』一九八五、平楽寺書店)などがある。なお『平家物語』「灌頂巻」については、冨倉徳次郎『平家物語全注釈下巻(二)』(一九六八、角川書店)、『平家物語』下(日本古典文学大系33、岩波書店)補注、兵藤裕己「『平家物語』における芸能神」(『国文学　解釈と鑑賞』一九八八年九月号、至文堂)などに言及がある。また『法華経』龍女成仏の日本社会における受容については吉田一彦「竜女の成仏」(シリーズ　女性と仏教2『救いと教え』一九八九、平凡社)。

(9) 本覚思想に関しては、『天台本覚論』(日本思想大系9、岩波書店)、田村芳朗『本覚思想論』(一九九〇、春秋社)そのほかを参照されたい。

(10) たとえば大久保良峻「日本天台における法華円教即身成仏論――即身成仏義諸本を中心に」(早稲田大学東洋哲学会『東洋の思想と宗教』第八号、一九九一)がある。

(11) 『法華経直談鈔』巻第七は女人の三障・五障・十悪を列挙するほか、最澄の説として次のように述べる。

伝教大師ハ、成仏シ難キ者ニ三類ヲ出シ給ヘリ。一ニハ六道ノ中ニハ畜生、二ニハ長幼ノ中ニハ幼少、三ニハ人間ノ中ニハ女人ナリ。

(12) 『法華経直談鈔』巻第七には「龍女六箇ノ秘法」の第二として次のようにみえる。

二ニハ霊山ヘ来ルト釈シ玉フコト、大論ニ此ノ趣見ヘタルナリ。智証大師ハ十六丈ノ龍形ニテ来ルト釈シ玉ヘリ。是ハ当体即理ノ義ナリ。或ル抄ニハ、初ハ端正ノ質ニテ見ヘ、次ニハ蛇身、其後ハ霊山ニテ天童ノ形ナリト云ヘリ。此等ノ異説、機見ノ不同ト心得ベキナリ。

(13) ここで蛇と龍とは同体異名とみてよい。『渓嵐拾葉集』の次の記事に、中世で観念されていたさまざまな龍種がみえるが、第一の「蛇龍」が該当しよう。

一、龍ニ於テ種種ノ不同有ル事。第一蛇龍〈今ノ龍神等是也。〉第二魚龍〈私ニ云ク。湖海ノ龍、魚龍カ〉第三馬龍〈世間ノ龍馬ト云フ物是ナリ。〉第四蝦蟇龍。

(14) この問題については拙稿「鬼界が島説話と中世神祇信仰――延慶本『平家物語』と『源平盛衰記』をめぐって」（註I(30)、II(16)参照）の第二章「権者と実者」で論じてみた。

(15) この問題に関しては「中世日吉社の十禅師信仰と担い手集団」（『寺小屋語学文化研究所論叢』第三号、一九八四、寺小屋語学文化研究所）で若干論じた。

(16) 拙稿「宇賀神王――その中世的様態」（神語り研究会編『神語り研究』第三号、一九八九、春秋社、のち『異神』所収。註I(5)ほか参照）。

(17) 中村義雄『王朝の風俗と文学』一九六二、塙書房。

(18) 卍字（万字）はもとインドに相伝された吉祥の標相で、右旋字卐と左旋字卍があり、吉祥や徳相と訳される。光宗は卍を、「円満」の意で「十字」と解するほか、法華の「開示悟入」の四字とし、その四字を「一切衆生ノ八分ノ肉団ノ八葉蓮華」としている点が注目されよう。なおその秘法は、八分の肉団とみなした大壇の上に、定められた方位に五色線を引き廻らすことから始まる。十二流転の表象とみなされるこの糸を、定められた角（「丑刀ノ角」＝「解」の字を表わす）に結ぶのを「合華」と称し「流転ノ始・元品無明ノ結」と説いている。そして智恵を表わす「卍字ノ鑰ヲ以テ宝蓮華ノ戸ヲ開ク」ように「胸中ヨリ智恵ノ開ク時」すなわち法成就を「解脱」といい、「破壇」と称するが、このとき煩悩の身は仏果を得たがためにその心は「妙法蓮華経」と名づけられるという。

……故ニ八分ノ肉団ノ大壇ノ上ニハ、始メ艮ノ方ヨリ五色糸ヲ引キ始ム。引ク者ハ演ナリ。糸ヲ始メ延ルハ演ナリ。丑ノ上ニ引キ廻シ通シテ結ブ故ニ、紐《ヒホ》ト云フ字ハ糸丑ト書クナリ。此ノ糸ハ八分ノ肉団ノ上ニ十二流転スル表示ヲ顕サンガ為ニ丑刀ノ角ニテ結ブナリ。胸中ヨリ智恵開ク時、解脱ト云フナリ。故ニ解ノ字ハ丑刀ノ角ト書ケリ。流転ノ始・元品無明ノ結ナリ。之ヲ合華ト名ク。……智恵ノ扉開キテ合花・仏果ノ顕ルル時ヲ法成就ト云フナリ。是ヲ解脱ト云フ。此ノ時ヲ破壇ト名ク故、結願ノ始ナリ。……又結トハ一念ノ迷、当来ノ果ヲ得ベシ。是ヲ結ト名ク。願トハ生死ノ結ヲ脱シ、思ヲ始ムヲ願ト云フ。

（『渓嵐拾葉集』巻第八十二「阿字義」）

(19) 阿闍梨云ク。凡ソ人ノ汗栗駄心是古訳・梵語ノ訛ナリ。正梵音ニ紀哩駄耶ト云フ。此ヲ心ト云フ。状ハ蓮華合シテ未敷ノ像《カタチ》ノ如シ。筋脈有リ。之ヲ約スルニ以テ八分ト成ス。男子ハ上ヲ向キ、女子ハ下ヲ向ク。

(20) 得名。　示シテ云ク。求トハ能求ノ智体、妙法ヲ以テ体ト為ス。聞トハ所聞ノ法体、蓮華ヲ以テ体ト為ス。持トハ憶持不妄、経ヲ以テ体ト為ス。故ニ妙法蓮華経ノ五字ヲ以テ、求聞持ノ法ノ詮ズル所ト為スナリ。

（『渓嵐拾葉集』「求聞持法」）

(21) 一、乳ノ事。　示シテ云ク。東寺・山門両流共ニ牛乳ヲ用フ事常ノ如シ云云。山門流ニ付テ葉上僧正ノ秘乳之《コレ》在リ。是ハ秋八月ノ霧ノ如シ。口伝ナリ云云。又云ク。或人ノ相伝ニ云ク。若シ乳闕如ニ及ハバ、桑ノ乳ヲ用フ云云。又伝ニ云ク。乳闕如ニ及ハバ、閼伽水ヲ以テ乳用フベシ。其ノ中ニ白米ヲ入ル云云。又云ク。秘伝ニ云ク。乳ヲ得ザル時ハ、仏舎利ヲ安置スベシ云云。已上ハ口伝ノ相承ナリ。委細更ニ之ヲ問フベシ。

（同右）

(22) 壇上ニ牛乳ヲ安ズルハ、最初頓説ノ乳味ノ得益ナリ。次ニ乳酪・生蘇・熟蘇・醍醐ト次第シテ、五味ノ調熟ヲ経テ法花ニ入実スルヲ、此ノ法ノ成就ノ相トスルナリ。故ニ壇上ニ安置ノ乳ヨリ光明ヲ生ズ。是《コレ》即チ法花ノ諸法実相・遍照法界ノ相ヲ表スナリ。

（同右）

(23) 応永年間の作法が『阿娑縛抄』にみえる。

（前略）次泉処ニ到リ了ヌ。師水辺ノ北ニ向ヒテ蹲居ス。〈散米前ニ置ク。〉

先ヅ火印ヲ結テ𑖨𑖽字ノ明ヲ誦シ、其ノ地ヲ焼キ浄メヨ。

次八葉ノ印ヲ結ビ、𑖪𑖽字ノ明ヲ誦シテ之ヲ洒浄ス。是出水ノ神ヲ請フ為ニ、先ヅ地ヲ浄ムルナリ。

次散米ヲ加持ス。𑖨𑖽。火印。𑖪𑖽。八葉印。暗歩里帝吽発吒《アムホリテイウムハツタ》。〈掬水印ハ洒水ナリ。清浄ノ印ノ如ク、之ヲ加持スルナリ。〉又杵ヲ以テ、阿密里吽発吒明ヲ誦シ之ヲ加持ス。

又施飲食須弥王甘露一字心印ノ明ヲ用ヒ、之ヲ加持ス。

次勧請。左拳風指鉤。〈示シテ云ク。之ヲ召ス。〉阿播鉢多《アハハタ》曳ソハカ。帰命有リ。

次散米。

阿演都泥嚩《エンドデイバ》・左誐素羅《シヤギヤソラ》緊那羅《キンナラ》・々々・鑠迦羅那野《シヤキヤラナヤ》・鉢羅《ハラ》〻〻達磨《タルマ》蘖哩《ギヤリ》多地《タヂ》迦羅《キヤラ》・尾達磨《ビタルマ》・左鉢羅《シヤハラ》捨磨《シヤマ》操企《サウキ》也《ヤ》・你銘多《ネイメイタ》部多《ホタ》銘多《メイタ》・鉢羅《ハラ》迦捨《キヤシヤ》夜但你《ヤタニ》・賀室羅《カシラ》摩拏也《マナヤ》・駄給《タカン》。

次心経。諦縁度。

次啓白。

敬ミテ教主・大日如来、四方四仏、三部五部海会聖衆、殊ニハ此ノ所ノ水神ニ白テ言ク。今、信心ノ弟子、両部大法ノ奥旨ヲ学ビ得テ、五瓶灌頂ノ真位ヲ受ケント欲ス。仰ギ乞ヒ願ハクハ、水神此ノ水ヲ許シ、三摩耶ヲ成就シ、所求ノ願ヲ円満セシメ給へ。

次懺悔謝偈。次発遣。次被甲。三部ヲ用ヒズ。

次資ハ水ヲ汲ム。師ハ即チ流ノ底ノミニ於テ𑖨𑖽字ヲ観ジ、流ノ上ニ𑖪𑖽字ヲ観ゼヨ。之ヲ汲マシム。

○示シテ云ク。先ヅ水灑ヲ洗ヒ、水瓶ノ口ニ充テ、水ヲ汲ミ入ル、ナリ。満チ了テ、樒葉ヲ以テ口ヲ塞グ。次承仕水ヲ汲ミ、閼伽桶ニ入ル、ナリ。

次還ル時、資ハ水ヲ持チ前ニ行ク。師ハ後ヲ行ク。

次水ヲ柵ニ安ズルノ後、杵ヲ以テ不動・降三世ノ二明王ヲ誦シテ、之ヲ加持セヨ。

○示シテ云ク。然ル後水瓶ノ水ヲバ道場内ニ置ク。

決ニ云ク。金界ニ別水ヲ汲マズ。
○修両夜ト雖モ別水ヲ汲マズ。瓶水之ヲ替ヘズ。云云。（『取水作法』）

(24) 一、天台南岳記ニ此ノ法ヲ修シ玉ヘリ。天台御入滅ノ時、水瓶ノ中ヨリ弁天出デテ虚空ニ去リ玉ヘリ。天台啓白シテ云ク。願クハ住世滅後ノ衆ヲ擁護シ玉ヘト云ヘリ。之ニ依テ、此ノ尊ノ左ノ目ヲ願ヒ玉ヘト云云。其ノ福力ニ依テ、天台ノ教法ハ世世ニ流布シ繁昌スルナリ。一義ニ云ク。天台ノ啓白ニ依テ瓶中ニ還リ入リヌ云云。（『渓嵐拾葉集』「真言秘奥抄」）

(25) 冨倉徳次郎は「『平家灌頂巻』の意味」と題する解説（註8参照）で、まず灌頂巻が平曲で秘事とせられたこと、館山漸之進著『平家音楽史』によればその伝授の古法は精進潔斎など厳重を極めたことを指摘する。そして灌頂巻に「『平家物語』の仏教文学的性格がはっきりと示されており」、灌頂という言葉は平曲の秘事であることのほかに「この巻の内容の特殊性を示している」とする。そして、仏教での灌頂には結縁灌頂と伝法灌頂があるとした後、次のように灌頂巻の意味を見定めようとする。

ここで灌頂という語の意味について考えると、……この語が音楽道にも用いられたのは古くからあることで、その場合は音楽の上の一つの位置を授与する意味を持つもので、すなわち伝法灌頂の意なのである。平曲においてもこの「灌頂巻」の灌頂の意味はまた同様で、平曲伝授の上で、この巻が最も深い秘事とされ、これを伝授されることによって、一つの位置が認められるところから、この巻を「灌頂巻」といったといえるのである。

しかし、この「灌頂巻」が、平曲の上でそうした意味を持つに至ったのは、この巻の語り口に特殊の曲節があるというだけではなくて、その内容が、いわゆる秘事と呼ばれるものが持っている特殊性、この場合は『平家物語』全体が持っている仏教文学性のきわめて見事な表出を示しているということにもよるのである。その点からいって、この「灌頂巻」という呼名の持つニュアンスも見遁してはならないと思う。

本稿は、右の「灌頂巻」という「呼名の持つニュアンス」に形と意味を与えようとしたともいえる。したがって「灌頂巻」の「灌頂」は、秘事の伝法灌頂から由来するにしても、中世のさまざまな灌頂をめぐる、ぬきさしならない信仰の諸相の相承と無縁でない。

（26）櫛田良洪は『続真言密教成立過程の研究』（一九七九、山喜房仏書林）「前編　第三章　覚鑁の新義教学」の中で、真言密教の側に立って龍女成仏について言及している。すなわち「真言密教には変成男子説や、龍女成仏説の如きものを容認していなかった」とし、そうした説が「男女の差別」を前提とするものであること、覚鑁は「頓成菩提の道に女性の障りあることを告げていない」とし、平等な「人間観の本質」を「先駆」的と評価する。こうした見解は、鎌倉新仏教における女人往生思想のあり方に対して、一定の批判力を有しよう。けれども本論中で検証してきたように、中世の山門教学における龍女成仏に女人往生というモチーフは希薄であった。顕・密両義にわたる即身成仏のドラマトゥルギーと異類の灌頂という問題は、女人成仏という枠を大きく越えた中世の信仰世界の深さとスケールの大きさを示すものといえる。

（27）『法華経』の龍女の、中世における活躍と華麗な転身はこれに尽きるものではない。山門の龍女よりも、むしろ厳島明神や醍醐の清滝権現と習合した龍女像が有名である。それは主として龍女の妹たち（時に弟も）をめぐって展開されるのであり、宗教文芸や寺社の縁起を媒体としてかなりの広がりをみせていった。この問題をめぐっては田中貴子「古典文学にみる竜女成仏」（『国文学　解釈と鑑賞』一九九一年五月号、至文堂）、同「竜女の妹」（『国文学攷』第一一〇号、一九八六年六月。同著『外法と愛法の中世』［一九九三、砂子屋書房］所収）がある。

Ⅳ　異類と双身

（1）即位灌頂に関する近年の主要な研究成果としては以下のものがある。伊藤正義「慈童説話考」（『国語国文』四九巻一一号、一九八〇年十一月、京都大学国文学会）、阿部泰郎「慈童説話の形成」（『国語国文』六

〇〇、六〇一号、一九八四年八月、京都大学国文学会)、同「中世王権と中世日本紀」(『日本文学』三八三号、一九八五年五月)、同「『大織冠』の成立」(『幸若舞曲研究』四巻、一九八六、三弥井書店)、同「『入鹿』の成立」(『芸能史研究』六九号、一九八〇年四月、芸能史研究会)、同「宝珠と王権」(『日本思想2』「岩波講座・東洋思想」一六巻、一九八九)、同「即位法の儀礼と縁起」(『創造の世界』七三号、一九九〇年二月、小学館)、上川通夫「中世の即位儀礼と仏教」(『天皇代替り儀式の歴史的展開』一九八九、柏書房)、桜井好朗「北畠親房と即位灌頂」(『日本歴史』五〇〇号、一九九〇年一月、吉川弘文館)など。

(2)註1伊藤正義「慈童説話考」に、資料十七として紹介されている。宮内庁書陵部本「冬良公記」も同資料とのこと。

(3)この点に関しては、註1上川論文を参照のこと。

(4)宝永六年(一七〇九)に受禅した中御門天皇が、翌年東山院の意向で即位灌頂を行なった際に、摂政一条冬嗣が筆写、それを他の者が写したもの。冬嗣の識語を掲げておく。(ちなみに中世末以来廃絶されていた大嘗祭は、貞享四年[一六八七]の東山天皇の即位で再興されたが、次の中御門天皇でまた中断した。)

於彼印明有不審者、不謂其子細可尋東寺山門法師也。吉水僧正自筆抄今度乱逆於一条文庫令紛失畢。頗以無念也。但写本者竹内僧正所持之由、相語之令借用可披見事也。

右者
東山院御譲位
当今御即位後依
仙洞之令旨有灌頂時、一条前摂政歎之顕此文

(5)註1伊藤正義論文付載の資料十三による。

(6)『[illegible]《ビゼイ》別』と題される書の、上帖末尾に付載されている。

(7)三﨑良周『台密の研究』第二編七章「蘇悉地の源流と展開」(一九八八、創文社)。

（8）慈円の霊夢と玉女の意味については、拙稿「幼主と『玉女』」（『月刊百科』三一三号、一九八八年十一月、平凡社）。
また田中貴子「〈玉女〉の成立と限界」（シリーズ　女性と仏教4『巫と女神』一九八九、平凡社）。
（9）夢想が、しばしば慈円にとって思想的転回の鍵となった点については、拙稿「霊告をめぐる慈円の精神史的一考察」（『寺小屋語学文化研究所論叢』二号、一九八三）。
（10）百瀬今朝雄「元徳元年の『中宮御懐妊』」（『金沢文庫研究』二七四号、一九八五年三月）。
（11）網野善彦『異形の王権』（一九八六、平凡社）。なお網野の仕事に触発されながら、スリリングな日本国家論と文化論を提出したのは、中沢新一『悪党的思考』（一九八八、平凡社）である。その中心ともいうべき「黄色い狐の王」はダキニ―辰狐王を主人公として王権の秘密に迫ろうとするもの（拙稿「疾駆する〈知〉、あるいは『黄色い狐の王』へ」『図書新聞』一九八八年九月三日）であり、本稿のモチーフとも重なっている。なかでもチベットのダーキニとの差異に目を配りつつ、日本的マンダラ思考へ言及していくあたりは興味深いものがある。が、辰狐王を「黄色い狐」として自然―大地に結びつけていく構造はやや一面的といえよう。
（12）『阿娑縛抄』「歓喜天」にも、「口決」として同様の話がみえる。
（13）永和三年（一三七七）の『半天婆羅門法』（叡山文庫蔵）によれば、半天婆羅門とは、「半天婆羅門仙」と呼ばれる餓鬼・霊鬼であり、その法は、「半天浄行法」という一種の「福徳法」であった。
可レ想。壇ノ中心ニ有リ二荷葉座一。々上ニ有リ二如々塵垢一。𑖀字々反シテ成ル二宝鉢一ト。々反シテ成ル二半天波羅門仙一ト。疲羸黒色形ニシテ左ノ手ニ持シ二宝鉢一ヲ、右ノ手ヲ置ク二膝ノ上一ニ。自リレ口出シ二火炎一ヲ无量ノ眷属前後ニ囲繞セリ。
（14）この問題に関し、神祇信仰の変貌という観点からは、拙稿「鬼界が島説話と中世神祇信仰」（註I(30)、II(16)、III(14)参照）で、また幼少／女／畜類という、三つの劣性を負う『法華経』の龍女における成仏の中世的展開としては、本書IIIで論じた。

(15) 速水侑『平安貴族社会と仏教』一章四節「院政期における秘密修法」（一九七五、吉川弘文館）。
(16) 註1阿部泰郎「宝珠と王権」三章「舎利／宝珠／愛染王」。
(17)「オビシャ」などと呼ばれる年頭の弓神事のうち、三本足の烏（また烏と兎一対）を射る行事は、民間習俗における太陽信仰の広がりを示す。萩原法子「オビシャにみる太陽信仰——三本足の烏を射る」（季刊『自然と文化』33、一九九一年夏季号、特集「柱のダイナミズム」観光資源保護財団）。
(18) 幼帝と天皇輔佐論をめぐっては、註8拙稿「幼主と『玉女』」参照。
(19)『渓嵐拾葉集』巻第二十三「五秘密事」には、愛染明王＝平等王を閻魔王とみなす説が見える。その場合、愛染王の第三の左手に持つ「第八識」は、閻魔王の持つ人頭幢《にんずどう》（頭骨）に通う。

問フ。平等王名義如何。答フ。閻魔王住シテ二生死涅槃両際一ニ記二善悪一示二軽重一。愛染王第八識ノ上ニ所現ノ体相也。第八識染浄真妄総識也。閻魔ト愛染共ニ第八識所具故云二平等王一也。[illegible]王ノ持ス彼手ハ第八識也。閻魔王ノ浄頗梨鏡又第八識所具也。人頭幢切レバレ頸則死ス。頭ハ魂也。可レ思レ之。彼ノ手ノ拳ノ中ニ持ス二一切所求物一。一切所求ノ心即第八識中ニ熏レ之。仍第八識即持二彼手一也云云已上。

(20) 次節で扱う『鼻帰書』には、内宮を愛染明王、外宮を不動明王とする説がみえる。それには「一仏二明王」（大日如来と不動・愛染）の習いも関係していようが、次のような「日ノ愛染・月ノ不動」説も見逃せない。

建暦元年（一二一一）五月四日、叡山の大懺法院で慈円の弟子慈賢は、宿曜師・珍作法橋に尋ねた。「先日あなたが慈鎮和尚に話されていた日と月に所在のものについて御意見を伺いたい」。すると珍作は次のように答えている。

非二別事一。以二凡夫ノ肉眼一ヲ奉レルレ見二生身ノ仏一ヲ也。日ノ愛染、月ノ不動ト申テ日輪ノ中ニハ愛染王ノ現ニ御座スル也。……日ノ愛染、月ノ不動ト云事ハ大集経ニ見タリトツ承ル云云。世俗ニハ日ノ烏、月ノ兎ト申ス。（『四帖秘決』第四）

こうした所伝と、内宮を日天子、外宮を月天子とする説が結びつき、上記の本地説が生まれたと考えられる。

(21) 第一は羯羅藍《からん》位。和合、凝滑膜。第二は頞部曇《あぶどん》位。皰。第三は閉尸《へいし》位。血肉。第四は鍵南《けんなん》位。堅肉、肉団。第五は鉢《ば》羅《ら》奢佉《しやきや》位。支節、形位。

なお胎内五位の思想と胞衣《えな》が結びついて、独自の荒神信仰が生まれてもいる。拙稿「宇賀神王――その中世的様態――叡山における弁才天信仰をめぐって」一章「宇賀神経と荒神祭文」（『神語り研究』第三号、のち『異神』所収。註I(5)参照。

(22) 立川流については、水原堯榮『邪教立川流の研究』（一九二三、冨山房書店）、守山正真『立川邪教の社会的背景』（一九七〇、鹿野苑）、櫛田良洪『真言密教成立過程の研究』第二編四章「邪流思想の展開」（一九六四、山喜房仏書林）などがある。

(23) 前註櫛田著『真言密教成立過程の研究』第二編第三章「神道思想の受容」。

(24) 伊勢灌頂は、後出註26、註28のテキストにも見られるが、『修験深秘行法符咒集』より引用した。

(25) 「伊勢ノ御神体事」に見える蛇体説をめぐっては、拙稿「『鼻帰書』をめぐって」(3)（「心の御柱と中世的世界」連載第15回、『春秋』三二二号、一九九〇年十月、春秋社）参照。また愛染明王が蛇形として表わされる点については、註21の拙稿「宇賀神王――その中世的様態」三章「弁才天灌頂」（のち『異神』所収）を参照。

(26) 『神道灌頂修軌』によれば、関白流の「灌頂授次第」は以下の通り。

先三種神祇印明　次諸社口決　次御神楽法　次藤家汀　次伊勢灌頂　次奥沙汀　次即位灌頂
次正灌頂　次登壇神器灌頂

(27) 『神祇灌頂私記』（叡山文庫蔵）に載る三輪流の「奥旨灌頂」（「筑波灌頂」）は、受者が左手に「八《や》咫鏡《たのかがみ》」を、右手に「天逆鉾《あめのさかほこ》」を持し、「筑波山」に見立てられた壇に腰を懸けるという、無印無明の灌頂である。

このとき天逆鉾を持つのは、「自身即チ天照大神ナレハ、此ノ鉾ヲ以テ海底ニ下シテ日本国ヲ捜リ出ス意ナリ」とされる。

(28) 叡山文庫蔵『天地灌頂記』(全二冊。第一冊には永禄十一年〔一五六八〕の年記がある。)による。同書の相伝(第二冊)では、天岩戸灌頂は以下の灌頂のうち、初夜第三重の灌頂として修せられる。

伊勢灌頂　天地灌頂　天岩戸灌頂　神金灌頂　宝剣灌頂　内侍処灌頂

(29) 註28。初夜第二重の実修である。

(30) 伊勢ノ内宮ハ可レ成二女体一ナル。即男体ニ而《シテ》有リ二御鎮座一。内宮ハ即陰也。外宮ハ可二男体即女体ニ而《シテ》有御鎮座一。外即陽也。然ニ陰陽各別ノ時左ナリ右ナリ金ナリ胎ナリ天ナリ地ナリ。陰陽不二時ハ即一致也。蘇悉地ナリ。伊勢両宮不二也云云。伝云。夜ハ陽神成陰神一、昼陰神成陽神。夜ハ即外宮有リ二内宮御鎮座一。昼《ヒル》ハ即内宮忍《イマ》ス二外宮ニ御鎮座一。是両部不二蘇悉地・山門ノ意ナリ云云。

(31) 辰狐と同様に、観音の化現であり、如意宝珠を本体とした福徳の尊があった。世に「宇賀弁才天」、また「宇賀神王」と呼ばれる。辰狐＝ダキニ天の〝狐〟に対し、宇賀神王のイコンは〝蛇〟(龍)であった。両者とも日本中世が産み出した幻獣であり、異神ということができよう。註21拙稿「宇賀神王——その中世的様態」参照。

(32)『神道灌頂印信口決』(叡山文庫蔵)の「即位灌頂手文」には、次の一節がみえる。

右到二即位灌頂一則世人等同二帝王位一、出家等同二覚位仏一。故世人望二此壇一祭二王座一。凡身即位ノ表示也ト云云。唯秘ゝゝ。

また註26で示したように、関白流における六重の神祇灌頂では、第四重に即位灌頂が修される。

(33)『天照太神口決』は『無題記』とも称され、「一、御心柱」「二、子良ノ子」「三、社殿作」の「三箇ノ大事」を中心とする。また久保田収『神道史の研究』(一九七三、皇学館大学)によれば、『鼻帰書』は、同書の影響下に成立したと推定されている。その『鼻帰書』は、「辰狐法」が摂籙より後宇多上皇に伝授され(註1桜井好朗「北畠親房と即位灌頂」)、さらに三宝院道順から外宮世義《せぎ》寺《でら》の治部律師、それより智円律師への相伝の経緯を記す。この間の事情については、註1の伊藤正義「慈童説話考」、及び阿部泰郎「宝珠と王権」も参照されたい。

なお『鼻帰書』に見られる心の御柱信仰については、拙稿「『鼻帰書』をめぐって」(1)～(4)（「心の御柱と中世的世界」連載第13～16回、（『春秋』三一七、三一九、三二二、三二三号、一九九〇、春秋社）参照。

(34) 伊勢内宮・外宮の日々の神饌は、この御饌殿のみで供進するという特殊な形をとる。それは、アマテラスの夢告によって、大神の御饌《みけ》都神《つのかみ》として丹波国から豊受大神が勧請され、このとき作られた御饌殿で、朝・夕に大御饌を供奉することになったとの社伝に由来する（『止由気宮儀式帳』）。

(35) 内宮―大物忌・宮守《みやもり》物忌・地祭《とこまつり》物忌・酒作《さかとく》物忌・清酒作《きよさけつくり》物忌・滝祭《たきまつり》物忌・御塩《みさき》焼物忌・土師器《はじのうつわ》作物忌・山向《やまげ》物忌。外宮―大物忌・御炊《みかしぎ》物忌・御塩焼物忌・菅裁《すがだち》物忌・根倉《ねくら》物忌・高宮《たかのみや》物忌。なお古代国家の女性司祭者と物忌との共通性に関しては、岡田精司「宮廷巫女の実態」（『日本女性史1』一九八二、東京大学出版会）参照のこと。

(36) 拙稿「心の御柱祭祀」(中)、「心の御柱と中世的世界」連載第3回（『春秋』三〇四号、一九八八年十二月、春秋社）。

(37) 一、速懸者。

近年号二速懸一、称二未レ死之由一送レ野。就レ之重々無レ謂事等有レ之。導師僧着レ笠打レ輪。役人等着二浄衣一、引レ馬秉二松明一、於レ野導師読二咒願文一。不レ替二死人之葬一、為レ遁二触穢一、結構之至也。（『永正記』上）

死葬仮服

神都にて所縁のものへ死を告るに、先あらはにせず、何某事唯今病気重り候といふ。翌日を待す。即日墓に送り、其帰路より喪服を着し忌服にかゝる、是をハヤガケの葬といひ、墓に至る迄は存生の状なり。……昔は夜陰のみ送りし故、彼ハヤガケ白昼に送るといへど提灯松明《タイマツ》を持せり。乗輿《ノリモノ》の婦人は駕のうへに市女笠をおく。又女房達といふもの練衣を着、此笠をかうぶる。其状甚古朴なり。（『宮川夜話草』巻之四）

(38) 右肩と左肩に御饌をのせて運ぶこうした所作は、ひょっとしたら辰狐法の「左右ノ肩ニカクル印」（のごときもの）のアクションと関係があるかもしれない。

(39) 岡田荘司「大嘗祭」（『国学院雑誌』一九八九年十二月号、国学院大学）、安江和宣「『江記』天仁大嘗会記事の検討」（『神道古典研究』会報一一号、一九八九年十二月）。

(40) 外宮・調御倉の信仰形態については、拙稿「『鼻帰書』をめぐって(1)——酒殿と弁才天」（「心の御柱と中世的世界」連載第13回、『春秋』三一七号、一九九〇年八月、春秋社）。

(41) 度会家行『類聚神祇本源』「外宮別宮篇」には「三狐神」（サンクシム）の訓がみえる。ここで注意されるのは、伊勢の天文本『神楽歌』にみえる「さんくうしの哥」の「さんくうし」である。これは従来「三宮《サンクウ》神」の字が宛てられているが「三狐神《サンクシン》」であろう。ちなみに次は「天おうの哥」で牛頭天王・八王子が歌われるが、『大大御神楽次第』の外宮第十五は「三狐神八王子ノ段」で天文本神楽歌と対応している。伊勢大大神楽の研究においても、三狐神の存在が見逃せない。次に「さんくうしの哥」の一部をあげておく。

(前略) かうつちひしり　なつのさんくうし　たしからのさんくうし　こさのさんくうし　そらのさんくうし　ちのさんくうし　ミねのさんくうし　しよ〳〵のさんくうし　かきこしのさんくうし　むらのさんくうしに千世の御神楽まいらする　ほめきこしめせ玉のほうてん

（本田安次『伊勢神楽歌考』一九八八、錦正社）

(42) 外宮所轄の倉の一つ「御稲御倉」も注意される。この倉は三節祭及び朝夕の御饌のための御稲を納める倉だが、やがて「御機殿」と呼ばれるようになった。それは九月の神嘗祭用に母良や織女がこの倉で御衣を織るからであった。倉—稲—機殿—織女の繋がりから、御稲御倉にも狐霊信仰の影がちらつく。

(43) 稲荷信仰では、「天狐《テンコ》」「空狐《クウコ》」「地狐《チコ》」を「三狐神《サンコシン》」の神号とし、これに「白狐《ビャクコ》」と「吾紫霊《アシレイ》」を加えて「五狐神《ゴコシン》」とした祝詞を作り、祈禱に用いることもあった。なお稲荷信仰全般については、近藤喜博『古代信仰研究』（一九六三、角川書店）などを参照のこと。

(44) 拙稿「中世叡山と摩多羅神」(『遊行』二号、一九八七、青菁社)。のち大幅に改稿して『異神』に所収(註I(5)参照)。

(45) 熊野詣における熊野信仰と稲荷信仰の関係については、本書I参照。

(46) とりわけ注目されるのは、吒枳尼天灌頂である。この灌頂は理法身印・智法身印・五股印・八葉印の四箇印を灌頂の大事とするもので、その極意は『菩提心論』「金剛夜叉品」の「八葉白蓮一肘間　炳現阿字素光色　禅智倶入金剛縛　如来寂静召入智」の頌文にあるとされる(『渓嵐拾葉集』「吒枳尼天秘決」)。ちなみにこの頌文は、立川流が男女冥合の境界を説いたものとして重んじた。

(47) 註14拙稿「鬼界が島説話と中世神祇信仰」。

(48) 註22櫛田良洪『真言密教成立過程の研究』第二編第三章「神道思想の受容」。

なお偽経『吒枳尼栴陀利経』には辰狐王は次のように描かれている。

爾時世尊於テ二宝座ノ上一結跏趺座ス。乃至時従リレ地涌二出ス白辰狐王一。白形色朖満白浄ニシテ如シ二白雁王一ノ。現ジ二頂上ニ孔雀鳥一ヲ、頸ニ懸ク二宇頭ノ宝珠一ヲ。乃至爾時仏言ク。今此会中ニ在リ二一菩薩一。名ヲ為ス二辰狐王菩薩一ト。是則チ貧自在菩薩ノ生身也。虚空天ヨリ下ス二三昧形一ヲ。有リ二六臂一。是利ス二六道衆生一ヲ。

(49) 註8拙稿「幼主と『玉女』」。

(50) 岩田勝『神楽源流考』(一九八三、名著出版)、同編著『中国地方神楽祭文集』(一九九〇、三弥井書店)。

(51) この問題をめぐっては、本書IIIで『平家物語』「灌頂巻」の建礼門院の往生と龍女成仏の中世的展開とを重ね合わせ〝龍女灌頂〟として論じた。

なお、その点と密接に絡む台密の弁才天灌頂については、註21の拙稿「宇賀神王――その中世的様態」三章「弁才天灌頂」を参照。

引用資料所収一覧

本書で引用・言及したテキスト（近世以前のもので活字本となっているもの）のうち、仏教経典などを除いた主な書の所収をあげておく。ただし、幾種も公刊されている本は、代表的な出版物にとどめた。なお『修験道章疏』一〜三は、国会図書館デジタルライブラリーでも公開されている。

修験道及び霊山関係

小笹秘要録　『修験道章疏二』、名著出版
修験道無常用集　『修験道章疏二』、名著出版
彦山修験道秘決灌頂巻　『修験道章疏二』、名著出版
熊野三所権現金峯山金剛蔵王垂跡縁起幷大峯修業伝記　山岳宗教史研究叢書18『修験道史料集〔Ⅱ〕』、名著出版
両峯問答秘鈔　『修験道章疏二』、名著出版
熊野権現金剛蔵王宝殿造功日記　山岳宗教史研究叢書18『修験道史料集〔Ⅱ〕』、名著出版
証菩提山等縁起　『修験道章疏三』、名著出版
金峯山秘密伝　『修験道章疏一』、名著出版
修験秘記略解　『修験道章疏一』、名著出版
修験三十三通記　『修験道章疏二』、名著出版
熊野三所権現王子眷属金剛蔵王本位　山岳宗教史研究叢書18『修験道史料集〔Ⅱ〕』、名著出版

熊野三所権現金峯山金剛蔵王行者御記文　山岳宗教史研究叢書18『修験道史料集〔II〕』、名著出版
立山大縁起　山岳宗教史研究叢書17『修験道史料集〔I〕』、名著出版
峯中次第　神道大系　神社篇三二『出羽三山』
修験極印灌頂法（修験最勝恵印三昧耶極印灌頂法）『修験道章疏一』、名著出版
彦山修験最秘印信口決集　『修験道章疏二』、名著出版
修験深秘行法符咒集　『修験道章疏二』、名著出版
玉置山権現縁起　山岳宗教史研究叢書18『修験道史料集〔II〕』、名著出版
熊野山略記　神道大系　神社篇四三『熊野三山』
熊野草創由来雑集抄　『熊野速玉大社古文書古記録』、清文堂出版
諸山縁起　日本思想大系20『寺社縁起』、岩波書店
神社印信　『修験道章疏一』、名著出版

伊勢神宮及び伊勢神道関係

造伊勢二所太神宮宝基本記　大神宮叢書『度会神道大成』前篇、臨川書店
毎事問　大神宮叢書『神宮随筆大成』前篇、臨川書店
倭姫命世記　日本思想大系19『中世神道論』、岩波書店
伊勢太神宮参詣記　大神宮叢書『神宮参拝記大成』、臨川書店
内宮子良年中諸格雑事記　大神宮叢書『神宮年中行事大成』後篇、臨川書店
外宮子良館祭奠式　大神宮叢書『神宮年中行事大成』後篇、臨川書店
御饌殿事類鈔　大神宮叢書『神宮神事考證』中篇、臨川書店
神名秘書（伊勢二所太神宮神名秘書）　大神宮叢書『度会神道大成』前篇、臨川書店

神祇譜伝図記　大神宮叢書『度会神道大成』前篇、臨川書店
類聚神祇本源　大神宮叢書『度会神道大成』前篇、臨川書店
宮川夜話草　大神宮叢書『神宮随筆大成』後篇、臨川書店
氏経卿記録　神道大系　古典註釈篇８『中臣祓註釋』
元長修祓記　神道大系　古典註釈篇８『中臣祓註釋』
諸祓集（尚重解除鈔）『大祓詞註釈大成』（上）、名著出版
大宮司聞書『大祓詞註釈大成』（上）、名著出版

中世神祇書・神道書
天地神祇審鎮要記　神道大系　論説篇３『天台神道（上）』
中臣祓訓解　日本思想大系19『中世神道論』、岩波書店
中臣祓注抄　神道大系　古典註釈篇８『中臣祓注釋』
諸神本懐集　日本思想大系19『中世神道論』、岩波書店
八幡愚童訓　日本思想大系20『寺社縁起』、岩波書店
野狐加持秘法『稲荷大社由緒記集成』信仰著作篇、伏見稲荷大社
稲荷一流大事『稲荷大社由緒記集成』信仰著作篇、伏見稲荷大社
無題記『稲荷大社由緒記集成』信仰著作篇、伏見稲荷大社
諸社根元記　神祇全書第一輯

天台教学
渓嵐拾葉集　大正新脩大蔵経　七六巻

法華懺法聞書　天台宗全書　一一巻、第一書房
慈鎮和尚夢想記　続天台宗全書　密教三、春秋社
法華経直談鈔　臨川書店（全三冊）
真如観　日本思想大系9『天台本覚論』、岩波書店
瑜祇経聴聞抄　続天台宗全書　密教二、春秋社
四帖秘決　続天台宗全書　密教三、春秋社
阿娑縛抄　大日本仏教全書　三五〜四一冊
寺門伝記補録　大日本仏教全書　一二七冊
往生要集　日本思想大系6『源信』、岩波書店
四十帖決　大正新脩大蔵経　七五巻

文芸／日記／説話／神楽その他
平家物語（延慶本）勉誠社
平家物語（覚一本）　日本古典文学大系32・33、岩波書店
源平盛衰記　国民文庫刊行会（全一巻）／新人物往来社（全六巻）
保元物語　日本古典文学大系31『保元物語　平治物語』、岩波書店
古今著聞集　日本古典文学大系84、岩波書店
梁塵秘抄　日本古典文学大系73『和漢朗詠集　梁塵秘抄』、岩波書店／岩波文庫『梁塵秘抄』
小栗判官『説経正本集』一・二　角川書店／平凡社東洋文庫243『説経節』
新猿楽記　古典文庫66『新猿楽記　雲州消息』、現代思潮社
神道集　角川書店（東洋文庫本）／平凡社東洋文庫94

三国伝記　三弥井書店（上・下）／大日本仏教全書　一四八冊
熊野詣日記（実意）　神道大系　文学篇五『参詣記』
修明門院熊野御幸記　神道大系　文学篇五『参詣記』
熊野行幸日記（定家）　神道大系　文学篇五『参詣記』
太神宮参詣記（通海）　大神宮叢書『神宮参拝記大成』、臨川書店
頼資卿熊野詣記　神道大系　文学篇五『参詣記』
後鳥羽院・修明門院熊野御幸記　神道大系　文学篇五『参詣記』
熊野本宮古記（憲淳僧正熊野山入堂記）　続群書類従　神祇部七六
永正記　群書類従　巻五二四
中右記　増補史料大成　九〜一五巻
山槐記　増補史料大成　二六〜二八巻
沙石集　日本古典文学大系85、岩波書店
神楽註　諏訪史料叢書　巻三〇
諸神勧請段　神道大系　文学篇四『神楽歌』
嶽由来記　神道大系　神社篇二四『美濃・飛騨・信濃國』

その他
法華経（全三冊）　岩波文庫
六月晦大祓　日本古典文学大系1『古事記　祝詞』、岩波書店
延喜式　新訂増補　国史大系二六巻、吉川弘文館
倭名類聚鈔　風間書房

和漢三才図会　日本庶民生活史料集成28・29、三一書房
覚禅鈔　大日本仏教全書　四五～五一冊
拾芥抄　新訂増補　故実叢書　二二
簠簋内伝（簠簋内伝金烏玉兎集）　神道大系　論説篇一六『陰陽道』
宝鏡鈔　大正新脩大蔵経　七七巻

あとがき

『春秋』誌上での連載（「心の御柱と中世的世界」）が終わりに近づいた頃だったと思う。編集担当の鷲尾氏から、これこれ四つの論文で一冊の本にしませんかというお話があった。聞いた当初はとても意外な気がした。なぜならそれらの論稿は、対象領域もアプローチもさまざまで、ひとつのテーマ性のもとに括れるとはとうてい思えなかったからだ。けれども、四本のタイトルを並べあらためて眺めてみると、はっと感じる何かがあった。四つの論が筆者の意図を超えたところでひとつの波動を作り、私に訴えかけてくるような。その時私は――心の御柱論の単行本化や約束していたほかの仕事に優先させても――、最初に出す本はこの本しかないと思い立ったのである。

けれどもいざまとめるとなると、――生来の怠け癖も手伝って――作業はなかなかはかどらなかった。一、三、四章は、旧稿をチェックし、若干の加筆訂正をほどこす程度で済んだが、問題は二章の「浄土入り」であった。鷲尾氏から折にふれ根本的な問題が提出されると、それをキャッチした私が四苦八苦しながら論を組み立て直すという応酬が繰り返され、旧稿を大幅に修正・加筆する結果となった。限られた時間の中、楽ではない作業であったが、おかげで思いもかけぬ発見や論の展開があり、改稿のプロセスはまさしくひとつのドラマであった。こうした「場」を設定し、追い込んでくれた氏に心から感謝する。論がいくばくかでも豊かになったとしたら、氏の挑発と方向付けに負うところが大きい。

それにしても、本書がこのような形をとりえたのは、もとはと言えば各論文を執筆する機会を与えてくれた編集者の方々のおかげである。また文献調査に関しては、貴重な古文書の閲覧を許可してくださった叡山文庫、神宮文庫、大須文庫の各位にも感謝したい（この春、長年お付き合いさせていただいた叡山文庫の福恵文庫長と、職員の小寺さんが急逝された。お二人に本書を見ていただけないのはとても残念だ）。

思えば、「寺小屋教室」という私塾に足を踏み入れ、処女論文「放伐論の系譜と松陰における討幕の論理」（一九七七年、『寺小屋雑誌』第五号）を書いてから早十五年、兵藤裕己・赤坂憲雄氏と『物語・差別・天皇制』（一九八五年、五月社）を共同制作してからもすでに八年が過ぎた（シンポジウムに参加してくれた中上健次氏も、昨夏鬼籍の人となってしまった）。時の流れの速さもさることながら、あの頃は想像だにしなかった方向に、自分の仕事が航行しているのに驚いている。

最後に、遠くから声援を送り続けてくれた大学以来の朋友、研究活動を通じて知り合った諸先輩や仲間たちにもお礼を言いたい。願わくばこのささやかな書が、〈知〉の変革のための一石となりますように。

一九九三年五月

著者

講談社学術文庫版へのあとがき——見知らぬ中世の荒野へ

春秋社『変成譜』の刊行は一九九三年、四半世紀前になる。当時の担当編集者鷲尾徹太氏との共闘の産物といえる。「変成」と「(系)譜」。この結ぼれが命題であり、問いかけ、挑戦だった。

第一章「熊野詣」、第二章「大神楽「浄土入り」」、第三章「龍女の成仏」、第四章「異類と双身」。起・承・転・結を狙ったわけではないが、俯瞰してみると、四つの章はゆるやかな弧を描いて連動し、次の新たな地平がひらかれる。

『変成譜』は二〇〇〇年に廉価版で再刊されたが、ほどなく書店から姿を消した。拙著『中世神話』(岩波新書)がなかだちで、『変成譜』の復刊をもちかけてくれたのは、講談社学術文庫の今岡雅依子さん。彼女の執念と熱情で、企画の実現がかなった。

データがないため、打ち込みに始まった文庫化作業の終盤、山のような校正ゲラが届けられ、再読からスタート。先達は今岡さんで、私は一読者として、それに追随した格好だ。何しろ年月が経っているし、世の中の状況も違う。古びていたら、面白くなかったらどうしよう……。けれどそれは、杞憂だった。化石に見えた中世のロゴスと儀礼の世界は、たちまち色彩を取り戻して現前し、声々を放った。二十五年前の私は、水先案内人の一人だったにすぎない。

〈知〉と〈信〉の相乗するドラマ。その身ぶり、ふるまいのなんという豊かさ。おそろしく深く彼らは思索し、文書の注釈活動に身命をかけ、論理と言葉を紡ぎだし、独創的な儀礼や芸能のシナリオを案出、実践した。はたして私たちは、彼らがまなざしていた他界性と超越性を望見できるだろうか。

たとえば熊野詣。難行苦行を積み重ねての、長い参詣途次。それを三十数回も体験した上皇や貴族の思いなんぞ、想像の域を超えている。なぜそこまでして熊野を目指したのか。その魅力は何だったのか——。一方、奥三河の大神楽では、生まれた瞬間から、一生涯のスパンでイニシエーションが計画されるという途方もなさだ。実現できるかどうか、確証はない。人生をつらぬく賭けでもあり、成否はみえない力に委ねられている。

こうした中世びとの壮大な構想力と宗教実践を、文庫本という容れ物で、今の世に投げ出してみたい、というのが新装版『変成譜』の狙いである。そもそも、中世びとってすごいなあと、驚嘆しながら書いたのが『変成譜』のなりたちだった。難解そうな引用の森に分け入れば、「哲学」と「詩」が「双身」をなす、鬱蒼たる魅惑の荒野が広がる。スマホに閉じ込められ、すべて画像と化した現代だからこそ、追体験してみる価値はあるはずだ。

「中世神仏習合の世界」という副題は、タイトル『変成譜』が馴染みにくいので、解説風に付けた。もちろん教理ではなく、神仏習合を「動きとして捉えた」との今岡さんの評言が的を射ている。

原本のカバーデザインにあやかって、文庫版の表紙にも「辰狐」が宙を舞う。きつねにして狐にあらざるもの、幻獣のイコン像。妖しい女天や咥《くわ》えた金剛杵《こんごうしょ》も一体のものだ。だからこそ「辰狐」は定義化を拒み、異類、畜生、狐、野干、ダキニの間を自由に往き来して、あざやかな姿態変換《メタモルフォーゼ》を演じてみせる。

現代のこの今に、「辰狐」が跋扈しますように。本書を手にした新しい読者によって、豊饒なる中世の荒野が目を覚まし、ざわめき出しますように。

*

今岡さんと校閲担当の方の精緻でねばり強い取り組みには、敬服の念と感謝あるのみ。一語一句舐めるように本文をたどる中、校正ゲラには、厖大なチェックメモが入り、大小多くの付箋の旗が立った。また私塾「成城寺小屋講座」の仲間、芥川隆信さんの惜しみない協力にも助けられた。

こうして原著に多くあった誤記・遺漏が細やかに訂正され、付録の「大神楽次第対照表」の一部も整理・修正することができた。その意味でも、『変成譜』はただの復刊ではなく、よみがえったといえる。（なお文庫化に際して、一部直しを入れ、読み易くしたが、内容は変えていない。）『変成譜』は刊行後、藤井貞和氏、彌永信美氏、宮田登氏、桜井好朗氏、十川治江氏らに素敵な書評をいただいた。今回、読み返して大いに励みとなったことも記しておきたい。

最後になるが、快く文庫化をお許しくださった春秋社に感謝申し上げる。来年度、同社から摩多羅神の拙著を出す予定だが、その最終章は、『変成譜』第二章「大神楽「浄土入り」」の続編、展開版である。それも奇遇か、狐のいたずらか、はたまた『変成譜』の運命か。いずれにせよ、親元へのいささかの恩返しになれば嬉しい限りだ。

二〇一八年六月二十日

山本ひろ子

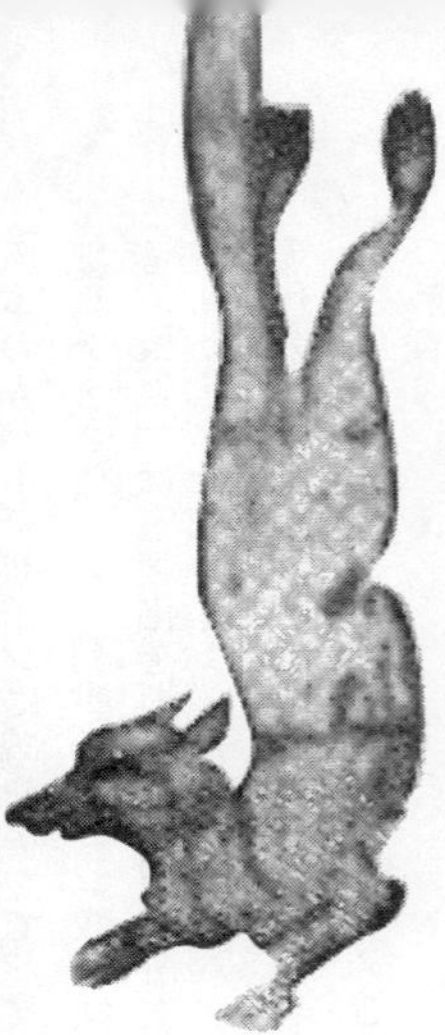

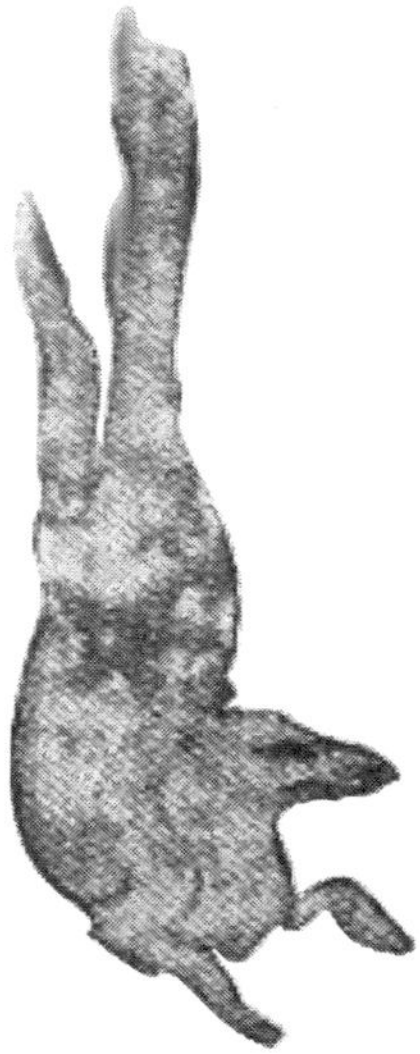

大神楽次第対照表

第一日

＊次第の番号は仮に付した。明暦本以後の次第順が前後しているのは天正本（ないしはより古い形）に従って並べかえたためである。

三沢・天正九（一五八一）	三沢・明暦二（一六五六）	三沢・正徳二（一七一二）	下黒川・正徳二（一七一二）	古戸・天保十一（一八四〇）	下黒川・安政三（一八五六）	古真立・明治五（一八七二）
［神事］						
						（こうぬし祭り）
						1へつゐ清め
1志めをおろし	1しめおろし	1しめをろし	1しめおろし之事	(14)	1志めおろしの事	2しめ下し
2市のはらひ	2市はらひ	2いちのはらひ	2壱之祓之事		2壱の祓の事	3壱之祓
3かたな立之事	3かたな立	3かたなだて	6刀立之事		3刀立の事	4かたな立
4きるめの王神祈	4きるめのおうじ	4きるめのをうじ	7きる目の王子	8切目王子	4きるめの王子	15きる目の王子
5御神酒ヲ献祭	5御かいむかい	5御かいむかい	御かひ向ひ			5御かいほがい
	6むねまつり			3棟祭り		10棟祭
6屋やへ入ル事	8へや入事	7へやいりこと	9部屋入之事	2へ屋入	6部屋入	12部屋入り
7四方堅メ行事	7しほうかため	6しほをかためる	8四方門を堅事	1四方門	5四方門	7四方門
8待宮津しの祭の事	9つしのまつり					16つしの祭
	10ゑくうお祭り	8ゑくうお祭へし	10ゑ宮を祭る事		7ゑ宮を祭る事	6ゑ宮祭
9滝おりの事	12たきおり事	9たきをり事	11滝をり之事	4滝おり	8滝をり	8滝折
10他方お祭申事	11たかたをまつり	10たかたを祭へし	3高根を祭る事	5たかね祭	9高根祭り	9高根祭
	13神座のしめはり					
11惣志めを張り	15しめおろし	11そうしめ	4惣しめ之事	6惣注連下し	10惣しめの事	
12ぶたひを張ル事	14ぶたひはるへし	12ぶたひをはるへし	5舞屋を清むる事	7舞土をはる事	11舞戸を張る事	11舞台を張る事
						13神座渡り
	16やまを立					17山立

	17嶋をまつり					18島祭り
						19しめ下し
						20なりもの
	18座なほり					21座直り
13おり立御祓行	19おり立ちはらい	13をりたちはらい	12折立祓之事	9おり立祓	12折立祓の事	22折立祓
14惣かいむかひの御神酒	20そうかいむかい	14そうかいむかい	13惣かい向ひ	10惣かい迎	13惣かい向ひ 神ひろいす	23相かいほがい
						24舞戸四方門
15天狗打 天家のしずめ行	21したに天くんを打つ	15天王うつ事	14天を打事	11天を打つ事	14天を打つ事	14天を打つ事
	22天かくのしすめ					
【楽・舞と湯立て】						
16堂のはやし	25とうのはやし	16とうのはやし	16とうごはやし事	13とうごはやし	16とうごばやし	27どうのはやし
					ごすごりよう	
17がく舞	23かくのまい	17がくのまい	15楽之舞之事	12かくの舞	15楽の舞	25楽の舞
	24神をろし					
18小木ひろひ	26こきひろい	19こきひろい				28こぎ
				14しめおろし		
19地堅メ	29じがため	20じかため	18地堅め之事	16地がため	18地固めの舞	30地がため
20しきさんばす	27しきさんば	18しきさんは	17四季三番事	15しき三ばん	17式さんば	26式三番
						29旦那の舞
			19順之舞之事		19順の舞	31ずんの舞
21市の舞	28いちのまい	22いちのまい	20市之舞之事	17一の舞	20壱の舞	33壱の舞
	31山み出し			19山見	21山見鬼	
	32花のまい	21はなのまい	24花之舞之事	18花の舞	24花の舞	34花の舞
22ひとくら遊び	34ひとくらあすび	23ひとくうあすび	21ひとくら遊び			32ひとくらあそび
23ごすごりょう	33ごんすごりやう	24こすこりやう	22御す御料之事		22御すご料	35ごんすごりやう

三沢・天正九	三沢・明暦二	三沢・正徳二	下黒川・正徳二	古戸・天保十一	下黒川・安政三	古真立・明治五
24おりいの遊西東	37おりいのあすび	25をりのあすひ東	23をり居の遊び西	22おりいの遊	23をりいの遊び	42折居のあそび
		西	東			
	38さかきおに出し			21榊鬼	26榊鬼	37榊鬼
25三ツ舞	35三ツ舞	26みつまい	25三ツ舞之事	20三ツ舞	25三つ舞	36三ツ舞
					27湯ばやし	65湯ばやし
26御湯立東西	30おゆ立へし	27をゆたての事西	26御湯の事		28湯立ての事	39湯立
		東				
	36おゆ立					38湯の大事
27四ツ舞	41四ツ舞		(44)	(40)		(68)
						41舞おろし
28ゆ境		28ゆさかいニ	27湯境に		29湯境に能あり	43湯さかいの事
御能する	39ねぎ	のうある	能あり	24ねぎ	30禰宜	66ひの禰宜
	みこ出し			25みこ	巫	67能をすべし
	40かまあらい		28釜洗ひの事	23釜あらひ		
	41おきな出し			26おきな	31翁	64翁
	42中とめはらい					
	43しめおろし					

［生まれ子（清まり・しめきり越し）］

三沢・天正九	三沢・明暦二	三沢・正徳二	下黒川・正徳二	古戸・天保十一	下黒川・安政三	古真立・明治五
						44生清りの事
29山お立て	44やまを立へし	29やまをたてへし	29山を立可事		32山を立てる事	
30山おまつるべし	45しまをまつり	30やまをまつるへし				
31山おたづね	46やまをたづねへし	31やまをたつねへし	30山を尋可事	27山をたづぬる	33山を尋ねる事	45山たづねのこと
32山お売買事	47山をうりかうへし	32やまをうりかうへし				
33御なこう人の事	48なかうと事	33なこうと事	31中人之事	28なかうど	34仲人の事	46中人の事

34津はり物	49つはり物也	34つはりもの	32悪理物之事	29つくり物	35つわりものの事	47おつわり物の
35生子	50生子ニ うぶゆひく	35うまれこの たきをり	33生れ子之事 うぶ湯	30生子事	36生子の 生湯の事	48生子の 産湯を引く事
	51生子かみそろい					
	52女子のかかみに					
	53生子のうぶちあ ろしのしめ					
36滝おり						
37滝しめのこと		36たきしめの事	34滝しめの事	31たきしめの事	37滝しめの事	49産しめ開く事
38にわ志め事		37二はしめ	35にわしめの次第	32にわしめの次第	38庭しめの事	
39ぶつきりやうひ らくべし	54ぶつきりやうの しめ	38ぶつきりやうひ らくへし				50ぶつきりやう
			36恩徳勝負 こうかづら	33おんどくしやう	39おんどくしよう ぶの事 こうかずら渡し	
				34かうかづら渡し		52かうかづら渡し
			37四季の牛王	35かうわたし	40四季の牛王わた し	53しきの牛王渡し
40若子のしめ	55若子のしめ	39わかこのしめ	38若子のしめ	36若子のしめ	41若子のしめ	54若子のしめ
						56山立
						57島祭
						58〆下し
						59なりもの
41へんばい	56へんはいふむ	40へんはい事	39返拝	37へんばい	42返拝	60しづめのへんば い
				39土公神祭		62土公祭
42かりおすべし	57かりこうすへし	41かりこうすへし				61かりごりやう
43惣しめおひらく	58惣しめ開	42そうしめ開	40惣しめを開くべ し	38並しめ引	43惣しめを開くべ し	51惣しめを開く事

三沢・天正九	三沢・明暦二	三沢・正徳二	下黒川・正徳二	古戸・天保十一	下黒川・安政三	古真立・明治五
44すひしやくの遊び	59すひしやくのあすひ	43すいしやくのあすひ				
			41しめ切越之事		44しめ切越の事	55四目切越の事
［終結］						
45火ぶせ	60ひぶせの大事	44ひぶせの大事				
46旦那エ御湯ヲつかわす也	61だんなニゆをつかはす	45たんなニゆをつかわす	42旦那に湯につかわすること		45旦那に湯をつかわすこと	40旦那に湯をつかはすこと
	(42)		43中手祓の事	40中手払	46中手祓の事	63中手払
			44四ツ舞の事	41四ツ舞	47四つ舞	68四ツ舞
				42おに	48鬼	69朝鬼
			45獅子舞之事	43し丶	49獅子	70獅子舞
						71社子神の舞

第二日

三沢・天正九	三沢・明暦二	三沢・正徳二	下黒川・正徳二	古戸・天保十一	下黒川・安政三	古真立・明治五
［白山の設営］						
47屋や入之事	62へや入之事	46へやいり事				
48みさきお送遣祭		47みさきたて				
49大きやうじ願じやうの事	63大きやうじのくはんじやう	48大京じのくはんしやう	46大行事勧請之事	44大行じくわんじん	50大行事勧請の事	81大行神勧請の事
50白山お作り立ル	64白山のつく事	49しらやまつく事	47白山を造る事		51白山を作る事	72白山を作ること
51辰数合て拾弐疋 百弐拾也	65たつのこと合拾弐疋 ぬの百弐拾たん	50たつの事合十二疋 百二十之	48たつ合十二疋			
52山そうぞくはんきり	66やまを早々くはんきり	51やまそうそくはんきり				73山相続の事きり

53ひな数　三百六拾本	67ひいなを三百六拾本	52ひいな三百六十本				
54へつひぬの百六拾反	68へついぬの百六拾たん	53へついの百六十たん				
55げぎやうの鏡七面	69けきやうかかみ	54げきやうか丶み	50懸実鏡布帯恵方え			
56げぎやうの帯	70ぬのをひりやうほうゑ	55ぬのをひりやうほうゑ				
						74しらやまにて山立
						75しま祭り
						76〆下し
						77なりもの
			49返拝	45しら山へんばい	52返拝	78白山へんばい
			51土公の事	46土公祭		80土公祭りの事
				47しめのほんかい		79四目の本戒を読む事
【楽・舞と湯立て】						
						82へ屋入
						83神座渡り
57座なおり事	71さなおりのこと	56さなをりの事	52座直り之事	48ざなおり		84座直り
58折立祓	72おりたちはらい	57をりたちばらい	53折立祓之事	49おり立払		85折立祓
	73そうかいむかい		54惣かい向ひの事	50惣かい迎		86さうかいほがひ
59がくの舞	74かくのまい	58かくのまい	56楽の舞之事	52がくの舞		87楽の舞
	75当のはやし					89とうのはやし
	76小木ひろい					
60天狗打	77天楽のしすめ	59天王うつ事	55天を打つ事	51天を打		
61四方堅め						

三沢・天正九	三沢・明暦二	三沢・正徳二	下黒川・正徳二	古戸・天保十一	下黒川・安政三	古真立・明治五
	78神おろし					
62色さんばす	79しきさんはす	60しきさんば	57四季三番の事	53しき三番		88式三番
63地堅メ	80地固めのまい	61しがため	58地堅めの事	54地がため		92地がため
	81やまみ出し			58山見	53山見鬼	
						93ずんの舞
64花の舞	82花のまい	62はなのまい	64花の舞の事	57花の舞	57花の舞	96花の舞
65市の舞	83いちのまい	63いちのまい	59市之舞之事	55市の舞		95壱の舞
66ひとくら遊	85ひとくらあすび	64ひとくらあすび	60ひとくら遊びの事			94ひとくらひ
67旦那の舞	86たんなのまい	65だんなのまい	61旦那の舞之事	56旦那舞	54旦那の舞	91旦那の舞
						101湯の大事
	87御ゆを立西東				61湯立て	102湯立
						103旦那にゆをつかはす事
						104舞おろし
68ごすごりやう	84御すこりやう	66ごすごりやう	62御す御料		55御すご料	97ごんすごりやう
69四つ舞	91四つまひ也	67四つまいなり		82四ツ舞	73四つ舞	112四ツ舞
70おりの遊西東	88おりいのあすび	68をりいのあすひ西東	63をり居の遊びの事		56をりひの遊び	105折居の遊び
	89かまあらい			61釜あらひ		
	90さかき出し			60榊	59榊鬼	99榊鬼
71三つ舞	92みつまい	69みつまいなり	65三ツ舞の事	59三ツ舞	58三つ舞	98三ツ舞
	93中とめはらい					
			66湯はやし		60湯ばやし	108湯ばやし
			こ木之事			90こぎ
						106湯ざかい

72御能をすべし		70のうをすへし	67能をすべし		62能をすべし	110能をすべし
禰宜			禰宜	62ねぎ	禰宜	109ひの禰宜
み子			神子	63みこ	巫	
73しし	95しゝを出し	71しし				
74おきな出す		72をきなだす	68翁	64おきな	63翁	107翁
75鬼お出す	94おにを出し	73おにをだすへし				
76ひじりの舞	96ひじりのまい	74ひじりのまい	69聖りの舞の事	65ひじりの舞	64聖の舞	111聖の舞
[清まり]						
77山お立て	97やま立へし	75やまをたてへし	70山を立べき事	66山お立る	65山を立つ可事	
78山を祭ル	98山を祭へし	76やまを祭へし	71山を祭る可事	67山お祭る	66山を祭る可事	
79山おた津ね	99やまたつねへし	77やまをたつねへし	72山を尋可事	68山おたづねる	67山を尋ぬ可事	118山をたづねる事
80山お売買	100やまをうりかうへし	78やまをうりかうへし	73山を売買可事	69山の売買	68山の売買の事	119山をうりかふ事
81へんばひふむ	101へんはいふむへし	79へんはいをふむへし	74返拝を踏可事		69返拝	
82いとしめお開き	102いとしめひく	80いとしめひらく	75井戸しめを開也		70井戸しめを開く	
83若子のしめ	103若子のしめ	81わかこのしめ	76若子之しめ之事		71若子のしめの事	
84しきのごおうわたし	104しきのこおう渡	82しきのごをう渡	77四季の牛王を渡事		72四季の牛王渡の事	
				71かうかづら、笠そへ渡す		120扇子笠
85すひ尺の遊	105すいしやくのあすび	83すいしやくあすひ	78すひしやくの遊	70すいしやく	74すいしやくの遊び	100すいしやくのあすび
[浄土入り]						
86屋や入之事	106へ屋入之事	84へやいりの事	79部屋入之事		75部屋入の事	
87橋のはひけん	107はしのはいけん	85はしのはいけん	80橋を拝見	72橋拝見	76橋の拝見	122橋の拝見
88じやうど入	108しやうとへうつる	86じやうどゑうつる	81浄土に入事	73じようど入	77浄土入の事	121浄土入のこと

三沢・天正九	三沢・明暦二	三沢・正徳二	下黒川・正徳二	古戸・天保十一	下黒川・安政三	古真立・明治五
89出立の喰茶とう	109めしちやとう	87めしだいちやとう	82食だい茶湯		78食たい茶湯の事	123食だい茶湯を持白山へ行事
90鬼不残出スたい松添也	110おにを不残出し	88をニをみなだす	83鬼を出すへしたいを夫	74おに	79鬼を出す事	
	111道ニハたいふり人入る	89道ニハたいを添				
91じやうどの行	112じやうどのおこない	90じやうどのおこない				
92七五三の本かい読	113しめのほんかい	91しめのほんかい				
93じやうどに本尊おかけるべし	114じやうど二ハほんそんかけへし	92じやうど二わほんそんかけへし	84浄土には絵を掛け		80浄土に絵を掛け	124しらやまに絵を掛け
94出家いんどうする事	115しゆつけをく也	93出けをくなり	出家を置		出家をおく	出家を置く事
95打敷のぬの壱反	116内しきのぬの壱たん	94うちしきのぬの一たん	85打鋪之切三端		81打敷の布　壱反	
						125五色の鬼白山に行梵天を切落す
96志しお出し山を割	117しゝお出し	95ししをいたす山をわる	86獅子出し山を割	75しゝ	82獅子を出し山を割る	126獅子出で山を割事
97山を引べし	118やまをひく也	96やまをひくへし	87山を引可事		83山を引べき事	127山を引事
[芸能]						
98夜な舟をこく	119よなふねこく也	97よなふねをこく	88よな船をこぐ可事	76よなぶね	84よな船をこぐ事	128よなふねをこぐ事
99おぼろけの遊び	120おほろけあすひ	98をほろけ	89をぼろけ之事	77おぼろけ	85おぼろけの事	115をぼろけ
			90子玉を掛け可事	78こだま	86こだま招きの事	113子種招き
100いとわたおかけべし	121いとわたかけへし	99いとわたかけへし				114糸綿かけ

101木帝のあすび		102うお津り出シ	103見ル目のあすび	【終結】							104ひなおろし	105大小神祇返り遊び	106御山おかりて				107せんぼうにて終る
122こていのあすび		123うをつりへし	124みるめのあすひ								125ひいなおろし	127神々かへりあすび	126御やまかり事				128仙方よむへし
100こていのあすひ		101うをつるへし	102みるめのあすひ								103ひいなをろし	104大小ぐんかゑりあすひ	105御やまかり事				106せんほうよむへし
91こでいの遊びすべし		92魚を釣る事	93見る目之遊び事								94ひいなをろし事	95大行事帰り遊び之事	96御山狩り之事	97いづな立			98せん法を読
79こていの遊		80いをつり	81見目の遊								83ひゝなおろし	84大行じかいり遊	85おん山がりの事	86いづな立			
87こでひの遊び		88魚釣の事	89見目遊びの事								90ひいなおろし	91大行事返り遊び	92御山かりの事	93いづな立	94返拝		
117こでいの遊び	129しやごじの舞	130魚釣の事	116見目のあすび		131山立	132島祭	133〆下し	134なりもの	135しづめへんばい	136土公祭り	137ひいなおろし	139だいじやうぼん返りあすび	138おん山がり	140みさき立		141火伏をする事	142せんぼうをよむ事

や行

ら行

わ行

ま行

な行

は行

た行

さ行

か行

は行

ま行

や行・ら行

寺社名・事項・その他

あ行

さ行

た行

な行

か行

や行

ら行

わ行

神仏・人名

あ行

な行

は行

ま行

た行

さ行

索　引

＊近代の人名・書名、及び『渓嵐拾葉集』は省略した。

＊*i.*は図版であること、イタリック体のページ番号は該当資料が「引用資料所収一覧」にあることを示す。

資料名

あ行

か行

KODANSHA

本書の原本は、春秋社より一九九三年に刊行されました。
文庫化にあたり、本文・巻末資料とともに、加筆修正を行ないました。

山本ひろ子（やまもと　ひろこ）

1946年生まれ。早稲田大学第一文学部史学科中退。日本宗教思想史専攻。和光大学名誉教授。私塾「成城寺小屋講座」を主宰。主な著書に『中世神話』（岩波新書），『大荒神頌』（岩波書店），『異神――中世日本の秘教的世界』（平凡社／ちくま学芸文庫），編著に『諏訪学』（国書刊行会），『祭礼――神と人の饗宴』（平凡社）など。

講談社学術文庫

定価はカバーに表示してあります。

変成《へんじょう》譜《ふ》
中世神仏習合《ちゅうせいしんぶつしゅうごう》の世界《せかい》

山本《やまもと》ひろ子《こ》

2018年７月10日　第１刷発行
2024年12月10日　第３刷発行

発行者　篠木和久
発行所　株式会社講談社
東京都文京区音羽 2-12-21 〒112-8001
電話　編集（03）5395-3512
販売（03）5395-5817
業務（03）5395-3615

装　幀　蟹江征治
印　刷　株式会社ＫＰＳプロダクツ
製　本　株式会社国宝社
本文データ制作　講談社デジタル製作

ISBN978-4-06-512461-1

「講談社学術文庫」の刊行に当たって

これは、学術をポケットに入れることをモットーとして生まれた文庫である。学術は少年の心を養い、成年の心を満たす。その学術がポケットにはいる形で、万人のものになることは、生涯教育をうたう現代の理想である。

こうした考え方は、学術を巨大な城のように見る世間の常識に反するかもしれない。また、一部の人たちからは、学術の権威をおとすものと非難されるかもしれない。しかし、それはいずれも学術の新しい在り方を解しないものといわざるをえない。

学術は、まず魔術への挑戦から始まった。やがて、いわゆる常識をつぎつぎに改めていった。学術の権威は、幾百年、幾千年にわたる、苦しい戦いの成果である。こうしてきずきあげられた城が、一見して近づきがたいものにうつるのは、そのためである。しかし、学術の権威を、その形の上だけで判断してはならない。その生成のあとをかえりみれば、その根は常に人々の生活の中にあった。学術が大きな力たりうるのはそのためであって、生活をはなれた学術は、どこにもない。

開かれた社会といわれる現代にとって、これはまったく自明である。生活と学術との間に、もし距離があるとすれば、何をおいてもこれを埋めねばならない。もしこの距離が形の上の迷信からきているとすれば、その迷信をうち破らねばならぬ。

学術文庫は、内外の迷信を打破し、学術のために新しい天地をひらく意図をもって生まれた。文庫という小さい形と、学術という壮大な城とが、完全に両立するためには、なおいくらかの時を必要とするであろう。しかし、学術をポケットにした社会が、人間の生活にとってより豊かな社会であることは、たしかである。そうした社会の実現のために、文庫の世界に新しいジャンルを加えることができれば幸いである。

一九七六年六月　　　　野間省一